美国公立大学

积极差别待遇

录取政策研究

AFFIRMATIVE ACTION ADMISSION POLICIES
IN AMERICAN PUBLIC UNIVERSITIES

司法审查的视角

A Judicial Review Perspective

王 俊 / 著

社会科学文献出版社

SOCIAL SCIENCES ACADEMIC PRESS (CHINA)

序

  《美国公立大学积极差别待遇录取政策研究——司法审查的视角》一书即将出版，这是王俊在博士学位论文基础上修改而成的专著，也是他在这一领域深耕多年的成果。时光荏苒，我们第一次合作发表积极差别待遇录取政策的研究论文，已经是十五年前的事情了。知悉该书付梓在即，作为他的硕士生与博士生导师，我欣然应邀为之作序。

  受教育权是一项基本权利。在高等教育优质资源的机会分配中，很多国家都在招生政策中对特定弱势群体学生给予倾斜照顾，这是为了超越入学机会形式平等，以实质平等推进高等教育公平。《中华人民共和国高等教育法》第九条规定，公民依法享有接受高等教育的权利。我国从 2012 年开始陆续实施国家专项计划、高校专项计划和地方专项计划，扩大招生倾斜政策的受益群体，突出精准施策，助力教育扶贫。如何用法治思维规制高等教育招生倾斜政策，使之不断完善，仍然是教育法学研究者所关注的重要问题。

  美国公立大学实施积极差别待遇录取政策的发展历史和法院系统对相关诉讼的司法审查，为我们提供了一个观察的窗口，让我们可以同时从教育学和法学的角度来观察美国的高等教育招生倾斜政策。保障受教育权，是教育法学研究中的一个重要问题，也是各国教育发展中面临的共同议题。在美国，围绕积极差别待遇录取政策，不同群体的受教育权的保障问题不断出现，已经成为美国教育法学研究中难以避免的问题，对此学界难以形成相对一致的看法。对普通法系国家教育法律问题的研究，很大程度上要关注个人作为权利持有者，如何以法律概念主张基本权利，以及司法审查如何通过法律推论来解决争议问题和保障人们的权利。

王俊的研究有许多独到之处，与他人的研究不同，本书将大学积极差别待遇录取政策司法案件的基本主线，融入包括基础教育、公共雇佣和政府合同在内的全景视域，使得我们能够真正全面了解公立大学积极差别待遇录取政策本身的发展和司法审查的演进，让我们对这一传统政策的复杂内涵有了更深刻的体悟。该书剖析了大量判例，对不同法官的意见推论抽丝剥茧，从中剥离分析证据，构建逻辑脉络，深刻体现了研究者的用心和功力。本书也将司法审查的变迁演进置于美国高等教育的情境之中，丝丝入扣，探究现象背后的深层动因，在辩证统一中探寻积极差别待遇录取政策的法理基础，给出了令人颇受启发的阐释和分析。

是为序，以鼓励！

申素平

2021 年 9 月 16 日

于中国人民大学国学馆

目　录

导言 从何为积极差别待遇录取政策谈起

推进教育公平一直是世界各国教育法律与政策面临的重要问题，如何采取措施改善弱势群体由于社会、经济、历史、文化等各方面因素的影响而面临的不利处境，也是教育理论研究与政策实践中的重要命题之一。有学者分别从平等原则、差异原则和补偿原则三个角度探讨如何合理地配置教育资源，强调对处于社会经济不利或弱势境况的受教育者给予补偿。[①] 也有学者从历史发展的纵向角度考察各国教育机会平等问题，从政策导向和实践侧重角度把教育机会平等概念的发展分为有教无类、因材施教、差别待遇补偿三个阶段，强调最后一个阶段是要帮助那些在社会、经济、文化等方面的弱势群体，让他们迎头赶上。[②]

从这两种不同视角的观点中可以看出，无论是以补偿原则对平等原则进行补充，还是以差别待遇补偿理念对有教无类理念进行补充，在一定范围之内的不平等做法仍然被视为推进教育公平的合理手段。教育公平是一种涉及政治、经济、文化、历史、道德等方面的价值判断，本质上反映了人们对教育资源和机会等既存利益进行分配的过程与结果，以及对其原因和标准的评价。当人们认为一种分配过程与结果公平时，它所传递的含义是：这种分配符合正义原则。"不公平总是暗含着不正义或者不公正，而不平等却不是。"[③] 以唯一、相同的标准配置教育资源和机会并不必然意味着

---

① 褚宏启、杨海燕：《教育公平的原则及其政策含义》，《教育研究》2008 者第 1 期，第 10 页。

② 黄昆辉：《论教育机会均等》，载方炳林、贾馥茗主编《教育论丛》，文景书局，1972，第89 页。

③ Green T. F. , "Excellence, Equity, and Equality," in Shulman L. S. , Sykes G. , eds. , *Handbook of Teaching and Policy* (New York: Longman, 1983), p. 318.

公平，公平也不完全等同于将统一的量尺平等地适用于每个人。对亚里士多德来说，正义是对平等者的平等相待，对不平等者的不平等相待。[①] 相较于义务教育，高等教育资源尤其是优质高等教育资源仍然有限，因此公民接受高等教育的机会具有排他性。世界高等教育发展的历史也表明，即使是富裕的发达国家也不可能提供足够的经费来支撑不断扩张的高等教育体系。[②] 在高等教育入学机会的竞争中，一个人获得了接受高等教育的机会，就意味着他人少了一个相同的机会。如果依照相同要求进行公平竞争，那么在平等条件下无论是获得机会还是失去机会，对于竞争参与者而言都是机会平等，从法理上讲得通。[③]

但是，如果一味强调在平等条件下依照相同要求进行竞争才是机会平等，才是教育公平，那么一些因为客观原因在经济社会中处于弱势境况的少数特定的群体则不可避免地面临教育资源匮乏、竞争能力不足的问题，这又有悖于教育公平的追求。"平等的概念不单单意味着以同样方式对待所有的人。给不同处境的人以相同的待遇只会使不公平长期存在下去，而不会使之消失。只有努力解决并纠正这些处境上的不平衡，才会产生真正的平等。"[④] 这种更为广阔的平等观念在争取弱势群体教育权利得到承认、教育机会得到保障的过程中成为指导原则和最终目标。正因如此，国家治理的公共政策对特定弱势群体给予优先对待和倾斜照顾，成为一种全球普遍现象，在高等教育入学机会的竞争中也有所体现。在不同的历史时期，不同的国家对弱势群体的界定不同，对公平的内涵理解不同，因此采用的具体措施也有所差异。例如，法国采用的是"教育优先区"[⑤] 做法，印度采用

---

① 董波：《德性与平等——论亚里士多德最佳政体的性质》，《世界哲学》2017 年第 4 期，第 102 页。

② 张应强、马廷奇：《高等教育公平与高等教育制度创新》，《教育研究》2002 年第 12 期，第 39 页。

③ 秦惠民：《平等的受教育机会——解读一个重要的教育法原则》，载劳凯声主编《中国教育法制评论》（第 3 辑），教育科学出版社，2004，第 1 页。

④ 联合国人权事务高级专员办事处，1979，《消除对妇女一切形式歧视公约》，https://www.ohchr.org/Documents/Publications/FactSheet22ch.pdf，最后访问日期：2020 年 6 月 6 日。

⑤ 张惠、董泽芳：《法国高等教育分流模式发展的新趋向》，《现代大学教育》2013 年第 2 期，第 57 页。

的是"保留权政策"①。也正因为这是一种普遍现象，所以很多学者在概括了类似政策的实施对象、方式和目的的抽象共性基础上，使用源自美国的"积极差别待遇"（affirmative action）一词对这种现象进行概括称谓。②

在美国学界，"积极差别待遇"没有统一的概念界定，但是学者们对其内涵主旨已经形成普遍共识。肖（B. Shaw）将积极差别待遇界定为"一种公共或者私人的计划，它针对的是历史上曾经因为特定特征被拒绝给予平等对待的弱势群体，通过将这些相同的特征再次纳入考虑以使他们的雇佣和录取机会平等化"。③ 马西（D. Massey）等认为积极差别待遇是一种法律要求，它要求"机构负责人采取具体、可辨识的主动（或积极的）步骤，在有待选拔的候选名单中纳入历史上曾经被排斥的群体，并且采取机制确保他们在最终获选名单中具有代表性"。④ 对于这一概念的中文翻译，我国大陆学者多数译为"肯定性行动"，也有学者翻译成"纠偏行动""平权行动"等；我国台湾地区的学者则将其翻译成"优惠待遇""优惠性差别待遇""积极纠正歧视待遇方案"等。可以看出大陆学者翻译严格遵循了英文概意，但难以从文字本身获得直观理解；台湾地区学者的翻译虽然能够直接传达该措施的旨意，却与该词的英文原意相去甚远。笔者认为，从早期与该政策密切相关的美国联邦政府"第 19025 号行政命令"、国会 1964 年《民权法》，以及联邦最高法院相关案件判决文本来看，"affirmative action""affirmative steps"和"affirmative measures"都表示相似的含义，所以"affirmative"可以理解成"积极的"（positive），意即美国社会应当停止在种族和性别歧视动机下对少数族裔等弱势群体做出"消极的"（negative）预断。但是"affirmative action"的政策理念和实施方式在历史上表现出了变迁性，

① 安双宏：《印度高等教育优待弱势群体保留权政策研究》，《比较教育研究》2016 年第 4 期，第 38 页。

② Sterba J. P. , *Affirmative Action for the Future*（Ithaca：Cornell University Press，2009），pp. 97 - 100.

③ Shaw B. , "Affirmative Action：An Ethical Evaluation," *Journal of Business Ethics* 7（1988）：763. 笔者对英文姓名的中文翻译参照新华通讯社译名室编《英语姓名译名手册》（第四版），商务印书馆，2004。

④ Massey D. S. , Mooney M. , "The Effects of America's Three Affirmative Action Programs on Academic Performance," *Social Problems* 54（2007）：99.

从最初的"非歧视"（non‑discrimination）逐步转向了"优先对待"（pref-erential treatment），表现形式为差别待遇。为了统一概念、内涵、主旨和表现形式，笔者将其翻译为"积极差别待遇"，并界定为"最初由美国联邦政府推行的旨在消除政府合同、公共就业和教育领域对少数族裔、妇女、残疾人及退伍军人等弱势群体歧视的各种政策措施的总称"。

相应地，美国积极差别待遇录取政策可以直接理解为积极差别待遇在录取政策中的适用和表现。"录取"，一般词典将其解释为选定考试合格的人。我国有学者将大学录取定义为"高等学校按照有关政策、法规，选拔适合培养要求的新生的具体实施过程"。[①] 在本研究中，"录取政策"是指美国大学为了履行办学使命，实现人才培养目标，在专业判断和学术评价的基础上以权威形式规定在特定时效内选拔学生所遵循的指导原则、确定的选拔标准、录取的选拔步骤和具体程序。大学制定、发布和实施录取政策的目的是明确录取选拔与决定的规则框架，厘清责任和义务，确保选拔与决定程序透明公正。尽管美国积极差别待遇本身的受益群体包括了少数族裔、妇女、残疾人及退伍军人等，但是在积极差别待遇理念从禁止歧视到优先对待的政策转向中，针对残疾人和退伍军人的主要适用的是禁止歧视原则，针对少数族裔和妇女的主要适用的是优先对待原则，其中对妇女的优先对待集中体现在公共就业领域。因此，笔者所指"积极差别待遇录取政策"，是美国大学在制定和实施录取政策时将种族因素纳入考虑范围并给予一定优先对待的政策。形式上是在学生综合能力相当时，对特定少数族裔学生的入学机会进行系统、主动的补偿，以降低以往歧视对他们的影响。[②] 大学一般会将录取政策具体内容公布在学校官网，民众也可以通过公开方式在专门网站进行查询。但是，录取政策形式上是公开的，实施过程却是模糊的。[③] 即使一所大学实施了积极差别待遇录取政策，但是不同的学院和专业录取之间，本科生与研究生录取之间，在录取程序中以何种方式

---

① 赵亮宏主编《普通高等学校招生制度概述》，航空工业出版社，1994，第124页。

② Weisskopf T. E., "Consequences of Affirmative Action in US Higher Education: A Review of Recent Empirical Studies," *Economic and Political Weekly* 36（2001）：4719.

③ 刘少雪：《美国顶尖大学招生中的公开与模糊》，《高等教育研究》2015年第3期，第97页。

考虑种族因素并给予多大程度的优先对待，也会存在差异。

　　之所以研究美国公立大学的积极差别待遇录取政策，并非因为私立大学就不实施积极差别待遇录取政策，而是历史上围绕该录取政策发生的所有标志性诉讼都与公立大学相关。在美国，公立大学是指由各州依法律资助创建并以公共税收提供办学经费来维持运行的，接受州政府管理和指导并提供高等教育的学校。美国的 50 个州都有公立大学系统。有学者将典型的公立大学系统分为三个层级。第一层级是规模大且综合性强的研究型大学，提供各种专业和包括博士学位在内的各种学位教育。第二层级是规模大的教学型大学，承担高等教育大众化任务。第三层级是社区学院，主要为中低收入家庭学生提供就业培训。[①] 一般而言，前两个层级是四年制，后一个层级是两年制。需要指出的是，美国并不是所有州的公立大学都实施积极差别待遇录取政策，即使在没有以立法形式禁止在公共政策中给予种族优待的州，同一公立大学系统中的所有学校也并非统一实施这种录取政策。[②] 赫希曼（D. Hirschman）等人的研究表明，从 20 世纪 90 年代以来实施积极差别待遇录取政策的大学数量总体出现下降趋势。但是这种下降趋势主要体现在入学申请选拔性和竞争性偏低的学校，在入学申请选拔性和竞争性较高的学校中种族因素仍然会被纳入考虑范围。[③] 根据相关诉讼中被告大学的整体特征，笔者所指"公立大学"是第一层级的研究型大学和第二层级的教学型大学。

　　在美国，种族问题是最具情绪化和分裂性的话题，积极差别待遇录取政策以种族因素作为实施依据，其引发争议的敏感程度可想而知。如同堕

---

① 〔美〕金善雄：《美国公立大学共同治理制度的新挑战》，韩梦洁译，《中国高教研究》2016年第 7 期，第 31 页。

② 威斯康星公立大学系统（University of Wisconsin System）是美国一个重要的公立大学系统，拥有 13 所四年制大学、13 所两年制社区学院和 1 所全州的进修学校。根据在大学理事会网站的查询结果，威斯康星州公立大学系统中的 2 所研究型大学，即麦迪逊分校（Madison）和密尔沃基分校（Milwaukee）均实施积极差别待遇录取政策。11 所教学型大学中仅有 1 所在录取政策中不考虑种族因素。13 所两年制社区学院的情况比较复杂，其中仅有 5 所学院在录取政策中考虑种族因素，在没有实施积极差别待遇录取政策的 8 所学院中，有 2 所学院采取的是完全的或者部分的开放录取政策（open admission）。

③ Hirschman D., Berrey E., "The Partial Deinstitutionalization of Affirmative Action in US Higher Education, 1988 to 2014," *Sociological Science*, 4（2017）：449.

胎和枪支管控等话题，无论是不同政治立场的民主党与共和党之间，还是不同意识形态的自由派与保守派之间，美国民众对积极差别待遇有着异常鲜明的立场，联邦最高法院的大法官们也不例外。在政府极力推动之下，积极差别待遇逐渐从政府合同延伸至公共就业和教育领域，不断引发诉讼争议，诉讼也在支持者与反对者的推动下一次次上诉至联邦最高法院。因此，对相关标志性判例的研究，是讨论积极差别待遇录取政策的一个重要维度。

本书期望在判例的基础上构建以司法审查标准与要求为中心的解释框架，以此视角将积极差别待遇录取政策纳入法律规制的进路予以讨论。以司法审查建构解释框架，能够避免以案论事带来的片面化和孤立化情况，特别是能够深入探讨在从"巴基案"到"格鲁特案"的时间间隔中，法院是如何在合同和就业领域诉讼中真正明确司法审查标准与要求的。此外，标准所包含的要求与内容——学生群体多元化和紧密缩限——是什么，也需要在标准的变迁逻辑和动因脉络中进行讨论。积极差别待遇录取政策的未来能否发展取决于大学能不能及在多大程度上实现学生群体多元化带来的教育利益，以及所采取的措施是否符合联邦最高法院所确立的紧密缩限标准。更为重要的是，因为美国司法判例的执行过程具有"纵横交错"的互动特点，① 因此对积极差别待遇录取政策进行研究一定要将其置于美国高等教育乃至经济社会发展的环境中，也要将其置于高等教育内外因为该争议引发的一系列司法诉讼的脉络中。

司法审查在美国是指法院审查国会和总统行为是否符合联邦宪法，审查州立法、行政行为和司法行为是否符合联邦宪法、条约和法律。② 如果要从法律的角度对美国高等教育问题进行研究，那么对相关问题引发的诉讼判决进行研究是必然路径。应当指出，本研究所指司法审查的对象是积极差别待遇录取政策，它包含了抽象的录取政策与具体的录取行为。如前文

---

① 张冉：《布朗案在执行中受到的抵制——以弗吉尼亚州为例》，《北京大学教育评论》2012年第1期，第151页。

② 雷安军：《美国司法审查制度及其理论基础研究——以美国最高法院司法审查的正当性为中心》，中国政法大学出版社，2011，第14页。

所述，录取政策的抽象性在于它仅仅是学校为选拔学生所制定的指导原则、选拔标准、步骤程序等。只有录取工作人员在具体的录取程序中将其适用于特定的学生并做出关于录取的决定后，才会转变为具体的录取行为。在实务中，只有当特定的学生认为学校做出拒绝录取的决定侵犯其合法权利并进而提起诉讼时，法院才会根据诉讼主张与法律条款，将抽象的录取政策与具体的录取行为合并，予以司法审查。所以，笔者对司法审查的涉及程度仅限于以其为视角研究法院特别是联邦最高法院在积极差别待遇相关案件中确定的审查标准和要求，包括法院创设的规则及对规则的不断调整和适用。

尽管笔者以相关司法审查及判例为切入点，但是重点并非完全以法律的立场深度研究制度本身或理论基础。本书以构建司法审查的解释框架作为分析视角，同时也期望进一步分析大学是如何回应不同阶段司法审查的结果与规则的，以及是如何调整和完善积极差别待遇录取政策的。在相关诉讼中，联邦最高法院通过向下进行的司法审查对大学进行规制引导，但是受到影响的大学不可避免地要对积极差别待遇录取政策进行具体调整、阶段性暂停甚至全面终止，以向上回应司法审查。鉴于此，本书选择一所具有代表性的大学，在微观层面分析司法审查如何规制学校实施积极差别待遇录取政策。

本书结构由五部分研究内容组成。

第一章是勾勒研究背景。通过阐述特定历史阶段美国经济社会和高等教育背景，梳理积极差别待遇录取政策的起源和发展脉络，特别是公立大学如何将积极差别待遇引入录取政策，指出该政策在联邦宪法平等保护条款之下引发的法律争议，以研究背景构建本书研究基础。

第二章是构建逻辑起点。从法院与公立大学的关系这一视角，讨论司法审查介入公立大学录取政策的主要原因；按照公立大学外部法律关系和内部法律关系的区分，在一个更加宽广的范畴中，探讨法院对两种不同法律关系进行司法审查时的基本立场；分析当公立大学录取政策因不同类型的纠纷引发诉讼时，法院如何适用宽严并济的司法审查标准。

第三章是呈现研究发现。本章重点研究内容是梳理与积极差别待遇录取政策直接相关和间接相关（合同和就业领域）的判例。采用判例研究法对法院判决书进行文本分析，结合案情所处的特定社会情景，通过判决书的论理部分梳理法院判决的法理推演脉络；以标志性案件为界，将积极差别待遇录取政策司法审查的演进分为四个历史阶段，逐一厘清司法审查标准与要求的发展脉络。

第四章是形成研究结论。以每个演进阶段的焦点问题和法理突破为基础，用每个判例的典型特征归纳司法审查的变迁逻辑，包括审查标准最为苛刻的严格审查，其中的审查要件之一是迫切利益转向学生群体多元化，审查要件之二是紧密缩限减少学术遵从的空间。将变迁逻辑置于美国高等教育及经济、政治、社会发展的脉络中，审视和探究那些触发和推动变迁并在整个过程中发挥显著作用的动力因素。

第五章是反思与展望。从历史、现实和未来三个视角，采用具体案例或事件对研究结论做进一步探讨。以具有典型代表性的得克萨斯大学作为嵌入性分析单位，以案例研究的方式分析司法审查标准与要求在不同阶段如何规制一所公立大学实施积极差别待遇录取政策；以积极差别待遇录取政策的受益群体为出发点，从明晰受益范围、提升教育利益、增强动态调整和完善学业支持等方面，思考政策完善的方向；从亚裔群体的分歧立场和自由主义力量在联邦最高法院的式微的角度，探讨积极差别待遇录取政策在美国政治秩序转向后面临的挑战。

第一章 积极差别待遇录取政策的缘起与形成

第一节 积极差别待遇政策的萌芽与成型

一 联邦政府对积极差别待遇的政策引导

"积极差别待遇"一词最早出现在 1935 年的《国家劳动关系法》(National Labor Relations Act),即《瓦格纳法》(Wagner Act) 中①,其立法目的是实现当时罗斯福总统为工人和其他低收入群体提供经济保障的政府目标。该法允许雇员组织工会与雇主展开集体谈判,同时禁止雇主采用"不正当劳动行为",例如拒绝谈判或者解雇工会成员。人们依据《国家劳动关系法》建立了"国家劳动关系委员会"(National Labor Relations Board),该委员会根据投诉审查歧视性劳动行为。该委员会如果发现雇主给予雇员歧视对待,那么可以依据该法授权给予雇员积极差别待遇,将雇员的薪酬水平或者岗位级别恢复至不受歧视影响的原本状态。但是在这一阶段,积极差别待遇主要针对的群体并非少数族裔。当时,除了产业工会联合会(Congress of Industrial Organization) 接纳少数族裔工人外,以美国劳工联合会 (American Federation of Labor) 为代表的主流工会均拒绝少数族裔工人参加。② 在新政背景之下,积极差别待遇体现了罗斯福总统在大萧条时期对工人

---

① Rubio P. F. , *A History of Affirmative Action*, *1619 – 2000* (Jackson: University Press of Mississippi, 2009), p. 92.

② Anderson T. H. , *The Pursuit of Fairness: A History of Affirmative Action* (New York: Oxford University Press, 2004), p. 11.

阶层等弱势群体加大经济保护力度的执政理念。尽管最初积极差别待遇并非针对种族问题，但是积极差别待遇对不公平对待的行为予以纠正和对个人予以补偿的权利救济理念，为积极差别待遇之后政策的成型与演变奠定了基础。

　　罗斯福总统对积极差别待遇政策发展的直接贡献是提出了禁止歧视原则。他在 1941 年签署 "第 8802 号行政命令"（Executive Order 8802），宣布 "在国防工业或政府雇佣中不得因种族、信仰、肤色或国别出身予以歧视对待"。他设立临时性的 "公平雇佣行为委员会"（Fair Employment Practices Committee，FEPC），并首次任命黑人为委员会成员。自 "重建时期" 以来，联邦政府一度拒绝维护黑人受宪法保护的权利。尽管这一政策带有明显的战时临时措施的性质，但也是联邦政府第一次设立专门机构为黑人工人提供帮助，所以罗斯福的行政命令甚至被赞誉为 "第二份《奴隶解放宣言》"[①]。继任者杜鲁门总统将禁止歧视原则的适用范围扩大，并开始关注种族融合问题。他在 1948 年 7 月连续签署 "第 9980 号行政命令"（Executive Order 9980）和 "第 9981 号行政命令"（Executive Order 9981），前者要求在联邦政府的隶属部门与机构中推行公平雇佣的做法，后者则要求在军队中给予黑人士兵平等机会与对待，呼吁促进美国军队种族融合。之后，杜鲁门总统在 1951 年 11 月又签署 "第 10308 号行政命令"（Executive Order 10308），要求与联邦政府进行商业活动的承包商和分包商在合同中明确列有非歧视条款，并且采取适当措施予以遵守。在艾森豪威尔总统执政期间，联邦政府在推动公立学校种族融合时遭遇巨大阻力。在联邦最高法院做出 "布朗 I 案"[②] 判决的第二天，艾森豪威尔向华盛顿哥伦比亚特区政府表示，希望华盛顿能够率先推动公立学校种族融合，为其他州提供榜样示范。[③] 在 1957 年阿肯色州拒绝执行联邦法院关于废除该州公立学校种族隔离的命令时，艾森豪威尔总统不得不履行维持社会秩序的宪法责任，首次派驻国民

---

① Weiss N. J., *Farewell to the Party of Lincoln：Black Politics in the Age of FDR*（Princeton：Princeton University Press，1983），p. 195.

② *Brown v. Board of Education of Topeka*，347 U. S. 483（1954）

③ Parmet H. S.，*Eisenhower and the American Crusades*（New Brunswick：Transaction Publishers，1972），p. 438.

警卫队和第 101 空降师，保护九名黑人学生进入小石城①（Little Rock）中央中学。②

1961 年 3 月，肯尼迪总统签署"第 10925 号行政命令"（Executive Order 10925），这不仅是"积极差别待遇"一词首次从国会立法文本进入政府行政命令，也是联邦政府第一次将积极差别待遇适用于解决种族问题的政策中。该命令重申禁止歧视原则，特别强调承包商应采取施行积极差别待遇的做法，确保在雇佣申请人及在雇佣期间对待雇员时，不得考虑他们的种族、宗教信仰、肤色或国别出身。如果承包商未能遵守或者违反该行政命令，政府将取消其承包合同，甚至可能禁止其签订政府合同。同时，肯尼迪总统建立"平等雇佣机会总统委员会"（President's Committee on Equal Employment Opportunity），要求其考虑行政部门和机构应当采取何种"额外的积极步骤"（additional affirmative steps），以在联邦政府中更为全面地实施非歧视性的国家政策。之后，肯尼迪总统在 1963 年 6 月签署"第 11114 号行政命令"（Executive Order 11114），强调"通过积极差别待遇鼓励消除就业中的歧视，是美国的国策"。③ 他将这一理念扩展到所有由联邦经费创造的就业中，甚至在给予州和地方政府用以创造就业机会的"联邦资助、贷款以及其他形式的支持"中，也提出该要求。④ 按照这一行政命令，接受纳税人经费的工会和雇主必须在招聘广告中明确列出这样一句话："无论种族、宗教信仰、肤色或国别出身，所有符合资格的申请人均会被予以考虑。"⑤ 同时承包商也要允许政府查阅其票据、文档记录，如若未能遵守，政府可以取消合同并禁止其继续签订政府合同。

从罗斯福总统到肯尼迪总统，联邦政府逐步关注种族隔离和就业歧视

---

① 笔者对英文地名的翻译参照中国地名委员会编《外国地名译名手册》，商务印书馆，1993。
② Nichols D. A., *A Matter of Justice: Eisenhower and the Beginning of the Civil Rights Revolution*（New York: Simon and Schuster, 2007），p. 189.
③ Anderson T. H., *The Pursuit of Fairness: A History of Affirmative Action*（New York: Oxford University Press, 2004），p. 72.
④ Anderson T. H., *The Pursuit of Fairness: A History of Affirmative Action*（New York: Oxford University Press, 2004），p. 72.
⑤ Anderson T. H., *The Pursuit of Fairness: A History of Affirmative Action*（New York: Oxford University Press, 2004），p. 72.

问题,在明确禁止歧视原则后,试图倡导种族中立理念,通过积极差别待遇改善针对以黑人为主的少数族裔的歧视现象,但是并未要求对少数族裔展开任何形式的优待。尽管约翰逊总统推动国会通过的 1964 年《民权法》(Civil Rights Act of 1964),明确在接受联邦资助的所有项目中禁止一切形式的歧视行为,但是法律不能溯及既往,约翰逊总统也逐渐意识到仅仅依靠禁止歧视政策,无法在短时间内有效改变由过往对以黑人为主的少数族裔歧视造成的不平等现状。

1965 年 6 月,约翰逊总统在霍华德大学的毕业演讲中多次强调"只有自由是不够的"。他做了这样的一个比喻:"你不能找来一位身披枷锁多年步履蹒跚的人,解放他,让他站到比赛的起跑线上,然后说'你可以和其他人自由竞争了',就理所当然地认为你已经做到了完全的公平。"因此,仅仅打开机会的大门是不够的,所有公民必须有能力迈过这道门。约翰逊总统倡导将民权运动推进至更深刻的阶段,即"追求的不仅是法律上的平等,还有人之为人的能力,不仅作为权利和理论上的平等,还有作为事实和结果上的平等"。作为一名自由派的个人主义者,约翰逊总统坚信所有人应该被赋予同样的机会,这样他们才能在一生中尽最大努力实现个人目标。在演讲中,他呼吁"美国社会当前的使命是赋予 2000 万黑人公民同样的机会,让他们在社会中可以学习和成长、工作和分享,无论是在身体上、智力上还是精神上,都能培养和锻炼他们的能力"。但是,面对种族隔离与歧视的现实,约翰逊总统不得不坦言,"要实现这个目标,平等机会必不可少,但是仍然不够"。他指出:"所有种族的男女生而具备相同的能力,但是能力不仅仅取决于出生。与你一起生活的家人、与你一同居住的邻里——你所就读的学校和你所身处的环境是贫困或富足——都会提升或抑制你的能力"。最后,他明确表示,黑人与其他群体不同,横亘在他们面前的是几个世纪以来"充满仇恨与绝望的漫长岁月",尽管如同其他人一样不得不依靠自身的努力,但是他们"无法独自做到这一点"。[①]

---

① Johnson L. B., *Public Papers of the Presidents of the United States*: *Lyndon B. Johnson*, *1965* (Washington, D. C.: Government Printing Office, 1966), pp. 635 – 640.

之后，约翰逊总统在 9 月签署"第 11246 号行政命令"（Executive Order 11246），这一政令不仅取代了之前所有相关行政命令，还成为未来几十年实施积极差别待遇的指导准则。这一行政命令在文本上重申"承包商应采取积极差别待遇，确保在雇佣申请人以及在雇佣期间对待雇员时，不得考虑他们的种族、宗教信仰、肤色或国别出身"，同时扩大和细化了积极差别待遇的适用范围与程度，包括"雇佣、晋升、降级、调任；招聘或招聘广告；解雇或终止合同；薪资水平或者其他补偿形式；选拔培训，包括学徒"，并且特别强调承包商"在合理的时间限制内做出合理努力"。针对费城建筑行业雇佣中存在的"制度化歧视"（institutionalized discrimination）现象，尼克松政府依据该命令在 1969 年实施"费城计划"（Philadelphia Plan），要求该城市建筑行业中获得联邦合同的承包商实施积极差别待遇，增加少数族裔雇员，并且要遵循明确的"目标和时间表"（goals and timetables）[1]。随后，该计划扩展到其他城市和其他行业。1972 年，针对大学在教师聘任中实施积极差别待遇，联邦政府健康、教育与福利部专门的民权办公室（Office of Civil Rights，OCR）发布"高等教育指导原则"（Higher Education Guidelines）。该指导原则将"非歧视"界定为"要求消除所有现存歧视状况，无论是有意的或者无意的"，将"积极差别待遇"界定为"在雇佣中确保在种族、肤色、宗教、性别和国别出身方面保持中立，并且做出额外努力，招募、雇佣和晋升过去群体中被排斥的具备资格的成员，即使该排斥结果并非由雇主一方特定的歧视行为造成"。[2]

二　国会对积极差别待遇的立法配合

尽管在南北战争结束后美国联邦宪法补充了第十三修正案、第十四修正案和第十五修正案，旨在废除奴隶制，保障黑人平等法律地位，但是并未产生实质效果。国会在"重建时期"继续通过 1875 年《民权法》（Civil

---

[1]　Golland D. , *Constructing Affirmative Action*：*The Struggle for Equal Employment Opportunity*（Lexington：University Press of Kentucky，2011），p. 109.

[2]　U. S. Department of Health, Education and Welfare："Higher Education Guilines for Executive Order 11246，" https：//files. eric. ed. gov/fulltext/ED074893. pdf，last accessed：2019 – 11 – 19.

Rights Act of 1875），禁止剥夺任何种族或肤色的公民在公共场合，如旅馆、餐厅、公共娱乐场所和公共交通工具等，受到平等对待的权利。但是在实际效果上，黑人在社会中仍然受到各种抵制，所以历史学家吉勒特（W. Gillette）将 1875 年《民权法》的通过称为"微不足道的胜利"①。在"布朗案"之后，国会先后通过 1957 年《民权法》（Civil Rights Act of 1875）和 1960 年《民权法》（Civil Rights Act of 1960）。两次《民权法》主要保障各族裔人民的平等投票权，前者首次规定在司法部中设立民权办公室，并且建立了一个民权委员会来听取滥用投票权的证词，后者则是针对南方种族隔离州中黑人和墨西哥裔等少数族裔长期被剥夺公民权的问题。

之后，约翰逊总统推动国会通过 1964 年《民权法》，在更大范围内禁止歧视，这产生了深远影响。1964 年《民权法》共有 11 章，其中前 8 章直接要求促进种族平等，废除种族隔离和禁止各种歧视。第 6 章确立了联邦资助项目中的非歧视原则。其中，第 601 条规定："在合众国中，任何人不得因其种族、肤色或出身国别而被排除参与任何接受联邦财政资助的项目或活动，或被拒绝从任何接受联邦财政资助的项目或活动中受益，或在任何接受联邦财政资助的项目或活动中遭受歧视。"② 在涉及平等就业机会的第 7 章中，第 703 条（a）款则规定："雇主在赔偿、期限、条件或者雇佣权利方面因个人种族、肤色、宗教信仰、性别或出身国别，未能雇佣或解雇，或者拒绝雇佣或解雇任何人；或者雇主因个人种族、肤色、宗教信仰、性别或出身国别，以剥夺或试图剥夺任何人雇佣机会或对雇员地位造成不利影响的方式，对雇员施加限制、种族隔离或分类行为，其雇佣行为将被视为违法。"③ 同时，为预防出现违法的雇佣行为，第 706 条（g）款规定："如果法院判定被告曾经或者正在故意实施被指控的违法雇佣行为，法院可以责令被告停止此类违法雇佣行为，并且命令被告采取适当的积极差别待

---

① Gillette W., *Retreat from Reconstruction, 1869 – 1879* (Baton Rouge：Louisiana State University Press, 1982), p. 259.

② 42 U. S. Code § 2000d

③ 42 U. S. Code § 2000e – 2

遇，可以是复职或者雇佣。"① 这也是 1964 年《民权法》全文唯一一处提及"积极差别待遇"的地方。同时，国会也陆续通过了 1963 年《公平薪酬法》（Equal Pay Act of 1963），废除薪酬方面的性别歧视；以及 1965 年《投票权法》（Voting Rights Act of 1965），保障以黑人为主的少数族裔群体的平等投票权利。迫于马丁·路德·金遇刺身亡后席卷全国的种族暴力和民权抗议，国会迅速通过 1968 年《民权法》（Civil Rights Act of 1968），禁止雇主在房屋出租、销售和广告中因个人种族、肤色、宗教信仰、性别或出身国别予以雇员歧视对待。在这一历史阶段，国会与总统出于共同的政治目的而展开积极合作并相互支持，这在美国历史上可谓是破天荒的事情。② 1964 年《民权法》赋予联邦司法部更广泛的权力，强力推进学校废除种族隔离。联邦政府在历史上第一次开始把大量的联邦预算分配给各州以支持公共教育发展。当时的健康、教育与福利部甚至威胁称，如果学校拒绝废除种族隔离，将大规模削减公立学校系统急需的财政资助。

可以看出，国会一系列旨在推动权利平等的立法活动均是以禁止歧视条款为基础的，尽管 1964 年《民权法》中出现"积极差别待遇"一词，但是它的内涵仅限于权利救济和补偿，而非优先对待。直到 20 世纪 70 年代中后期，国会的立场在立法中才出现与联邦政府相似的转变。1977 年，国会通过《公共事业雇佣法》（Public Work Employment Act），授权拨款 40 亿美元作为联邦经费，资助州和地方政府机构用于地方公共工作项目。其中，第 103 条（f）款规定拨款经费中的 10% 必须用于"少数族裔经营的企业"（minority business enterprises），否则拨款经费不得用于任何地方公共工作项目。该款所指"少数族裔经营的企业"，如为私营企业，则要求至少 50% 所有权属于少数族裔；如为公共企业，则要求至少 51% 的股份为少数族裔所有。该条款进一步将适用的少数族裔群体确定为黑人、西班牙语裔、东方裔、印第安裔、爱斯基摩裔和阿留申裔。③

---

① 42 U. S. Code § 2000e‐5
② 〔美〕罗伯特·麦克罗斯基著，桑福德·列文森增订《美国最高法院》，任东来、孙雯等译，任东来、陈伟校，中国政法大学出版社，2005，第 243 页。
③ 42 U. S. Code § 6705

三 联邦法院对积极差别待遇的司法支持

沃伦法院①在推翻"隔离然而平等"原则时，就确定了联邦最高法院在未来十年的宪法法理。施瓦茨认为，沃伦法院面对 20 世纪社会变革的疯狂速度，不得不扮演一种转化的角色，这种角色通常被认为更适合立法者而不是法官。就法律所带来的创造性的影响而言，只有马歇尔法院②才能比得上沃伦法院。③ 在美国历史上，联邦最高法院第一次显示了对弱者的关心和支持，沃伦法院在个人权利方面的判决彻底改变了美国宪法。用布伦南（W. Brennan）大法官的话说，联邦最高法院对"个人的内在尊严和价值"给予了新的关注。④ "布朗案"掀开了废除种族隔离制度的历史大幕，但并非意味着种族隔离在美国公立学校中的消亡。联邦最高法院要求各州以"十分审慎的速度"（all deliberate speed）合理推动种族融合进程，但是一些州把"审慎"解读为"缓慢"（slow），并以此为借口继续维持公立学校中的种族隔离。⑤ 在 1963 年的"麦克尼斯案"⑥ 中，伊利诺伊州的卡霍基亚市（Cahokia）在同时招收黑人学生和白人学生的公立学校中实施设施上的隔离，例如黑人学生只能使用学校的部分教室，只能从指定的位置进出学校。在同年的"戈斯案"⑦ 中，田纳西州的诺克斯维尔市（Knoxville）在提交给地区法院的种族融合计划中纳入转学条款，即如果白人学生因入学区域改变而进入黑人学校，可以申请转学至白人学校。联邦最高法院判决这样的做法将"不可避免地导致学生种族隔离"。

在 1968 年的"格林案"⑧ 中，沃伦法院对公立学校中种族隔离问题依然

---

① 指在 1953 年至 1969 年期间由厄尔·沃伦（Earl Warren）担任首席大法官的联邦最高法院。
② 指在 1801 年至 1835 年期间由约翰·马歇尔（John Marshall）担任首席大法官的联邦最高法院。
③ 〔美〕伯纳德·施瓦茨：《美国最高法院史》，毕洪海、柯翀等译，中国政法大学出版社，2005，第 288 页。
④ 〔美〕莫顿·J. 霍维茨：《沃伦法院对正义的追求》，信春鹰、张志铭译，中国政法大学出版社，2003，第 3 页。
⑤ Ogletree C. J., *All Deliberate Speed: Reflections on the First Half Century of Brown v. Board of Education* (New York: W. W. Norton & Company, 2004), p. 10.
⑥ *McNeese v. Board of Education for Community Unit School District 187*, 373 U. S. 668 (1963)
⑦ *Goss v. Board of Education of Knoxville*, 373 U. S. 683 (1963)
⑧ *Green v. County School Board of New Kent County*, 391 U. S. 430 (1968)

突出的情况持有更为激进的立场。在该案中，弗吉尼亚州新肯特郡（New Kent）为了继续获得联邦资助，从 1965 年开始实施"自由选择"（freedom - of - choice）计划，允许学生选择到黑人学校或者白人学校就读。在该计划被推行的三年中，没有白人学生选择到黑人学校就读，同时仅有 15% 的黑人学生敢于选择到白人学校就读。这种"事实上"（de facto）的种族隔离不仅在弗吉尼亚州公立学校中是普遍现象，在南部州的绝大多数地方也较为普遍。联邦最高法院认为，"自由选择"计划并未消除种族隔离的双重学校制度，而是将依据"布朗案"应当由学区承担的废除种族隔离的责任转移给了学生父母，学区完全可以采取其他更加合理和有效的措施更快地实现统一的学校制度。在判决"自由选择"计划违宪的同时，联邦最高法院要求学区承担"积极职责"（affirmative duty），采取任何必要措施彻底消除种族隔离，实现统一的学校制度。

伯格法院①延续了对废除种族隔离的支持态度。在 1971 年的"斯旺案"② 中，北卡罗来纳州的夏洛特 - 梅克伦堡（Charlotte - Mecklenburg）学区拥有 107 所学校，但是在 1968 年仍然有 21 所学校的黑人学生占比超过 99%。联邦最高法院判决，如果学校当局在消除公立学校中种族隔离残留的过程中未能履行"积极义务"（affirmative obligation），未提出可接受的补救措施，联邦地区法院有权制定补救措施以确保实现统一的学校制度。针对地区法院在补救措施中使用"种族配额"（racial quotas）的做法，联邦最高法院认为，尽管废除种族隔离的宪法要求并不意味着社区内的每一所学校都要反映社区人口的种族构成，但是有限制地使用种族比例作为制定补救措施的起点，仍然在衡平法赋予地区法院做出救济的自由裁量权范围之内。同时，联邦最高法院指出，如果在不考虑种族因素的情况下，派位入学计划不能真正消除种族隔离的学校制度，那么按照种族分类实施用校车接送学生跨校上学，或改变入学区域划分等积极差别待遇政策进行补救，也是合法的。

在 1972 年的"凯斯案"③ 中，原告针对科罗拉多州丹佛市帕克山地区

---

① 指在 1969 年至 1986 年期间由沃伦·伯格（Warren Burger）担任首席大法官的联邦最高法院。
② *Swann v. Charlotte - Mecklenburg Board of Education*，402 U. S. 1（1971）
③ *Keyes v. School District No. 1，Denver*，413 U. S. 189（1973）

（Park Hill）的公立学校中的种族隔离提起诉讼，要求地区法院裁定学区实施种族融合措施。原告在胜诉后进一步主张应在丹佛市其他地区的公立学校中推动种族融合，但地区法院予以驳回，理由是特定学校中存在种族隔离现象只是"孤立的和个别的"，并非代表其他学校中同样存在种族隔离，除非原告能够证明其他学校存在"法律上"（de jure）的种族隔离。联邦最高法院在审理中指出，"法律上"的种族隔离和"事实上"的种族隔离两者间的不同在于种族隔离的"目的或者意图"（purpose or intent）。如果学区有目的地在某一所学校部分地实施种族隔离，但又不能举证证明此举并非出自种族隔离意图，那么可以判定学区是反对在所有学校中废除种族隔离的。因此，联邦最高法院重申学区在废除种族隔离进程中应当承担"积极职责"，并且以"目的或者意图"作为审查标准发回下级法院进行重审。

联邦最高法院一系列判决结果，开启了长达 20 年的真正大规模废除种族隔离制度的时代，各州政府为了继续获得对州教育系统的管理权，不得不采取更为积极的态度和行动促进公立学校系统中的种族融合。

第二节　公立大学在录取中引入积极差别待遇

一　历史上对少数族裔的歧视性录取政策

历史学家威尔金斯（R. Wilkins）在 20 世纪 90 年代曾言："黑人在这块大陆上经历了 375 年的历史：其中，245 年是奴隶制，100 年是合法化的歧视，只有剩下 30 年可能还会有点什么别的"。① 从 1878 年开始，南方州陆续通过并实施"吉姆·克劳法"（Jim Crow Laws），在公共场合及设施中推行"法律上"的种族隔离，公立大学系统也包括在内。依据州法律，白人学生和黑人学生应在种族隔离的学校中接受教育，从学前教育到研究生教育皆如此。除了州法律，公立大学系统种族隔离也得到了 1896 年"普莱西案"② 判决结果的支持。直到国会通过 1964 年《民权法》和 1965 年

---

① Wilkins R., "Racism Has Its Privileges: The Case for Affirmative Action," *Nation* 260 (1995): 409.
② *Plessy v. Ferguson*, 163 U. S. 537 (1896)

《投票权法》，禁止法律上有任何形式的种族隔离和歧视政策，"吉姆·克劳法"才在法律层面上正式退出历史舞台。正如威尔金斯所言，南方州的公立高等教育实际上保持了百余年的种族隔离制度。

公立大学系统中的双重制度产生了传统的黑人大学与白人大学的区别。在传统黑人大学中，学校董事会、教师、行政人员均以黑人为主。黑人学生比例普遍超过 90%，其余的则是以墨西哥裔和拉美裔为主的少数族裔学生。① 即使同为公立大学，黑人大学与白人大学之间也不存在"隔离然而平等"。在得克萨斯州，州政府将超过四分之三的联邦赠地经费用于发展得克萨斯农工大学，将剩余的经费用于发展同为赠地大学的普雷里维尤农工大学。② 与此同时，白人大学中几乎没有黑人学生。加州大学在建校最初的 70 年中录取的几乎都是白人学生。社会学家尼斯比特（R. Nisbet）称自己"30 年代的时候在伯克利分校不认识也没有听说过任何黑人学生"，他甚至用"99.99%"来形容当时校园中白人学生比例。③ 在 1964 年之前，加州大学各分校的法学院和医学院均保持种族隔离状态。伯克利分校法学院在此之前没有黑人毕业生，洛杉矶分校医学院从 1955 年到 1968 年培养了 764 名毕业生，但是其中没有一位是黑人或拉美裔。④

在"隔离然而平等"的时代，全国有色人种协进会（National Association for the Advancement of Colored People，NAACP）⑤ 有策略地发起了一系列权利平等诉讼，帮助黑人学生争取进入白人大学接受研究生教育和专业教育的机会。在 1938 年的"盖恩斯案"⑥ 中，密苏里州在密苏里大学中设置

① Roebuck J. B., Murty K. S., *Historically Black Colleges and Universities: Their Place in American Higher Education* (Westport: Praeger Publishers, 1993), p. 8.
② Anderson T. H., *The Sixties* (New York: Routledge, 2017), p. 11.
③ Nisbet R. A., *Teachers and Scholars: A Memoir of Berkeley in Depression and War* (New Brunswick: Transaction Publishers, 1992), p. 61.
④ Karabel J., "The Rise and Fall of Affirmative Action at the University of California," *The Journal of Blacks in Higher Education* 25 (1999): 109.
⑤ 全国有色人种协进成立于 1909 年 2 月，是美国历史上第一个民权运动组织，其主要目标是为美国少数族裔公民争取政治、教育、社会和经济上的平等权利。全国有色人种协进会主张，即使面对公然的暴力与种族歧视，也要坚持运用法律手段和道德力量实现目标。经过多年发展和努力，该协会已经成为美国规模最大的民权组织。
⑥ *Missouri ex rel. Gaines v. Canada*, 305 U. S. 337 (1938)

了法学院，但是在黑人大学林肯大学中没有安排任何法律课程。在黑人学生盖恩斯（L. Gaines）申请法学院被拒后，密苏里大学表示如果他愿意申请去其他州的法学院就读，可以为他提供学费。联邦最高法院认为，如果州为白人居民提供高等教育，那么也有义务为黑人居民提供"实质平等"（substantially equal）的高等教育，即使不在同一所学校中。因此，联邦最高法院判决如果密苏里州不能为黑人居民单独设立一所法学院，那么密苏里大学就必须录取原告。在1948年的"赛普尔案"①中，俄克拉荷马大学法学院拒绝录取符合条件的黑人学生，联邦最高法院认为，作为该州唯一一所提供法律教育的公立大学，法学院应当为黑人学生提供与其他群体学生同样接受法律教育的平等机会。

面对联邦最高法院判决的要求，意图维持种族隔离制度的州采取了折中措施，要么设立专门录取黑人学生的研究生院和专业学院，要么在被迫录取黑人学生的校园中继续维持教学与生活设施的种族隔离。在"盖恩斯案"判决后，密苏里州匆忙地在一所老旧校舍基础上设立了林肯大学法学院。②为了避免黑人学生进入得克萨斯大学法学院，得克萨斯州甚至临时为黑人学生设立了"地下室法学院"③。俄克拉荷马大学研究生院依据联邦地区法院判决，录取了麦克劳林（G. McLaurin），允许他攻读教育学博士学位。尽管学校允许他和白人学生使用同样的教室、图书馆和餐厅，但是为包括他在内的黑人学生指定了专门区域和桌椅。类似种种做法，目的是在判决规制范围之内最大限度地维持种族隔离，但是这些做法都被联邦最高法院推翻了。在"麦克劳林案"④中，联邦最高法院判决公立大学必须为黑人学生提供与其他种族学生相同的待遇。在"斯韦特案"⑤中，联邦最高法院在比较教师数量、学生规模、课程多样性、专业化程度、图书馆规模及

---

① *Sipuel v. Board of Regents of University of Oklahoma*, 332 U. S. 631 (1948)

② Sullivan M. M., Olszowka J., Sheridan B. R., *America in the Thirties* (Syracuse: Syracuse University Press, 2014), p. 90.

③ Patterson J. T., Freehling W. W., *Brown v. Board of Education: A Civil Rights Milestone and Its Troubled Legacy* (New York: Oxford University Press, 2001), p. 16.

④ *McLaurin v. Oklahoma State Regents for Higher Education*, 339 U. S. 637 (1950)

⑤ *Sweatt v. Painter*, 339 U. S. 629 (1950)

法律实践活动机会后认为，得克萨斯州立黑人大学法学院无法提供与白人大学得克萨斯大学法学院"实质平等"的法律教育，判决得克萨斯大学法学院录取黑人学生斯韦特（H. Sweatt）。

"盖恩斯案""赛普尔案""麦克劳林案""斯韦特案"均未以推翻"普莱西案"判决作为诉讼目的，而是通过主张"实质平等"为黑人学生打开了接受研究生教育和专业教育的大门。这一系列判决之后，联邦最高法院"开始重新审视'隔离然而平等'原则"[①]，逐步意识到州维持种族隔离学校是近乎不可能实现真正平等的，最终确立了"隔离的教育设施是内在不平等"的法理框架。在"布朗案"之后出现的一个新的法理争议是，针对基础教育和中等教育的判决结果能否适用于高等教育。在"霍金斯案"[②] 中，联邦最高法院回答了这个问题。在该案中，佛罗里达大学法学院以黑人大学佛罗里达农工大学同样设置法学院为由，拒绝录取黑人学生。佛罗里达大学主张研究生教育和专业教育存在"社会复杂性"（social complexity），要求推迟种族融合进程。联邦最高法院两次审理该案，认为尽管该案涉及专业学院录取争议，与"布朗案"中公立学校存在的问题有所不同，但是并无推迟种族融合进程的理由。最终，法院要求学校依据适用于其他符合资格的申请人的规则录取原告。

联邦最高法院通过"霍金斯案"将"布朗案"判决的适用范围拓展到了高等教育领域，[③] 为废除公立大学的种族隔离制度提供了完整的法理基础，但是种族融合仍然面临阻力。部分州试图通过各种方式尽力维持公立大学的种族隔离制度，为那些想要"逃离种族融合的学生提供一个避风港"[④]。亚拉巴马大学在 1961 年设立亨茨维尔（Huntsville）分校，奥本大学在 1967 年设立蒙哥马利（Montgomery）分校，这两所大学即使是本校区也不得不录取越

---

① Lee F. G. , *Equal Protection: Rights and Liberties under the Law* (Santa Barbara: ABC – CLIO, 2003), p. 32.

② *Florida ex rel. Hawkins v. Board of Control*, 350 U. S. 413 (1956)

③ Smith W. A. , Altbach P. G. , Lomotey K. , *The Racial Crisis in American Higher Education: Continuing Challenges for the Twenty – first Century* (Albany: State University of New York Press, 2002), p. 81.

④ Watras J. , *Politics, Race, and Schools: Racial Integration, 1954 – 1994* (New York: Garland Publishing, 1997), p. 201.

来越多的黑人学生，白人学生也可以到分校就读，避免与黑人学生同校。北卡罗来纳大学在 1951 年开始面向黑人提供研究生教育和专业教育，但是在本科教育阶段仍然维持种族隔离制度。尽管学校在 1955 年的"弗雷泽案"① 后按照判决录取了三名黑人本科生，但是从 1958 年开始就要求所有本科申请人提交"学术能力评估测试"（Scholastic Aptitude Test）分数，这是因为学校知道这样会对其他方面符合要求的黑人学生产生"不成比例"的影响。②

当时，联邦与部分州在废除种族隔离问题上激烈对峙，相持不下。黑人空军退伍老兵梅雷迪思（J. Meredith）两次申请密西西比大学都因种族因素被拒绝。梅雷迪思在全国有色人种协进会的帮助下提出了诉讼，并最终由布莱克（H. Black）大法官代表联邦最高法院签发命令，要求学校录取他。但是，时任州长巴尼特（R. Barnett）挑衅般公开宣称，无论联邦最高法院怎么判决，只要他还是州长就不能让梅雷迪思进入这所大学，并亲自出面干预阻挠。联邦政府出面保护梅雷迪思入校上课，但此举激怒了种族隔离主义者，他们与联邦法警产生冲突，引发了大规模的"密西西比大学骚乱"（Ole Miss Riot）。在亚拉巴马州，州长华莱士（G. Wallace）在 1963 年的就职演说中公开宣称："今天要种族隔离，明天要种族隔离，永远都要种族隔离。"③ 无论是在大学校园还是在社会当中，因废除种族隔离制度而引发的矛盾和骚乱凸显了当时联邦与州在这一问题上的分歧与冲突，也迫使肯尼迪向国会提交更具强制力的民权法案，意图宣布在公共场所的种族隔离不合法，兑现他在竞选时为寻求黑人选票支持而做出的承诺。他的继任者约翰逊以"伟大社会"（Great Society）阐述全面改革计划，将民权改革作为其中不可或缺的一部分，甚至在 1964 年的国情咨文中宣布"无条件地向美国的贫困开战"。④ 不过，1964 年《民权法》和 1965 年《选举

① *Frasier v. University of North Carolina*，134 F. Supp. 589（1955）
② Baker S.，"Desegregation，Minimum Competency Testing，and the Origins of Accountability：North Carolina and the Nation，" *History of Education Quarterly* 55（2015）：33.
③ Goduti Jr. P. A.，Robert F.，*Kennedy and the Shaping of Civil Rights*，*1960 - 1964*（Jefferson：McFarland，2012），pp. 122 - 124.
④ 〔美〕加里·纳什：《美国人民：创建一个国家和一种社会》，刘德斌主译，刘德斌、任东波审校，北京大学出版社，2008，第 930 页。

法》的相继通过也没有明显改善种族歧视现象，对于黑人等少数族裔而言，学校仍然是存在种族隔离的，住房条件依然恶劣，就业机会仍然不足。

即使在 1965 年后"吉姆·克劳法"退出历史舞台，公立大学中仍然明显存在"事实上"的种族隔离。面对高等教育发展日益强调战略规划的趋势，白人大学纷纷在州的战略规划中成为重点建设的旗舰大学，教学与科研质量差距的扩大使得种族融合面临更为艰巨的挑战。在"福迪斯案"①中，密西西比州为了回应针对公立大学系统种族隔离（五所白人大学和三所黑人大学）的诉讼及联邦政府的后续干预，在 1981 年提出自愿推进种族融合的"使命宣言"（Mission Statements），重新确定八所公立大学的办学定位和服务面向。但是，密西西比州将三所白人大学确定为"综合型"，设置数量最多的课程计划并提供博士研究生教育；将一所黑人大学确定为"城市型"，面向城市环境发挥有限的科研和教学功能；将其余的四所大学确定为"区域型"，主要提供本科教育。尽管如此，原来的五所白人大学延续了入学要求中美国学院考试（American College Testing，ACT）组合分数高于三所黑人大学的录取政策，这导致各学校学生的种族构成到了 20 世纪 80 年代中期仍然没有出现明显变化。

美国司法部认为密西西比州违反宪法和 1964 年《民权法》第六章，故意维持公立大学系统中"事实上"的种族隔离，并对该州提起诉讼。联邦最高法院在审理中发现，密西西比州在 1964 年《民权法》第六章生效之前，于 1963 年规定该州 21 岁以下申请进入公立大学系统的学生必须统一参加美国学院考试，并要求密西西比大学、密西西比州立大学和南密西西比大学三所旗舰大学录取美国学院考试组合分数在 15 分以上的申请人，但当时白人学生的平均组合分数是 18 分，黑人学生仅有 7 分。到了 1985 年，该州白人高中毕业生中有 72% 的组合分数达到 15 分，而黑人高中毕业生中达到这一水平的不足 30%。怀特（B. White）大法官在判决书中指出："毫无疑问，录取要求限制了学生可以选择申请的学校范围以及他们能够真正入

---

① *United States v. Fordice*，505 U. S. 717（1992）

学的学校范围，这种方式只会使种族隔离永久化。"① 尽管密西西比州以美国学院考试作为唯一录取标准看似不涉及种族因素，但是法院开始转向审视这一录取标准的合理性。美国司法部表示，大多数州在大学录取中会同时使用标准化测试分数和高中成绩等其他因素作为录取标准，密西西比州拒绝考虑那些或许能够更好预测学生在大学期间表现的因素，而仅仅依靠美国学院考试分数，这是不合理的。密西西比州辩称，高中成绩存在夸大现象，而且不同高中之间的课程内容和评分标准缺乏可比性，因此美国学院考试才是可靠的选拔指标。联邦最高法院否定了这样的辩护理由。怀特认为，州最初是出于歧视目的而以美国学院考试作为录取标准，而这一标准仍在产生种族隔离的影响。因为密西西比州无法合理地解释录取标准存在差异的理由，法院最终判决这些录取标准是"双重制度的遗留并且持续产生歧视影响"。

办学定位与经费拨款差异扩大了不同公立大学之间的教学与科研质量差距，阶梯形的入学要求与录取标准使得黑人学生难以进入公立旗舰大学。在佛罗里达州，想要攻读药学专业的黑人学生多数会进入黑人大学佛罗里达农工大学，而非白人大学佛罗里达大学。从 1979 年到 1984 年，佛罗利达农工大学药学院中黑人学生的比例每年最低为 68.3%，最高为 96.8%，而佛罗里达大学药学院每年录取的黑人学生不超过 7 人，占总录取人数的比例最高仅为 1.9%。② 在 20 世纪 90 年代，亚拉巴马州有 16 所能够授予本科学位的公立大学，其中只有亚拉巴马州立大学和亚拉巴马农工大学为黑人大学，均为教学型。两所旗舰大学——亚拉巴马大学和奥本大学均为白人大学，且定位为研究型，在该州研究生教育领域发挥主导作用。根据州确立的拨款公式，研究型大学的拨款明显高于教学型大学，黑人大学在经费支持方面处于弱势地位，这进一步使得学校在学术声誉、预算分配、学位授

---

① *United States v. Fordice*, 505 U. S. 717（1992）

② Blackwell J. E., *Mainstreaming Outsiders: The Production of Black Professionals*（New York: General Hall, 1987），pp. 180 – 181.

予、教师薪酬、科研活动、学生就业、硬件设施等方面均存在明显差异。[①]
尽管威尔金斯只是认为"法律上"的歧视存续了百余年的历史，但是这种
隐蔽的歧视制度使得高等教育机会不平等现象长期存在。

二　积极差别待遇录取政策的初期引入

即使是在联邦最高法院一系列诉讼判决帮助下，以黑人学生为主的少
数族裔争取到了更多接受高等教育的机会，但是他们在整个高等教育中仍
然处于边缘状态，这种情况在选拔性大学和专业学院中更为堪忧。1965 年，
美国大学本科生中黑人学生比例仅为 4.8%。[②] 在当时高等教育资源集中的
新英格兰[③]，黑人学生仅占 1%。[④] 专业学院中的黑人学生人数也非常少，
当时法学院中黑人学生比例不足 1%，其中三分之一是在黑人大学法学院中
就读。[⑤] 医学院中黑人学生比例低于 2%，其中四分之三是在专门面向黑人的
霍华德大学和梅哈里医学院中就读。[⑥] 除了"事实上"的种族隔离外，更高的
入学要求和教育费用也是黑人学生不易进入选拔性白人大学的主要原因。

相比综合型大学，文理学院更早开始关注黑人学生受教育问题。欧柏
林学院是美国历史上第一所正式接受黑人学生的主流学校，学校董事会在
1835 年曾经公开表示"有色人种的教育事关重要利益"。[⑦] 安蒂奥克学院在
1941 年到 1955 年之间共录取了 123 名黑人学生。[⑧] 曼荷莲学院招生主任在

---

① Morris A., Allen W., Maurrasse D., et al., "White Supremacy and Higher Education: The Alabama Higher Education Desegregation Case," *National Black Law Journal* 14 (1994): 59.

② Nettles M. T., Thoeny A. R., Gosman E. J., "Comparative and Predictive Analyses of Black and White Students' College Achievement and Experiences," *Journal of Higher Education* 57 (1986): 289.

③ 由北至南包括缅因州、佛蒙特州、新罕布什尔州、马萨诸塞州、罗德岛州和康涅狄格州。

④ Kendrick S. A., "The Coming Segregation of Our Selective Colleges," *College Board Review*, 66 (1967): 6.

⑤ O'Neil R. M., "Preferential Admissions: Equalizing Access to Legal Education," *University of Toledo Law Review* 2 (1970): 281.

⑥ Nickens H. W., Ready T. P., Petersdorf R. G., "Project 3000 by 2000—Racial and Ethnic Diversity in US Medical Schools," *New England Journal of Medicine*, 331 (1994): 472.

⑦ Duffy E. A., Goldberg I., *Crafting a Class: College Admissions and Financial Aid, 1955–1994* (Princeton: Princeton University Press, 1998), p.137.

⑧ Bowen W. G., Bok D., *The Shape of the River: Long-Term Consequences of Considering Race in College and University Admissions* (Princeton: Princeton University Press, 1998), p.4.

1959 年开始有目的地走访黑人高中，寻找那些"具有发展前途的黑人学生"。[1] 在 1960 年之前，只有非常少量的黑人学生能够进入综合型大学，一些学校尽管有意录取黑人学生，但主要是看重黑人学生的体育特长，例如密歇根大学、伊利诺伊大学、爱荷华州立大学、罗格斯大学等就为学校的橄榄球队录取了少量黑人学生[2]。应当说，在当时并没有一所选拔性公立大学明确表示要致力于实质性扩大包括黑人在内的少数族裔学生的入学规模。

当民权运动仍在南方处于酝酿阶段时，北方大学的自由派校长们已经开始意识到美国高等教育根深蒂固的精英理念在录取制度中对少数族裔学生造成的种族排斥后果，他们希望能够通过高等教育参与社会变革，改善种族关系，促进社会平等。哈佛大学的积极差别待遇录取政策可以追溯到 1961 年，哈佛大学可能是最早在录取政策中引入积极差别待遇的学校（见图 1-1）。当时，学校提出在录取中"降低所谓客观因素（学习成绩与测试分数中的排名）的权重，增加对其他特质和发展潜力的权重"，[3] 在学生群体中寻求更大的社会与种族多元化。当时哈佛大学法学院自由派院长格里斯沃尔德（E. Griswold）支持民权运动和种族融合，他说服学校提供经费，组织法学院的部分教师在暑期为那些有意从事法律职业的黑人学生提供法律预科辅导。[4] 密歇根大学从 20 世纪 50 年代开始录取了少量的少数族裔学生，校长哈彻（H. Hatcher）和教务长海恩斯（R. Heyns）进一步主张将积极差别待遇录取政策作为优先事项。哈彻在 1963 年面向全校教师的一份报告中指出，"密歇根大学有责任录取那些曾经被剥夺机会的学生，只要消除过往教育不足造成的障碍，他们就有能力完成密歇根大学的学业"。[5] 海恩

① Duffy E. A., Goldberg I., *Crafting a Class: College Admissions and Financial Aid, 1955 - 1994* (Princeton: Princeton University Press, 1998), pp. 138 - 139.

② Demas L., *Integrating the Gridiron: Black Civil Rights and American College Football* (New Branswick: Rutgers University Press, 2011), pp. 5 - 8.

③ Karabel J., *The Chosen: The Hidden History of Admission and Exclusion at Harvard, Yale, and Princeton* (New York: Houghton Mifflin, 2005), p. 401.

④ Vile J. R., *Great American Lawyers: An Encyclopedia* (Santa Barbara: ABC - CLIO, 2001), pp. 308 - 309.

⑤ Hirschman D., Berrey E., Rose - Greenland F., "Dequantifying Diversity: Affirmative Action and Admissions at the University of Michigan," *Theory and Society*, 3 (2016): 265.

斯则明确提出要改善"美国社会中黑人的地位"。^① 学校从 1964 年开始实施
积极差别待遇录取政策，面向具备学业发展能力但处于经济社会弱势地位
的学生建立"机会奖励项目"（Opportunity Awards Programs，OAP）。尽管并
没有刻意强调种族因素，但是该项目录取的多是毕业于底特律地区高中的黑
人学生。1963 年，康奈尔大学校长珀金斯（J. Perkins）和副校长萨默斯基尔
（J. Summerskill）设立"弱势学生委员会"（Committee on Disadvantaged
Students），面向那些"符合条件但是因为文化、经济和教育环境而处于弱势
状况的学生"制定录取政策^②。学校在第二年启动了"康奈尔机会项目"
（Cornell Opportunity Program，COP），该项目在录取学生时不完全参考具体
的录取要求，甚至会录取没有达到常规录取标准的学生。在最初几年，该
项目录取的学生很多来自纽约州的各个黑人高中。在墨菲（F. Murphy）的
领导下，加利福尼亚大学洛杉矶分校率先在 1964 年面向弱势学生和少数族
裔学生建立"教育机会项目"（Educational Opportunities Program），随后将
其逐步扩展到加州大学的所有分校中。^③

　　当时，尽管高等教育规模扩大也增加了少数族裔接受高等教育的机会，
但是只有在民权运动逐步深入和种族骚乱影响扩大的形势下，才有越来越
多的大学引入积极差别待遇录取政策，调整传统录取标准和要求，扩大少
数族裔入学规模。1965 年 8 月发生在洛杉矶南部的"瓦茨骚乱"（Watts Ri-
ots）让联邦政府警醒，认为美国社会特别是族裔群体间的关系出现了"严
重的错误"^④，这种焦虑和关切迅速蔓延到美国其他地区。主流社会意识到，
在令少数族裔感到无助的政治和经济环境下，渴望改变生活和命运的他们
开始诉诸暴力行动。在瓦茨骚乱之后，耶鲁大学和普林斯顿大学董事会中原

① Berrey E., *The Enigma of Diversity：The Language of Race and the Limits of Racial Justice*（Chi-
cago：University of Chicago Press，2015），p. 66.

② Downs D. A., *Cornell'69：Liberalism and the Crisis of the American University*（Ithaca：Cornell U-
niversity Press，2012），pp. 46 – 47.

③ Nash G., *The University and the City：Eight Cases of Involvement*（Hightstown：McGraw – Hill
Book，1973），p. 45.

④ Skrentny J. D., *The Ironies of Affirmative Action：Politics，Culture，and Justice in America*（Chi-
cago：University of Chicago Press，1996），p. 72.

本反对增加少数族裔录取数量的成员也开始转变态度。华盛顿大学则是在底特律骚乱和纽瓦特骚乱之后开始实施积极差别待遇录取政策。在 1968 年马丁·路德·金遇刺身亡后，种族骚乱有愈演愈烈的势头，示威抗议甚至进一步蔓延至校园，黑人学生开始有组织地要求学校增强黑人学生代表性。随后，美国大学不得不开始大规模地考虑和实施积极差别待遇录取政策，扩大少数族裔入学规模。在当时，这被视作是解决种族不平等问题的主要手段。①

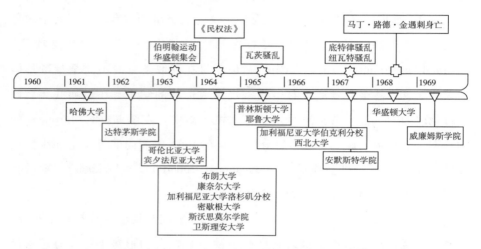

图 1-1　美国公立大学与私立大学早期引入积极差别待遇录取政策的情况

资料来源：根据以下资料整理而成：Stulberg L. M. , Chen A. S. , "The Origins of Race - conscious Affirmative Action in Undergraduate Admissions：A Comparative Analysis of Institutional Change in Higher Education," *Sociology of Education*, 87 (2013)：36。

三　积极差别待遇录取政策的早期实践

早期积极差别待遇在录取政策中的表现形式大致有"软性"（soft）和"硬性"（hard）之分。② "软性"的积极差别待遇录取政策主要包括针对少数族裔学生集中就读的高中加强招生宣传，提高申请数量，或者为有意申请的少数族裔学生提供准备性或衔接性课程辅导，提高其竞争能力。"硬

---

① Allen W. R. , "Black Students in US Higher Education：Toward Improved Access, Adjustment, and Achievement," *The Urban Review* 20 (1988)：165.

② Kennedy R. , "Persuasion and Distrust：A Comment on the Affirmative Action Debate," *Harvard Law Review* 99 (1986)：1327.

性"的积极差别待遇录取政策主要是面向特定少数族裔群体明确保留或有意达成一定数量或比例的录取名额。在"软性"和"硬性"之间还存在一个更为理想的中间地带，即面对两名综合评价相当的白人学生和少数族裔学生时，考虑种族因素录取后者。但在当时，少数族裔学生的学业表现与白人学生存在显著差距，而且其申请传统白人大学的意愿普遍低下，所以积极差别待遇录取政策在早期很难在这个中间地带得以实施。

例如，加利福尼亚大学（以下简称"加州大学"）在 20 世纪 60 年代初期就开始实施"软性"的积极差别待遇录取政策，有针对性地强化招生宣传和外联走访。在仍然未能录取足够规模的少数族裔学生后，各个分校陆续开始在录取中关注种族因素。这一转变很快产生效果，1969 年洛杉矶分校法学院新生中黑人和拉美裔学生比例达到 15%，伯克利分校法学院和洛杉矶分校医学院中的比例也达到了 8%。[①] 1968 年，美国法学院协会（Association of American Law Schools，AALS）、美国律师协会（American Bar Association，ABA）、全国律师协会（National Bar Association）和法学院入学委员会（Law School Admission Council）建立了"法律教育机会委员会"（Council on Legal Education Opportunity，CLEO）项目，旨在招收和辅助弱势群体成员，让他们接受法律教育与培训，进而增强少数族裔在法律执业领域中的代表性。参加该项目的法学院设立法律预科暑期学校，为少数族裔提供法律辅导培训，并录取那些表现优秀的学生。从 1968 年到 1975 年，大约有两千名少数族裔学生参加这类学校。[②]

"软性"积极差别待遇录取政策体现了大学在正式录取程序之外为了扩大少数族裔入学规模而做出的努力，但是效果往往并不明显，所以能够立竿见影的"硬性"政策逐渐成为更为普遍的做法。1976 年，纽约上诉法院[③]审理

---

① Delgado R., Stefanic J., "California's Racial History and Constitutional Rationales for Race – Conscious Decision Making in Higher Education," *UCLA Law Review* 47（1999）：1521.

② Welch S., Gruhl J., *Affirmative Action and Minority Enrollments in Medical and Law Schools*（Ann Arbor：University of Michigan Press，1998），p.57.

③ 在美国其他州，州法院系统的终审法院一般冠以"最高法院"称谓，例如加州最高法院（Supreme Court of California），得克萨斯州最高法院（Supreme Court of Texas），但是纽约州上诉法院（New York Court of Appeals）是该州州法院系统的终审法院。上诉法院有关纽约州法律的判决是终审，不可继续上诉；但有关联邦法律的案件，仍然可以上诉到联邦最高法院。

了针对纽约州公立大学系统的"阿利维案"[①]，通过案情介绍也可一窥公立大学在 20 世纪 70 年代初是如何实施积极差别待遇录取政策的。该案被告下州医学中心（Downstate Medical Center）隶属纽约州公立大学系统，该中心的医学院入学竞争非常激烈。在 1974 年的入学申请中，医学中心仅有 216 个入学名额，但是收到了 6300 份申请材料。在录取程序之初，医学中心根据本科课程平均学分绩点（Grade Point Average，GPA）、医学院入学考试（Medical College Admission Test，MCAT）分数、是否为纽约州居民三项因素计算出申请人的"筛选码"（screen code）。筛选码在 110 分以上的申请人可自动获得面试机会，102 分～110 分的申请人由录取委员会审阅评价以确定是否给予面试机会，低于 102 分的申请人则被淘汰。但是，如果申请人声称自己是少数族裔，无论筛选码是多少，录取委员会都会审阅他们的申请材料。

原告阿利维（M. Alevy）的筛选码是 104 分，是 1400 名获得面试机会的申请人之一。在 435 名黑人和波多黎各裔申请人中，有 145 人获得面试机会。从不同种族群体的申请人入选面试的结果来看，原告及其他白人学生获得面试机会的概率是 21.4%，但黑人和波多黎各裔申请人的概率是 33.3%。在面试中，面试官会对候选人打分评价，选择那些值得进一步考虑的申请人并将其推荐给录取委员会，淘汰其余的申请人。面试官需要向录取委员会详细解释推荐理由，同时委员会成员也会传阅包含申请人学业表现和面试情况的材料。然后，每一位成员对申请人打出 1 分至 8 分不等的分数，以录取委员会的平均分决定是否录取。那些获得 8.0 分的申请人立刻就会获得录取机会。向下逐次录取，未进入录取名单的申请人进入第一个候补名单。同时，平均分在 7.9 分的申请人进入第二个候补名单，低于 7.9 分的申请人则会被淘汰。

录取委员会主席帕内尔（J. Parnell）教授在证词中表示，委员会成员在评价打分时会考虑多种因素，其中包括申请人是否为少数族裔，是否有经济贫困或者教育不足的背景。帕内尔进一步证实，所有黑人、波多黎各裔、墨西哥裔

---

① *Alevy v. Downstate Medical Center*，39 N. Y. 2d 326，348 N. E. 2d 537（1976）

或者印第安裔申请人的材料都会被特别标识，以便于在面试过程中更加仔细地确认他们是否存在经济或教育上的弱势情况，以及申请人是否来自纽约市布鲁克林的贫民区。如果面试官确认申请人符合上述特征，会将这一事实报告录取委员会，委员会成员就会给予优先考虑。尽管医学中心负责人、州公立大学系统的校长及董事会均没有口头或者书面要求对少数族裔申请人给予优先对待，但是医学中心的负责人和教师们都知道这一做法。

针对法院的质疑，帕内尔辩称在录取政策中考虑种族因素的确有效增加了少数族裔学生数量。在他于 1970 年当选录取委员会主席之前，医学中心每年录取的少数族裔学生不超过 3 人，但是自从使用标识种族身份和考虑种族因素的机制后，在每年的入学新生中少数族裔学生平均能超过 19 人。录取政策的改变源于美国医学院协会（Association of American Medical College）在 1970 年发布的一份题为"扩大黑人和其他少数族裔学生接受医学教育的机会"的报告，该报告指出当时美国医生中黑人比例仅为 2.2%，医学院学生中黑人比例仅为 2.8%，并将少数族裔学生代表性不足问题归因于经济和教育障碍，以及医学院入学考试试题中存在的文化偏见。[1]

原告学生主张，医学中心的录取政策为那些资格条件较弱的少数族裔申请人提供了更多录取机会，违反了州宪法和联邦宪法的"平等保护条款"。在获得录取机会的 66 名少数族裔申请人中，由于存在撤回申请或者拒绝接受等情况，最终仅有 21 名到校注册，但原告发现自己的医学院入学考试分数高于每一位被录取的少数族裔申请人。针对这一问题，帕内尔称阿利维的筛选码的确高于获得录取的少数族裔申请人的平均水平，而且如果他是少数族裔很可能已经获得录取机会。但是帕内尔也坦言，因为申请人数量庞大，学业表现只是委员会成员考虑的一部分，个人在面试中所展现的能力在选拔程序中是更为重要的考虑因素。在这一年，医学中心录取了 475 名申请人，每一位的委员会打分都是 8.0 分，另外还有 131 名同样得到 8.0 分的申请人进入了第一个候补名单。在第二个候补名单上，包括原告在内有 128 名申请人，而原告位于第

---

[1] Nelson B. W., Bird R. A., Rogers G. M., "Expanding Educational Opportunities in Medicine for Blacks and other Minority Students," *Academic Medicine* 45（1970）：731.

84 位。帕内尔认为，即使不考虑种族因素，阿利维被录取的可能性也非常小。

四 积极差别待遇录取政策的实施效果

讨论积极差别待遇录取政策的实施效果，首先应将其置于美国高等教育入学率历史演变的宏观背景中。美国高等教育自 20 世纪 60 年代中期在联邦立法和政策的推动下快速发展，实现了从精英化向大众化的转变。统计数据显示，从 1967 年到 2015 年，美国 18～24 岁高等教育适龄人口入学率从 25.5% 上升至 40.5%。白人学生与少数族裔学生之间存在明显差距。同期，白人学生入学率从 26.9% 上升至 43.2%，黑人学生入学率从 13.0% 上升至 34.9%。拉美裔学生入学率则从 1972 年的 13.4% 上升至 2015 年的 36.6%（图 1-2）。

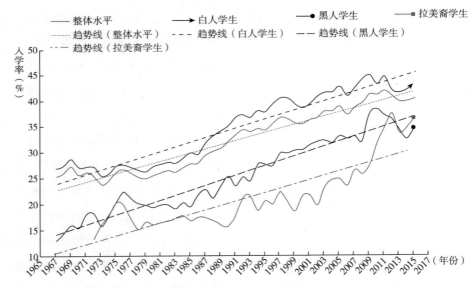

图 1-2　美国 18～24 岁高等教育适龄人口入学率（1967 年～2015 年）

数据来源：National Center for Education Statistics，Digest of Education Statistics。1967 年至 1971 年拉美裔 18～24 岁高等教育适龄人口入学率无统计数据。

20 世纪 60 年代末和 70 年代初，美国高等教育"见证了白人大学中黑人学生入学规模开始出现大幅度扩大"。[1] 当时的积极差别待遇录取政策有

---

① Allen W. R.，"Black Students in US Higher Education：Toward Improved Access，Adjustment，and Achievement，" *The Urban Review* 20（1988）：165.

不同的表现形式和手段，奥尼尔（R. O'Neil）将其归纳为两个极端，如果在这一端优先对待意味着"在所有其他因素大致相当的情况下碰触天平，选择这个学生而不是那个学生"，那么在另一端优先对待就代表着"固定的配额"。① 在政策实施的具体操作中，更多的方式是偏向"配额"一端，无论是录取明确数量和比例的少数族裔学生，还是采用单独评价、降低标准等方式实现结果上的配额，都的确促进了少数族裔学生入学规模的快速扩大。统计显示，法学院中少数族裔学生人数从 1970 年的 2933 人增加至 1974 年的 7601 人，上升幅度为 159.2%，显著超过了法学院学生规模 55.2% 的增长水平。② 安德森（T. Anderson）将 1969 年到 1980 年视作积极差别待遇的全盛时期，③ 如果截取前述 1967 年到 1980 年的数据可以发现，这一阶段美国 18～24 岁高等教育适龄人口入学率无论是整体水平还是白人学生均处于停滞甚至略有下降的状态，但是黑人学生从 13.0% 上升至 19.4%，拉美裔学生则从 1972 年的 13.4% 上升至 16.1%（图 1－3）。这表明，在这一阶段，积极差别待遇录取政策的确帮助少数族裔学生获得了更多接受高等教育的机会。学者的研究也能够支持从宏观统计数据中得出的结论。卡伦（D. Karen）在研究中发现，积极差别待遇录取政策的实施很快就产生了明显的效果。根据一项研究，常青藤盟校中黑人学生入学比例从 1967 年的 2.3% 增加至 1976 年的 6.3%，而同期在其他知名大学黑人学生入学比例也从 1.7% 增加至 4.8%。④ 布莱克韦尔（J. Blackwell）研究中心的数据也显示，全美医学院中黑人学生比例在 1975 年上升至 6.3%，法学院中黑人学生比例上升至 4.5%。⑤

---

① O'Neil R. M., "Preferential Admissions: Equalizing the Access of Minority Groups to Higher Education," *Yale Law Journal* 80（1971）: 699.

② Ruud M. H., White J. P., "Legal Education and Profession Statistics 1973 - 74," *Journal of Legal Education* 26（1974）: 342.

③ Anderson T. H., *The Pursuit of Fairness: A History of Affirmative Action*（New York: Oxford University Press, 2004）, p. 157.

④ Karen D., "The Politics of Class, Race, and Gender: Access to Higher Education in the United States, 1960 - 1986," *American Journal of Education* 99（1991）: 208.

⑤ Blackwell J. E., *Mainstreaming Outsiders: The Production of Black Professionals*（New York: General Hall, 1987）, p. 103.

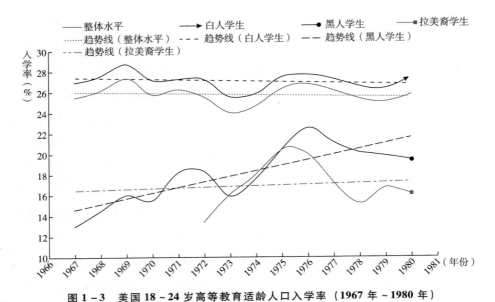

图 1 – 3　美国 18～24 岁高等教育适龄人口入学率（1967 年～1980 年）

资料来源：National Center for Education Statistics，Digest of Education Statistics。1967 年～1971 年拉美裔 18～24 岁高等教育适龄人口入学率无统计数据。

鲍恩和博克（W. Bowen & D. Bok）对五所选拔性大学 1989 年的录取数据进行测算，结果显示所有白人申请人获得录取的比例是 25%，所有黑人申请人获得录取的比例是 42%。白人申请人与黑人申请人之间的学术能力评估测试分数存在显著差异，为了比较具备相似分数的白人申请人与黑人申请人被录取的概率，他们依据分数定距变量对申请人进行分组。结果发现，学术能力评估测试分数中间组中白人申请人与黑人申请人的录取概率差距最大，而分数两端组的录取概率差距较小。例如，在学术能力评估测试分数 1200～1249 分组中，白人申请人获得录取的概率是 19%，而黑人申请人获得录取的概率高达 60%。但是，进一步的数据分析发现，如果不实施积极差别待遇录取政策，即减小黑人学生录取规模，将他们获得的录取名额全部释放给白人学生，白人学生获得录取的概率也只能增长 1.5 个百分点：从 25% 上升至 26.5%。[①]

---

① Bowen W. G.，Bok D.，*The Shape of the River：Long – Term Consequences of Considering Race in College and University Admissions*（Princeton：Princeton University Press，1998），pp. 26 – 36.

刘（G. Liu）对"巴基案"中加州大学戴维斯分校医学院 1974 年的申请数据进行测算。结果发现，在医学院为少数族裔保留名额的情况下，白人学生获得录取的可能性是 2.7%；在不保留少数族裔名额的情况下，白人学生获得录取的可能性是 3.2%。也就是说，白人学生被拒绝的概率只是从 96.8% 上升至 97.3%。① 尽管每一位未被录取的白人学生都可以声称自己是积极差别录取政策的受害者，但是即使不考虑种族因素，他们获得录取的概率也不会显著增长。凯恩（T. Kane）用"残疾人专用停车位"做比喻来解释了这样心理活动："假设在一间备受青睐的餐厅外为残疾司机专门预留一个停车位。取消这个停车位对于非残疾司机选择停车位而言只能产生极小的影响，但是很多寻找停车位的非残疾司机在路过这个空车位但看到专用标志时，仍然会觉得很失望。"②

第三节　积极差别待遇录取政策引发的争议

一　逆向歧视：政治舆论导向下的道德争议

在 1776 年的《独立宣言》中有这样一句话："我们认为这些真理是不言而喻的：人人生而平等，造物主赋予他们若干不可让与的权利，其中包括生存权、自由权和追求幸福的权利。"③ 但同时，起源于不列颠对北美殖民时期的奴隶制，依然被 13 个州承认为合法。制宪者保留了奴隶制，维护了奴隶贸易，这毫无疑问会对美国两百余年的历史造成不可磨灭的影响。这一后果便是美国经济社会中自由平等之理想和歧视压迫之现实并存，即默达尔（G. Myrdal）所描述的"美国窘境"（American Dilemma）。④ 塔嫩鲍姆（F. Tannenbaum）认为，这种"窘境"是未能践行自身维护的信念而导

---

① Liu G., "The Causation Fallacy: Bakke and the Basic Arithmetic of Selective Admissions," *Michigan Law Review* 100 (2002): 1045.

② Kane T. J., "The Long Road to Race Blindness," *Science*, 5645 (2003): 571.

③ Bessette J. M., Pitney J. J., *American Government and Politics: Deliberation, Democracy and Citizenship* (Boston: Cengage Learning, 2013), p. 560.

④ Myrdal G., *An American Dilemma: The Negro Problem and Modern Democracy* (New York: Routledge, 2017), p. 264.

致内心产生的失败感和挫折感。如果民众对这种现实存在的矛盾漠不关心，那么也就不会存在窘境一说。[①]

在 1868 年第十四修正案通过之前，联邦宪法中没有任何条款明确规定法律的平等保护原则。格思里（W. Guthrie）将这段历史归咎于建国之初对奴隶制的容忍，这自然无法与平等自由理念相容。[②] 从 1776 年到 1868 年美国近百年的历史中，黑人无法享有宪法及法律所保障的自由。在合法的奴隶制下，法律使黑人失去了发展能力，他们被不同程度地剥夺了接受教育的机会。第十四修正案的"平等保护条款"就是为了对抗黑人遭遇的不平等而特别制定通过的[③]，它将《独立宣言》中的平等理念变成了一项宪法权利，但是联邦最高法院在早期判决中适用该条款的解释时却又抛弃了这一理念。联邦最高法院确立"隔离然而平等"原则，以平等为幌子把少数族裔打上劣等种族的烙印，将他们再次带入"隔离但未有平等"的境地。在那个时代，黑人学生只能进入硬件与软件设施均非常简陋的学校，几乎没有机会通过教育获得那些在美国主流社会中进步发展所需的能力。

在两次世界大战之间，"平等保护条款"在经历了"长时间的冬眠"[④] 之后重新浮现在联邦最高法院的眼中。之后，沃伦法院在"布朗案"中推翻"隔离然而平等"原则，使第十四修正案真正"得以复苏"[⑤]。尽管如此，联邦最高法院要求以"十分审慎的速度"（all deliberate speed）[⑥] 也未能消除种族不平等现象。从 20 世纪 60 年代末到 90 年代初，联邦最高法院不得不多次判决，提醒学区履行宪法义务，彻底消除公

---

① Tannenbaum F. ，"An American Dilemma," *Political Science Quarterly* 59 （1944）：321.

② Guthrie W. D. ，*Lectures on the Fourteenth Article of Amendment to the Constitution of the United States* （Boston：Little，Brown and Company，1898），pp. 106 – 107.

③ 〔美〕约翰·哈特·伊利：《民主与不信任：司法审查的一个理论》，张卓明译，法律出版社，2011，第 31 页。

④ Klarman M. J. ，"The Puzzling Resistance to Political Process Theory," *Virginia Law Review* 77 （1991）：747.

⑤ Sherry S. ，"Selective Judicial Activism in the Equal Protection Context：Democracy，Distrust，and Deconstruction," *Georgetown Law Journal* 73 （1984）：89.

⑥ Ogletree C. J. ，*All Deliberate Speed：Reflections on the First Half Century of Brown v. Board of Education* （New York：W. W. Norton & Company，2004），p. 10.

立学校中挥之不去的种族隔离现象。即使如此，种族歧视仍未被真正消除。在"格林案"中，联邦最高法院清楚地认识到，在数百年合法的奴隶制和种族隔离制度之下养成的歧视习惯和种族偏见已经嵌入美国社会的文化传统之中，即使"布朗案"宣布了公民无论种族肤色均有平等机会来接受公共教育和参与美国生活，这些歧视和偏见也仍然难以被消除。笔者在第一章已经阐述积极差别待遇的政策实施如何从最初秉持禁止歧视原则逐步转向补救优待原则。在实施初期，美国社会对这一转向予以认可和包容，因为多数民众认为鉴于"国家实施错误种族行为的可耻历史"①，此举"足以表明在法律上要求补救的道德合理性"②。

在麦克罗斯基看来，所有 1937 年以后被任命的大法官都分享着一个共同的民权思想。他们对民权思想的认识程度可能不尽相同，对如何实现民权目标也有着不同的考虑，但他们却都有这样的看法——种族平等的目标拥有特殊的地位。③ 在"巴基案"④ 中，马歇尔和布莱克门（H. Blackmun）两位大法官分别撰写了个人意见表示支持补救合理性。马歇尔在陈述了黑人长期遭受歧视的历史后表示："任何人在真正了解美国历史后，都不会认为一项试图对过往影响加以补救的措施是不可被允许的。"⑤ 布莱克门也表示："为了克服种族主义，我们必须首先考虑种族因素，舍此别无他法。为了平等待人，我们必须待人有别。我们不能——也不敢——让平等保护条款延续种族优越性。"⑥ 但是，积极差别待遇政策补救了歧视造成的影响，重新分配了经济资源和社会福利，也在社会、政治、法律和道德上给美国提出了一系列两难命题。从不同视角探讨平等，体现的是不同的政治立场、

① Gewirtz P. , "The Triumph and Transformation of Antidiscrimination Law," in Sarat A, eds. , *Race, Law and Culture: Reflections on Brown v. Board of Education* (New York: Oxford University Press, 1997), p. 110.

② Ezorsky G. , *Racism and Justice: The Case for Affirmative Action* (Ithaca: Cornell University Press, 1991), p. 75.

③ 〔美〕罗伯特·麦克洛斯基著，桑福德·列文森增订《美国最高法院》，任东来、孙雯等译，任东来、陈伟校，中国政法大学出版社，2005，第 164 页。

④ *Regents of the University of California v. Bakke*, 438 U. S. 265 (1978)

⑤ *Regents of the University of California v. Bakke*, 438 U. S. 265 (1978)

⑥ *Regents of the University of California v. Bakke*, 438 U. S. 265 (1978)

意识形态和价值判断。

　　支持积极差别待遇政策的学者多从补偿目的和分配目的两个角度来论证该政策的合理性。罗森菲尔德（M. Rosenfeld）认为，补偿正义（compensatory justice）是指，在两者自愿或者非自愿地进行某种形式的交换后，为了恢复平衡，再以自愿或者非自愿方式交换等量物。侵权行为人给付受害人损害赔偿，或者违约者依据合同条款给付违约赔偿，都是补偿正义的体现。分配正义（distributive justice）则是指，以公平方式在社会群体成员之间分割和分配利益与负担。分配正义包含了分配过程的公平与分配结果的公平。① 在积极差别待遇政策语境中，补偿目的与分配目的又有一定的区分。补偿目的，意指面向那些曾经遭受错误行为对待而处于弱势境况的群体成员，通过积极差别待遇政策为他们提供更多发展机会。补偿目的的合理性在于应对错误行为做出补偿，为该群体成员提供可以发挥平衡作用的利益，让他们的经济地位和福利水平大致恢复到没有遭受错误行为损害而原本应当达到的状态。如果某群体因为种族隔离制度而未能获得接受充分教育的机会，那么通过为他们提供特殊的教育机会，就会让他们的学业表现达到原本可以企及的水平。分配目的，意指使用积极差别待遇政策促进收入和其他重要利益的再分配，其合理性在于改变分配不平等现状。例如，接受良好教育能够有更多机会从事体面工作，而体面工作能够带来更为充足的家庭收入、经济保障和社会地位。所以，改变教育和工作机会的分配方式，让之前曾经被剥夺发展机会的个人重新获得更多发展机会，这是进行再分配的一种方式。但是，分配正义并不追求所有人拥有同等的工作和同样的收入，而是追求在分配时考量接受者的权利、应得、绩优、贡献和

---

　　① Rosenfeld M., "Affirmative Action, Justice, and Equalities: A Philosophical and Constitutional Appraisal," *Ohio State Law Journal* 46 (1985): 845. 还参见其他学者对积极差别待遇政策所蕴含的补偿正义与分配正义的讨论。Greenawalt K., "Judicial Scrutiny of Benign Racial Preference in Law School Admissions," *Columbia Law Review* 75 (1975): 559; Fiscus R. J., *The Constitutional Logic of Affirmative Action* (Durham: Duke University Press, 1992), pp. 8 – 14; Brest P., Oshige M., "Affirmative Action for Whom?," *Stanford Law Review* 47 (1995): 855; Nickel J. W., "Preferential Policies in Hiring and Admissions: A Jurisprudential Approach," *Columbia Law Review* 75 (1975): 534.

需要等。如果两个人充分拥有大致相当的个人发展机会，但是因为能力条件差异，一个人比另外一个人接受了更好的高等教育，获得了更好的工作和更高的收入，那么不能以此判断过程或结果是非正义的。

在实施积极差别待遇不久，美国就遭遇到了 20 世纪 70 年代的经济萧条。就业竞争日益激烈，白人担心积极差别待遇会继续减少自己的工作和受教育机会，对该政策的反感态度也日渐明显。哈里斯民意调查公司（Louis Harris）在 1970 年进行的调查显示，有 76% 的白人认为黑人在居住、就业和教育等方面仍然受到歧视，仍未实现争取平等的目标。但是，同样的调查在 1977 年调查结果却出现了明显转向，仅有三分之一的白人认为美国社会仍然存在种族歧视，更有 55% 的白人认为黑人争取平等的步伐过快。① 当时，多数白人在历史上第一次相信美国已经实现平等，再给予少数族裔积极差别待遇已经显得不公平。就像社会学家利普塞特（S. Lipset）所观察到的，"大多数白人不相信歧视是导致黑人处于不平等地位的主要原因"。② 随着政府组织、公司企业和大学实施积极差别待遇，增强少数族裔代表性，白人渐渐在求职和入学申请中碰壁，他们突然发现曾经理所当然对自己敞开的机会大门转向了少数族裔一方。这种不满情绪日益蔓延，使得原本缓和的种族关系再次紧张，一直反对积极差别待遇的保守派则适时抛出了"逆向歧视"（reverse discrimination），称白人已经成为积极差别待遇的歧视受害者。"逆向歧视"第一次出现在公共媒体中是在 1974 年"德福尼斯案"后，当时保守派专栏作者基尔帕特里克（J. Kilpatrick）在评论中做了这样的描述："这种异常的现象如果用一个更加熟悉的词来称呼是逆向歧视，如果用一个简短和丑陋的字来称呼就是种族主义。"③ 更具影响力的《美国新闻与世界报道》在 1976 年的一篇评论报道中表示，积极差别待遇是"一种被认为是逆向歧视的行为"。尽管报道本身并未准确界定何为"逆向歧视"，

---

① Dreyfuss J., Lawrence C., *The Bakke Case*: *The Politics of Inequality*（New York: Harcourt Brace Jovanovich, 1979）, pp. 143 – 144.

② Lawrence C., *We Won't Go back*: *Making the Case for Affirmative Action*（Boston: Houghton Mifflin, 1997）, p. 46.

③ Kilpatrick J., "The DeFunis Syndrome," *Nation's Business* 6（1974）: 13.

但当时正处在总统候选人提名竞选中的里根在演讲中却直截了当地表示："如果你所属的种族群体碰巧不是联邦政府认可给予特殊对待的群体，那么你就是逆向歧视的受害者。"①

应当说，逆向歧视的概念含义是伴随积极差别待遇的酝酿出台而形成的。无论是积极差别待遇还是逆向歧视，都是为了促进机会平等、缓和种族矛盾所做的一系列努力，不同之处只是所面向群体的主观感受和价值判断。一些学者在研究中也将两者视作同一问题的两个方面来进行讨论。② 联邦民权委员会（Commission on Civil Rights）曾经在政府简报中指出"除了终止歧视性行为，还可以实施考虑种族、国别出身、性别、身心障碍及其他因素而采取的措施。采取这些措施的目的，是为那些曾经在历史上或者现实中被拒绝给予机会但符合条件的个人提供机会，进而防止在未来再次发生歧视"。联邦民权委员会将这类措施界定为积极差别待遇。③ 面对机会竞争，被"吸纳"的群体和被"排斥"的群体自然会产生不同的态度。在格里纳沃尔特（K. Greenawalt）看来，逆向歧视本质上是"逆转"了过去传统的歧视模式。④ 一方面，歧视对象从传统的黑人等少数族裔逆转为当前的白人多数族裔，另一方面，歧视目的从过去的压制迫害对象群体逆转为优先对待对象群体。可以看出，逆向歧视概念强调的是对那些历史上几乎未曾遭遇歧视的群体而施加的歧视待遇。所以，布鲁姆罗森（A. Blumrosen）直截了当地指出，保守派主张逆向歧视损害了白人的利益，不过是为了继续维持因为过往历史歧视而为白人多数族裔建立起来的"特权庇护所"。⑤

---

① Fetzer P. L., "Reverse Discrimination: The Political Use of Language," *National Black Law Journal* 12 (1990): 212.

② 可参见以下研究。Goldman A. H., *Justice and Reverse Discrimination* (Princeton: Princeton University Press, 2015); Edwards H. T., "Affirmative Action or Reverse Discrimination: The Head and Tail of Weber," *Creighton Law Review* 13 (1979): 713; Schwartz D. S., "The Case of the Vanishing Protected Class: Reflections on Reverse Discrimination, Affirmative Action, and Racial Balancing," *Wisconsin Law Review* 3 (2000): 657.

③ Scott W. B., "Unpacking the Affirmative Action Rhetoric," *Wake Forest Law Review* 30 (1995): 801.

④ Greenawalt K., *Discrimination and Reverse Discrimination* (New York: Knopf, 1982), p. 16.

⑤ Blumrosen A. W., "The Duty of Fair Recruitment under the Civil Rights Act of 1964," *Rutgers Law Review* 22 (1968): 465.

　　保守派大肆渲染逆向歧视对白人造成种种不公平对待，进一步削弱了主流社会对积极差别待遇的支持基础。以黑人为主的少数族裔长期陷落在美国经济社会的最底层，被排斥在主流社会之外，如果没有积极差别待遇，他们只能获得形式和理论上的平等，而不是实质与结果上的平等。但是积极差别待遇涉及种族分类，同样数量的就业和录取机会，吸纳一个少数族裔就意味着要排斥一个多数族裔。从补偿的角度来看，美国民众普遍认为，在历史上曾经遭遇的种种不公平对待应当获得补偿，应弥补群体之间巨大的经济社会发展差距，增强少数族裔竞争力。但历史上歧视的实施者和受害者之间并没有明确的救济关系，也不可能有直接及完全的对等补偿。从发展的角度来看，积极差别待遇采用了一种"能够使少数族裔受益的方式来对社会资源进行再分配，引导资源流向少数族裔群体"[1]，实现禁止歧视的法律在短期内无法立刻实现的目标，增加发展机会，增强发展能力，促进实现种族平等长期目标。如此，因为积极差别待遇而未能获得就业或教育机会的某一位白人工人或学生，可能自身甚至他的父辈都未实施种族歧视，而自己却成为"新一轮种族主义"[2] 的受害者。可以看出，积极差别待遇实质上提出了一个两难命题，即如何在保护个人权利和维护社会正义之间、坚持宪法原则和实施公共政策之间寻找一个适当的平衡点。

二　宪法原则：平等保护条款下的法律争议

　　为了解决南北战争后昔日奴隶的相关问题，美国国会在1868年通过了联邦宪法第十四修正案，其中第一款规定："任何人，凡在和合众国出生或归化合众国并受其管辖者，均为合众国及所居住州的公民。任何州不得制定或执行任何限制合众国公民特权或豁免的法律。任何州，未经正当法律程序，均不得剥夺任何人的生命、自由或财产；亦不得对在其管辖下的任何人，拒绝给予法律的平等保护。"这便是其中最为重要的"平等保护条

---

① Spann G. A., *Race against the Court：The Supreme Court and Minorities in Contemporary America* (New York：New York University Press, 1994), p. 121.

② Augoustinos M., Tuffin K., Every D., "New Racism, Meritocracy and Individualism：Constraining Affirmative Action in Education," *Discourse & Society*, 16（2005）：315.

款。"之后，美国国会在 1964 年《民权法》中也从禁止歧视的角度要求给予个人平等保护，第六章禁止在任何接受联邦财政资助的项目或活动中，因种族、肤色或出身国别而给予歧视对待；第七章禁止在涉及雇佣的赔偿、期限、条件或者权利方面因个人种族、肤色、宗教信仰、性别或出身国别实施歧视对待，并特别指出包含种族隔离或分类的雇佣行为将被视为违法。

　　无论学者如何讨论，积极差别待遇的合理性都不能代替合法性。暂且按下美国种族主义和压制迫害的历史不表，既然宪法规定平等保护，法律也明确指出种族分类违法，那应该如何用宪法和法律来解释积极差别待遇？作为一种宪法解释理论，原旨主义（Originalism）主张对宪法进行解释时，要依据宪法制定者的原初意图或者宪法文本的原初含义。[1] 坚持原旨主义的斯卡利亚（A. Scalia）大法官称积极差别待遇势必"以种族主义原则产生种族主义后果"[2]，所以他在任期间在所有相关判决中都投下了反对票。斯卡利亚在一次普林斯顿大学的演讲中旗帜鲜明地反对所谓的"活宪法"（living constitution），认为宪法条款的含义应该是固定的，不受社会舆论或思潮的影响。德沃金（R. Dworkin）在回应评论中也针锋相对地指出："从宪法条款的原始含义而言，宪法条款的核心内容只规定了抽象原则，而非具体的或陈旧的原则。"他认为："这些得出最新判决的抽象原则在具体个案中的适用，必须不断地接受审查。审查的目的不是取代宪法所规定的内容，而是为了尊重宪法所规定的内容。"[3]

　　"普莱西案"中唯一一位对判决结果提出反对意见的哈伦（J. Harlan）大法官认为："从联邦宪法的角度而言，在法律的眼中，这个国家没有优等的、占支配地位、统治阶层的公民。这里没有等级。我们的联邦宪法是色盲的（color – blind），既不认识也不容忍对公民划分类别。"[4] 当年哈伦大法

---

① Smith D. G., "Originalism and the Affirmative Action Decisions," *Case Western Reserve Law Review* 55 (2004): 1.

② Scalia A., "The Disease as Cure: In Order to Get Beyond Racism, We Must First Take Account of Race," *Washington University Law Quarterly* 1 (1979): 147.

③ 〔美〕安东宁·斯卡利亚：《联邦法院如何解释法律》，蒋惠岭、黄斌译，张泰苏校，中国法制出版社，2017，第 175 页。

④ *Plessy v. Ferguson*, 163 U. S. 537 (1896)

官以"宪法是色盲的"谴责"黑人劣等论",为黑人争取平等权利。如今,积极差别待遇的反对者接过这一口号,认为在机会竞争和能力评价的过程中,无论何种种族和肤色的申请人,都应该获得以种族中立方式对个人素质和资格进行评价的机会,这是获得平等对待的宪法权利。[①] 他们认为,很多人对历史和当前的种族歧视及后果并不承担任何直接或者间接的责任,但是积极差别待遇使这些人也受到逆向歧视,损害了无辜者的正当权利和合法权益。

反对者之所以以宪法是"色盲"为理由反对积极差别待遇,并非无视种族歧视现实或者忽略种族平等目标,而是反对以种族因素给予优先对待。在他们眼中,积极差别待遇和种族歧视并无二致。比克尔(A. Bickel)就认为,联邦最高法院在保护少数族裔方面所肩负的职责,应仅限于铲除那些妨碍他们参与政治程序的屏障。[②] 托马斯(C. Thomas)是目前联邦最高法院唯一的黑人大法官,他曾经因积极差别待遇录取政策进入耶鲁大学法学院,但也是该政策最坚定的反对者之一。[③] 他在"格鲁特案"判决书的反对意见中写下了这样的观点:"联邦宪法拒绝以种族为基础进行分类,不仅是因为这些分类可能会伤害受益种族,或者可能是建立在不正当动机之上,而且因为每当政府以种族标准来识别公民,以种族为标准来分配负担或利益时,贬低了我们所有人。平等保护原则是以无法估量的人类苦难为代价换来的,它反映了我们民族的理念,即这样的种族分类最终对个人及社会都会造成毁灭性的影响。"而第五巡回上诉法院的威兹德姆(J. Wisdom)法官曾经对"色盲"理念做了这样的回应:"联邦宪法既是肤色色盲的,也是肤色自觉的(color conscious)。为了避免与平等保护条款发生冲突,一种拒绝给予利益、造成损害,或者苛以负担的分类不能以种族为基础。在这层意义上,联邦宪法是肤色色盲。但是,为了阻止歧视长期存在并消除过往歧视的影

---

① Gotanda N. , "A Critique of 'Our Constitution is Color - Blind'," *Stanford Law Review* 44 (1991): 1.

② Bickel A. M. , *The Supreme Court and the Idea of Progress* (New Haven: Yale University Press, 1978), p. 37.

③ Lawson S. F. , *Running for Freedom: Civil Rights and Black Politics in America since 1941* (Hoboken: John Wiley & Sons, 2014), p. 268.

响，联邦宪法是肤色自觉的"。①

与保守派不同，法理学家德沃金认可法律稳定的重要性，但更将法律视作一个整体，认为法律应当反映不同情况下对稳定性和可预见性的不同价值取向。他认为，诉诸法律就是诉诸一种解释性判断。德沃金将法律理解为一个不断发展的过程，将法律作为一个整体进行解释，就不仅要向后看，也要向前看。这不仅包括具体明确的判决内容，也包括为这些判决内容提供一系列合理依据的原则。在他看来，法律的解释和实施是否正确，不在于法官们是在法律文本之中寻找法律还是在文本之上创造法律，而是取决于是否遵循正义、公平和正当法律程序的原则。② 因此，德沃金主张给予处在弱势状态的群体和个人更多保护，反对形式平等。他认为，积极差别待遇或者是所谓的逆向歧视并不违反平等保护的宪法原则，没有侵犯公民作为一个平等人而受到对待的权利。在德沃金看来，无论是宪法条文还是联邦最高法院都没有解决"平等保护条款"是否使所有种族分类都构成违宪这一问题。但是平等保护条款的制定者意在抨击奴隶制和种族歧视的后果，他们的意图不可能是使所有的种族分类都构成违宪。他认为："在某些情况下，一个将很多人置于不利地位的政策，因为它使社会作为一个整体的境况变好，所以它是合理的。"③ 但除非有一个很有力的道德论据证明所有种族分类的合法性，否则即使是那些使社会整体在道德上更平等的种族分类，也必然会侵犯个人受法律平等保护的权利。德沃金也坦言，以此理念证明类似积极差别待遇这样涉及种族分类的歧视性政策的合理性，也面临一系列理论与实践的困难。

尽管"宪法是色盲"的法理立场令人尊敬和期待，但自美国建国伊始，以种族与肤色来压制少数族裔，也是美国历史上不可改写的事实。④ 一方面，联邦最高法院曾经在 1857 年的"斯科特案"⑤ 中判决："当宪法通过

---

① *United States v. Jefferson County Board of Education*, 372 F. 2d 836 (5th Cir. 1966)

② Dworkin R., *Law's Empire* (Cambridge: Harvard University Press, 1986), pp. 225 – 273.

③ 〔美〕罗纳德·德沃金：《认真对待权利》，信春鹰、吴玉章译，中国大百科全书出版社，1998，第 306 页。

④ Jones Jr. J. E., "The Origins of Affirmative Action," *UC Davis Law Review* 21 (1987): 383.

⑤ *Dred Scott v. Sandford*, 60 U. S. (19 How.) 393 (1857)

时，他们（黑人）……没有被算作'人或者公民'。"即使在国会通过第十四修正案后，联邦最高法院仍然在"普莱西案"中支持"隔离然而平等"。另一方面，林肯总统在1863年发表《解放奴隶宣言》，国会在"重建时期"通过1875年《民权法》，保护黑人平等权利。正反两方面的历史表明美国的立法、司法和行政充满了种族歧视与反对种族歧视的斗争和博弈。正因为种族和肤色歧视曾经严重损害以黑人为代表的少数族裔的平等权利，所以如何解释"平等保护条款"，完善积极差别待遇，就显得格外重要。

　　但是在这一历史背景之下，补偿目的和分配目的之间并没有清晰的分界线。尼克尔（J. Nickel）认为补偿目的是完整弥补个人遭受的损失，而分配目的是将个人未获得的社会地位恢复至原位。[①] 或许，在积极差别待遇政策语境中可以通过对当前不平等现状的关注视角对两者进行区分——补偿目的关注的是造成当前不平等现状的过往错误行为或者不公平负担；而分配目的关注的是解决或缓解当前不平等问题，为人们带来应得利益，保障社会成员之间平等权利，避免不平等现状持续或恶化。但是无论何者，指向的都是美国种族关系中的非正义历史，是自美国建国二百四十余年来横亘在以黑人为主的少数族裔面前的种族歧视——历史歧视造成了当前不平等现状，而与当前不平等现状并存的种族歧视继续限制少数族裔未来发展机会与前景。正如格里纳沃尔特所言，在现实中难以在两者之间"划出一条准确的分界线"。他认为，美国社会制度化的歧视很可能已经使奴隶制的影响永久化。[②] 在审理积极差别待遇政策案件时，联邦最高法院在判决书中用的最多的词语是"补救"（remedy 或 remedial），其次是"补偿"（compensate 或 compensatory），几乎没有使用"分配"一词。可见，在以宪法原则为基础讨论积极差别待遇合理性时，联邦最高法院将哲学伦理基础上的补偿正义和分配正义合并为一体两面，将重点置于如何以司法权力对非正义进行救济（redress）。

---

① Nickel J. W. , "Preferential Policies in Hiring and Admissions: A Jurisprudential Approach," Columbia Law Review 73（1975）: 534.

② Greenawalt K. , "Judicial Scrutiny of Benign Racial Preference in Law School Admissions," *Columbia Law Review* 75（1975）: 559.

在 1971 年的 "格里格斯案"① 中，联邦最高法院在适用和解释 1964 年《民权法》第七章时，创设了 "差别影响"（disparate impact）原则，这对后来全面实施积极差别待遇录取政策产生了重要影响。在该案中，杜克电力公司（Duke Power Company）将完成高中学业或者通过智力测试作为初始雇佣或者雇佣后转岗的条件。但是这两项要求的意图不是测量从事某一工作岗位或者某一类工作的学习能力，因为两项要求对黑人的淘汰率显著高于白人，涉及的工作岗位长期以来只有白人担任。有黑人雇员以该公司违反 1964 年《民权法》第七章为由提起诉讼。撰写判决书的伯格认为，国会通过第七章的目的在立法语言中清晰可见，即要实现雇佣机会平等，消除长期以来因为优待白人雇员而形成的障碍。因此，任何表面上中立甚至意图也是中立的做法、程序和测试，如果其运作结果会 "冻结" 过往雇佣歧视行为造成的现状，依然不能被支持。伯格以狐狸和鹳喝牛奶的寓言为比喻，指出国会要求用于雇佣或晋升的测试与标准，不能像狐狸和鹳用同样的浅盘子喝牛奶那样。相反，国会要求应当考虑求职者的情况和条件，为所有求职者提供都能 "喝到牛奶" 的容器。1964 年《民权法》第七章不仅禁止公然的歧视，也禁止那些形式公平，但是在操作上具有歧视性的做法。他进一步指出，国会在 1964 年《民权法》中关注的是雇佣行为的后果，而非仅仅是雇佣行为的动机。同时国会要求雇主承担举证责任，证明任何要求都必须和雇佣本身存在明显关系。最终，联邦最高法院判决，如果不能证明一项运作起来会排斥黑人的雇佣行为和工作表现相关，即使雇主没有歧视性意图，该雇佣行为也要被禁止。

联邦最高法院对 "差别影响" 原则的解释，迫使雇主不得不修改许多表面上种族中立，但是在实施过程中仍然使少数族裔处于不利状况的做法，以向少数族裔提供平等就业机会，这为积极差别待遇的进一步发展奠定了基础。在此后 20 年，对 1964 年《民权法》第七章的解释、适用和发展一直依据的是 "格里格斯案" 创设的原则，而不是 1964 年《民权法》第七章的文本条款。所以，也有学者称，"格里格斯案" 的影响堪比 "进一步开拓

---

① *Griggs v Duke Power Co.*，401 US 424（1971）

了'布朗案'所创立的事业"。[①] 与 "格里格斯案" 不同,"德福尼斯案" 中原告学生是以华盛顿大学法学院录取政策违反 "平等保护条款" 为由提起诉讼,尽管联邦最高法院最终并未就积极差别待遇录取政策是否违宪做出实质性判决,但该案仍然促使大法官们乃至美国社会思考平等作为一项政策和平等作为一项权利之间的区别。

---

① Blumrosen A. W. , "The Legacy of Griggs: Social Progress and Subjective Judgments," *Chicago Kent Law Review* 63 (1987): 1.

第二章　司法审查介入公立大学录取政策的主要原因

第一节　司法审查介入公立大学事务的基本立场[①]

一　外部法律关系：保护学校免受不当干预

历史上，美国法院尊重大学自治，也"经常介入并阻止其他政府组织侵扰高等教育机构的事务，尤其是与知识自由相关的议题"[②]。联邦最高法院在第一次审理涉及高等教育案情的"达特茅斯学院案"[③] 时，明确表达了传统的法律观点，即私立大学不受外界特别是政府干预时，才能最好地服务社会。这一独立性几乎包含了高等教育中学校的聘任、录取、教学和科研等方面。"达特茅斯学院案"是在美国法律转型时期和美国高等教育发展过程中具有里程碑作用的历史事件，让美国公立和私立大学同时具备了自由发展的法律基础。[④] 美国大学教授协会（American Association of University

---

① 在这一节的讨论中，相关判例涉及公立大学和私立大学。以学术自由和司法遵从为核心的判决推论适用于公立大学和私立大学，但是在美国高等教育法中公立大学和私立大学有不同的法律地位。卡普林（W. Kaplin）等将这种情形称为"公私两分"（public – private dichotomy）原则，例如，公立大学和私立大学基于学术评价和判断做出的涉及教师聘任和学生身份的决定和行动引发诉讼争议时，因为"公私两分"而在法律依据和程序要求上有所不同。相关探讨可参见 Kaplin W. A., Lee B. A., *The Law of Higher Education*（San Francisco：John Wiley & Sons, 2014), pp. 33 – 45。

② Edwards H. T., Nordin V. D., *Higher Education and the Law*（Cambridge：Harvard University Press, 1979), p. 14.

③ *Trustees of Dartmouth College v. Woodward*, 17 US.（4 Wheat.）518（1819）

④ 周详：《达特茅斯学院案与美国私立大学章程》，《湖南师范大学教育科学学报》2014 年第2 期，第 87 页。

Professors，AAUP）在 1940 年发布了著名的《学术自由与终身教职原则声明》（1940 Statement of Principles on Academic Freedom and Tenue），强调学术自由是教师在研究与教学方面的权利，旨在推动和保障高等教育学术自由。二战后，美国进入与苏联对峙的冷战时代，麦卡锡主义盛行，对大学教师造成了心理上的恐惧和不安，校园之中独立自由的传统、学术自由的精神、对学术负责的态度岌岌可危。①

"学术自由"一词第一次出现在联邦最高法院的判决文本中是在 1952 年的"阿德勒案"② 中。当时，《纽约州公务员法》（Civil Service Law of New York）规定，如果该州教师或政府公务员参加以颠覆政府为目标的组织，或者为以非法手段颠覆政府的活动进行辩护，将被解聘。阿德勒（I. Adler）等四名教师就职于纽约市公立学校，因参与颠覆性组织被纽约市教育委员会解聘，随后他们以该法律条款违宪为由提起诉讼并上诉至联邦最高法院。多数大法官判决支持该条款，但是道格拉斯（W. Douglas）与布莱克两位大法官联合提出了反对意见。两位大法官三次提及"学术自由"，尽管没有界定说明学术自由的内涵，但是推论出学术自由是"第一修正案关切的一个明显可辨的子问题"③。

五年后，联邦最高法院认识到知识与学术在高等教育情境中的重要性。在"斯威齐案"④ 中，执笔判决书的沃伦指出："没有任何一个教育领域已经被人们彻底地理解以至于不再有新事物发生。……教师和学生必须始终拥有去调查、研究、评价的自由，去获得新知和加深理解的自由，否则，我们的文明将停滞并且衰亡。"同时，法兰克福特（F. Frankfurter）和哈兰（J. Harlan）两位大法官在联名的同意意见中也表示："在一所大学之中，知识本身就是目的，而不仅仅是达成目的的一种手段。"在 1967 年，联邦最高法院最终通过"凯伊西安案"⑤，推翻了"阿德勒案"的判决。

---

① 李子江：《学术自由在美国的变迁与发展》，北京师范大学出版社，2008，第 120 页。
② *Adler v. Board of Education of City of New York*，342 U. S. 485（1952）.
③ Van Alstyne W. W.，"Academic Freedom and the First Amendment in the Supreme Court of the United States：An Unhurried Historical Review，" *Law and Contemporary Problems* 53（1990）：79.
④ *Sweezy v. New Hampshire*，354 U. S. 234（1957）
⑤ *Keyishian v. Board of Regents*，385 U. S. 589（1967）

二 内部法律关系：基于学术遵从有限介入

大学自治源于大学诞生之初拥有的独立性，其深层理念则是坚信教育只有超越教会的控制才能实现其功能。① 在美国历史上，法院介入大学内部法律关系的案件最早可以追溯到 18 世纪 90 年代的"布拉肯案"②。威廉玛丽学院的"巡督员委员会"（Board of Visitors）为了重组课程计划关闭了文法学院，也终止了对布拉肯（J. Bracken）教授的聘任。布拉肯教授提起诉讼，称依据章程规定，学院无权在他没有严重失范行为的情况下将其解聘。弗吉尼亚州最高法院在审理时表示，巡督员们依据学院章程授权实施的行为，"不应由本法院调查确认他们是否明智地制定规则，以及是否应当考虑做出此种改变"。作为大学与法院的第一次碰撞，"布拉肯案"为美国法院在处理类似纠纷中倾向于保护和尊重大学自治和学术自由的立场奠定了基础。③ 爱德华兹和诺丁（H. Edwards & V. Nordin）在 1979 年最早提出了"学术避让"（academic abstention）的概念，他们将法院在涉及大学的诉讼争议上的传统态度做了这样的概括："历史上，美国法院为了避免对学术机构造成过度的司法监督，一贯遵循学术避让原则。"④

随着二战后美国高等教育急剧扩张，教师与学生数量迅速增加，不同社会阶层与背景的人员进入大学，多元化理念在学校并存。加之社会变革与政治运动影响，个人自由与权利意识日益凸显，法院不得不面对越来越多以大学为诉讼被告的棘手案件。在传统司法遵从（judicial deference）⑤ 概念之下，法院也逐步形成了学术遵从（academic deference）的理念和原则。

---

① Leas T., *Evolution of the Doctrine of Academic Abstention in American Jurisprudence* （Ph. D. diss. , Florida State University, 1989）, p. 1.

② *Bracken v. Visitors of William & Mary College*, 7 Va. 573 （1790）.

③ 刘金晶：《法庭上的"自主高校"——论美国司法中的"学术遵从"原则》，《环球法律评论》2011 年第 6 期，第 124 页。

④ Edwards H. T. , Nordin V. D. , *Higher Education and the Law* （Cambridge：Harvard University Press, 1979）, p. 14.

⑤ 司法遵从，是指法院在裁判案件的过程中，在司法自由裁量权的范围内，基于各种原因对立法机关和行政机关的谦让与自我克制。

大学在诉讼过程中可能会在不同的争议问题上主张学术自由，要求法院遵从，但是法院的立场和态度也并非能够一概而论。在涉及佐治亚大学教师聘任和晋升争议的"丁南案"① 中，第五巡回上诉法院坦言："尽管我们认识到了学术自由的重要性，但是我们也必须认识到学术自由的边界。合众国的公共政策禁止歧视。无论是佐治亚大学还是当事人丁南教授均不可凌驾于公共政策之上。……学术自由并未无限制地授予大学实施各种歧视行为的权力。"② 在相关案件中，当法院依据诉讼请求介入大学内部法律关系，对大学的判断和行为进行司法审查的时候，是否做出及做出多大程度的学术遵从，会考虑三个方面的因素。

（一）大学做出的判断是否为一个真正的学术判断

学术遵从的本质要求是对以学术理由为基础做出的判断表示遵从，因此是否是学术判断是最重要的考虑因素。在学生因学业表现不足被密苏里大学开除而提起诉讼的"霍洛威茨案"③ 中，联邦最高法院指出："如同一名教授对选修其课程的学生给出适当的成绩，以学术理由做出是否开除学生的判断，要求对积累的信息做出一种专家评价，因此不能轻易将其解释为司法或者行政决定的程序性工具。"④ 鲍威尔（L. Powell）在同意意见中表示："在判断学生的学业表现是否有资格……的问题上，大学教师必须拥有最广泛的自由裁量权。"⑤ 之后，联邦最高法院在涉及密歇根大学以未通过学业考试为由开除学生的"尤因案"⑥ 中进一步指出："当法官们依据请求对一个真正的学术决定中的实质性问题进行审查时……他们应当对教师的专业判断表示出极大的尊重。坦率地说，除非该决定实质性背离已经被广泛接受的学术规范，足以证明负责的个人或委员会没有真正做出专业判

---

① *In re Dinnan*, 661 F. 2d 426 (5th Cir. 1981)

② *In re Dinnan*, 661 F. 2d 426 (5th Cir. 1981)

③ *Board of Curators*, *University of Missouri v. Horowitz*, 435 U. S. 78 (1978)

④ *Board of Curators*, *University of Missouri v. Horowitz*, 435 U. S. 78 (1978)

⑤ *Board of Curators*, *University of Missouri v. Horowitz*, 435 U. S. 78 (1978)

⑥ *Regents of the University of Michigan v. Ewing*, 474 U. S. 214 (1985)

断，否则法官们不可以推翻该决定。"① 所以，无论是以个人还是以集体的方式做出学术判断，都要求教师作为研究和教学的专家身份做出专业判断。正因为这种专业判断需要主观考虑和自由裁量，专业判断中的实质性问题才能获得法官的尊重，而不能将其视为一种程序性工具来加以审查。但是，如果大学的判断和行为并非真正以学术理由为基础，甚至是以种族和性别偏见等非正当理由为基础，那么法院就不会遵从。在"格雷案"②中，第二巡回上诉法院发现纽约城市大学是因种族因素而非学术理由对教师做出不予晋升的决定；而在"威廉斯案"③中，第八巡回上诉法院发现林登伍德大学开除学生的真实动机是种族偏见而非学术理由。在两起案件中，法院都没有予以学术遵从。

（二）大学和法院对争议判断予以考虑时的相对能力

学术判断的"标准问题可能会涉及有着高度不确定性的未知事项"④，在对这一问题的考虑上大学的能力要高于法院，所以法院会倾向于予以遵从。1976年，哥伦比亚特区上诉法院的贝兹伦（D. Bazelon）法官在"乙基公司案"⑤判决书中提出"制度能力"（institutional competence）概念，认为"那些更为微妙、更加不为人所见的科学判断事项，已经完全超越了我们法官的制度能力"。⑥之后在涉及教师解聘争议的"鲍威尔案"⑦中，第二巡回上诉法院在判决书中也强调："法院必须时刻谨记相对的制度能力。"在"孔达案"⑧中，一名教师称自己因性别歧视未能获得机会晋升终身教职。第三巡回上诉法院在审理时表示："无论（评价教职候选人的）责任位于学校内部何处，显然法院必须保持警醒而不可侵扰这一决定，在关于教

---

① *Regents of the University of Michigan v. Ewing*，474 U. S. 214（1985）

② *Gray v. Board of Higher Education*，*City of New York*，692 F. 2d 901（2d Cir. 1982）

③ *Williams v. Lindenwood University*，288 F. 3d 349（8th Cir. 2002）

④ 宋华琳：《制度能力与司法节制——论对技术标准的司法审查》，《当代法学》2008 年第 1 期，第 46 页。

⑤ *Ethyl Corporation v. Environmental Protection Agency*，541 F. 2d 1（D. C. Cir. 1976）

⑥ *Ethyl Corporation v. Environmental Protection Agency*，541 F. 2d 1（D. C. Cir. 1976）

⑦ *Powell v. Syracuse University*，580 F. 2d 1150（2d Cir. 1978）

⑧ *Kunda v. Muhlenberg College*，621 F. 2d 532（3d Cir. 1980）

师晋升和终身教职资格的问题上，法院也不可以用自身判断代替学校的判断。诸如教学能力、学术研究、专业高度等事宜的决定是主观的，除非有证据表明这些决定成为被用于掩盖歧视性行为的机制，那么必须交由专业人士评价，特别是因为它经常涉及要对晦涩难懂的学术研究问题进行询问，而这超出了法官个人的能力。"① 应当指出的是，如果在大学做出决定和行为的理由中，学术判断只是其中一部分，那么司法遵从的程度也会相应降低。如果法院质疑的是程序性问题而非实质性问题，那么法院的能力高于大学，也就几乎不会有司法遵从的空间。

（三）　如果做出不利于大学的判决是否会导致大学过度负担

如果法院做出不利于学校的判决结果会对大学造成过度负担，干扰学校正常发挥教育功能的能力，或者判决结果会将类似的其他大学置于同等情形，那么法院会权衡是否对大学的决定和行为予以遵从。在"坎农案"② 中，一名学生称芝加哥大学医学院因性别原因拒绝其入学申请，芝加哥大学在诉讼中辩称："对大学的录取决定进行司法审查是不明智的……因为这一类诉讼造成繁重负担，而且不可避免地会对大学委员会成员的独立性造成负面影响。"③ 联邦最高法院对此认为："没有证据表明……诉讼代价高昂或者数量繁多，使得学术社群或者法院都承担了不当负担，或者大学的管理者们因为关切诉讼风险，而不能以独立和专业的方式行使重要职责。"④ 第三巡回上诉法院在"孔达案"中就表示，如果"必然侵扰教育过程本身的特质"，那么遵从是适当的。在"费尔德曼案"⑤ 中，一名教师因学术不端未获续聘而提起诉讼，第七巡回上诉法院警告称，不恰当的判决结果"可能造成实质性损害"，使得学校"不愿采取行动改善教师队伍"，进而"削弱大学履行使命"。反过来说，如果法院在司法审查中推翻了一所大学

---

① *Kunda v. Muhlenberg College*，621 F. 2d 532（3d Cir. 1980）
② *Cannon v. University of Chicago*，441 U. S. 677（1979）
③ *Cannon v. University of Chicago*，441 U. S. 677（1979）
④ *Cannon v. University of Chicago*，441 U. S. 677（1979）
⑤ *Feldman v. Ho*，171 F. 3d 494（7th Cir. 1999）

的决定，不会干扰学校核心的教育功能，也不太可能让其他同类大学面临一系列的诉讼风险，那么司法遵从的动因就降低了。在涉及终身教职争议的"宾夕法尼亚大学案"① 中，原告教师以遭遇性别歧视对待为由，要求学校披露委员会做出决定时的评审文件。宾夕法尼亚大学援引"斯威齐案"和"凯伊西安案"的判决，以披露评审文件侵犯学术自由作为辩护理由，认为这将导致"教学与研究质量下滑"。但是，联邦最高法院认为，这些判决结果推翻了那些试图以内容为基础（content – based）控制大学言论的政府行为，因为这些行为直接侵犯了以学术理由来决定谁可以教的权利，但是该案并不涉及学校选拔教师的标准，因此称宾夕法尼亚大学在这一案情中主张学术自由是错位的（misplaced）。更为重要的是，法院在审查中发现学校给出的学术理由可能有歧视的托词的嫌疑，并且认为披露文件对学术自由造成的影响是"极其微弱"的，因此拒绝遵从，支持原告教师的诉讼请求。

第二节　司法审查介入录取政策的程度：基于学术判断

一　以学术判断为基础的录取政策

在美国，公立大学一般由州政府或地方政府资助，接受州政府管理。由州直接实施的行为被称为"州行为"（state action），而公立大学由于与州有着密切联系，学校实施的行为也被认为是由州实施的行为。联邦最高法院在"塔卡尼安案"② 中也强调，公立大学"毫无疑问是州行为人（state actor）"。所以，公立大学的行为不仅受到州和联邦法律的规制，也受到联邦宪法第十四修正案"平等保护条款"的规制。

当司法审查介入公立大学录取政策时，法院采用 1946 年《行政程序法》（Administrative Procedure Act）第 706 节所规定的"任意和不正规"

---

① *University of Pennsylvania v. EEOC*，493 U. S. 182（1990）
② *NCAA v. Tarkanian*，488 U. S. 179（1988）

（arbitrary and capricious）标准予以审视。① 判断公立大学录取政策是否"任意和不正规"，是以政策是否合理为基础的，因此这是一项高度宽松的审查标准。② 简言之，只有在公立大学录取政策的相关决定没有任何合理基础的情况下，或者做出决定的过程与结果超出了任何一个理性的人对事实的合理看法，法院才会判定学校的录取政策是"任意和不正规"的。一般而言，法院在这个问题上会有三个方面的考虑。

（一）录取政策是否有不正当的目的

《行政程序法》规定，行政机关在行使自由裁量权时，即使表面上是在权限范围之内，但如果不符合法律所规定的目的，或者追求不正当的目的，也会被法院判定为滥用自由裁量权。在涉及学生学业评价争议的诉讼中，出于司法遵从，法院一直关注学校是否秉持"善良信念"（good faith），也将动机和目的作为判断是否"任意和不正规"的考量因素。在"加斯帕案"③ 中，第十巡回上诉法院称大学管理人员依据要求评价学生并决定其是否具备资格时，发挥了"准司法"（quasi judicial）④ 功能，所以只要他们的

---

① 第 706 节的规定："对当事人所提出的主张，在判决所必要的范围内，承审法院应决定全部有关的法律问题，解释宪法和法律条文的规定，并决定行政行为（agency action）表示的含义或适用。承审法院将——（1）强迫执行不合法拒绝的或者不合理延迟的行政行为；（2）将出现下列情况的行政行为、裁定和结论认定为违法并撤销：（A）任意的、不正规的、滥用自由裁量权，或者其他不符合法律的情况；（B）违反宪法权利、权力、特权或者豁免；（C）超越法定管辖权、权限或者限制，或者没有法定权利；（D）没有遵守法律要求的程序；（E）适用本章第 556 节和第 557 节规定的案件，或者法律规定的其他以行政机关的听证记录而审查的案件，没有实质性的证据支持；（F）没有事实根据，达到事实必须由法院重新审理的程度"。其中，"任意的"、"不正规的"和"滥用自由裁量权"三个词的意义实际上没有区别。自由裁量权是一种根据具体情况明辨是非、辨别真伪，最好地为公共利益服务的权力，是一种符合理智和正义的权力，不是按照私人意见行事的权力。参见王名扬《美国行政法》，北京大学出版社，2016，第 509 页。
② 张千帆：《司法审查的标准与方法——以美国行政法为视角》，《法学家》2006 年第 6 期，第 36 页。
③ *Gaspar v. Bruton*，513 F. 2d 843（10th Cir. 1975）
④ 根据《元照英美法词典》的解释，"准司法的"指在实体上或程序上具有与司法相类似的性质。用于指国家行政官员或者行政机关进行的诸如调查事实真相、确定事实是否存在、举行听证、衡量证据、并从中做出结论等行为。这些人员和机关在审理、裁决中享有与法官和法院相类似的职权和自由裁量权。出自非司法机关的裁决，叫作准司法裁决。准司法行为和准司法裁决可接受司法审查。

行为秉持善良信念并且不是任意的，那么在其能力范围之内他们的决定是结论性的。公立大学在执行录取政策时，录取工作人员在程序中除了使用 GPA 和标准化测试分数等客观标准，也会纳入个人主观标准。个人的主观判断可能有错误，但只要没有达到"任意和不正规"的程度，仍然不属于滥用自由裁量权。在"威尔逊案"① 中，一名未被亚利桑那大学艺术学院录取的学生提起诉讼，称教师委员会在评价申请人的艺术作品时，没有使用任何标准清单（check list）或者一套书面的标准，完全根据自己的标准和判断来做出决定。原告学生指出，教师委员会对其做出的评价结论是"作品似乎已经达到了专业水平，但是委员会感觉作品与艺术学院的审美态度并没有特别的协调"，② 认为依据这样的评价做出拒绝录取的结论是"任意和不正规"的。委员会主席辩称，评价过程中的背景、理解、感知本身就是一个创造的行为，任何客观标准在艺术鉴赏这个问题上都是"糟糕的替代品"。州上诉法院赞同录取委员会主席的观点，认为"尽管律师们和军队可能执迷于标准清单，但是我们不认为教师委员会没有使用标准清单或者客观标准，就认定他们的决定是任意、不正规或者不合理的"。③ 在"格罗夫案"④ 中，原告学生在申请俄亥俄州立大学兽医学院三次被拒绝后提起诉讼，称兽医学院在个人面试环节使用打分方式，在录取决定程序中引入了主观因素，这是"任意和不正规"的。他进一步诉称兽医学院录取了资格条件都不如他的学生，侵犯了他获得平等保护的权利。地区法院审查了兽医学院的录取程序，认为除了引入主观评价因素，学院在录取程序中提供了充分的正当程序保障，而法院对面试分数在录取决定中比重大小的问题表示遵从。同时，地区法院驳回了原告学生提出的第二个主张，表示"不愿意将未能严格遵循录取公式视作拒绝提供平等保护"。⑤

（二）忽视相关因素或者考虑不相关因素

《行政程序法》规定，相关因素是指法律应当考虑或者不应当考虑的因

---

① *Arizona Board of Regents v. Wilson*, 24 Ariz. App. 469, 539 P. 2d 943 （Ariz. Ct. App. 1975）
② *Arizona Board of Regents v. Wilson*, 24 Ariz. App. 469, 539 P. 2d 943 （Ariz. Ct. App. 1975）
③ *Arizona Board of Regents v. Wilson*, 24 Ariz. App. 469, 539 P. 2d 943 （Ariz. Ct. App. 1975）
④ *Grove v. Ohio State University*, 424 F. Supp. 377 （S. D. Ohio 1976）
⑤ *Grove v. Ohio State University*, 424 F. Supp. 377 （S. D. Ohio 1976）

素。公立大学在录取程序中不考虑应当考虑的因素，或者考虑了不需要考虑的因素，都是"任意和不正规"的表现。在 1963 年的"莱塞案"① 中，布鲁克林学院依据州高等教育委员会的要求在录取政策中执行两项与学业表现相关的标准：第一，申请人高中阶段在规定的学术科目中完成了 16 个课程单元；第二，申请人的高中平均成绩达到最低要求。第一项标准相对固定，一般适用于所有申请人。在特殊情况下，学院会要求申请人在进入本科教学阶段后对学业不足之处进行补习。第二项标准每年会根据学院的教师规模和预算资源所能够接纳学生的规模而有所调整。在 20 世纪 60 年代初，布鲁克林学院的录取率在 55% 到 60% 之间。1962 年秋季，申请人数为 4767 人，学院录取了 2780 人，高中平均成绩要求为 85 分；1963 年秋季，申请人数增加到 5133 人，学院将成绩要求提高至 87 分。在获得录取机会的申请人中，大约 75% 是仅以高中平均成绩为基础进行选拔的，剩余 25% 则是以高中平均成绩和学术能力评估测试分数的复合分数为标准进行选拔的。复合分数标准让那些高中平均成绩低于入学标准的学生也能够通过足够高的学术能力评估测试分数来获得录取机会。1962 年，原告学生的高中平均成绩为 84.3 分，但是他在高中期间参加了专门面向学业表现优异的学生开设的"学识计划"课程，此课程内容更丰富，对学业要求也更高。布鲁克林学院在确定原告的平均成绩时，对这些课程和第一项标准中的 16 个课程单元给予同样的权重。原告学生认为布鲁克林学院的录取程序是机械、不公平的，请求法院命令高中学校修正他的高中学业成绩，将课程难度和竞争激烈等因素也纳入考虑范围。由于原告学生认为修正后的平均成绩能够超过 85 分，也请求法院判决布鲁克林学院重新录取他。州初审法院认为，高中学校和布鲁克林学院没有区分一般课程与特殊课程，没有提供合理的辩护理由，进而认为无视特殊课程的特征、质量及学生在这类课程中的竞争程度，是"任意"的。之后，州上诉法院推翻了这一判决，认为行政机构的自由裁量权被授予教育机构用于管理和掌控事务，除非有证据记录表明在司法审查之下没有行使该自由裁量权的余地，否则法院不应当干涉。

---

① *Lesser v. Board of Education of New York*, 239 N. Y. S. 2d 776（N. Y. App. Div. 1963）

州上诉法院进一步强调，如果没有证据表明学校明显地滥用法定权限、有歧视行为或者有严重错误，那么法院应当克制，避免在学校管理这一微妙精细的领域，以及决定评价标准、判断申请人是否具备资格这样的问题上强加自己的观点。

实践中，公立大学在录取程序中会考虑多种因素，不同学校对相同因素的考虑权重也有所不同。美国大学理事会（College Board）将公立大学录取时考虑的多种因素按照权重分为"非常重要的考虑因素"、"重要的考虑因素"和"其他考虑因素"。学业的平均学分绩点在多数学校中被视作"非常重要的考虑因素"，但是北卡罗来纳大学教堂山分校则将其列为"重要的考虑因素"。性格/个人素质多被划作"其他考虑因素"，但是在密歇根大学则被列为"重要的考虑因素"。在这些影响录取决定的因素中，有的反映学生学业表现，有的体现学生综合素质，也有的和教育过程本身没有直接关系，例如居住地、校友关系、种族身份、家中第一代大学生等（见表 2 - 1）。埃斯彭沙德等人的研究表明，入学竞争激烈的选拔性大学在录取程序中对具有不同特征的申请人给予优先对待，在不同学校的不同历史阶段，基于种族身份、运动能力、校友关系等特征而做出的优先对待对入学机会产生了不同程度的影响，但是其中考虑种族因素的做法引发的争议最大。[1] 支持者与反对者围绕积极差别待遇录取政策展开激烈争论，但经常会忽略校友子女相比少数族裔学生在录取程序中具有更大的优势。赫维茨（M. Hurwitz）对 30 所选拔性大学进行了研究，发现在控制学术能力、评估测试分数等变量的情况下，校友子女被录取的概率是其他申请人的 3. 13 倍。[2] 尽管有研究结论表明了校友关系在录取程序中的作用，但目前为止还没有学生以此为理由提出诉讼。在以"任意和不正规"标准对相关因素或者不相关因素进行司法审查时，主要是审查与学生评价

---

① Espenshade T. J., Chung C. Y., Walling J. L., "Admission Preferences for Minority Students, Athletes, and Legacies at Elite Universities," *Social Science Quarterly* 85 (2004): 1422; Espenshade T. J., Chung C. Y., "The Opportunity Cost of Admission Preferneces at Elite Universities," *Social Science Quarterly* 86 (2005): 293.

② Hurwitz M., "The Impact of Legacy Status on Undergraduate Admission at Elite Colleges and Universities," *Economics of Education Review* 30 (2011): 480.

直接或者间接相关的因素。一旦出现涉及歧视嫌疑的其他因素时，如性别和种族，那么法院就会使用更为严格的审查标准。

表 2-1　美国部分公立大学做出本科录取决定时考虑的因素

	非常重要的考虑因素	重要的考虑因素	其他考虑因素
加州大学伯克利分校	1. 学业平均学分绩点；2. 申请陈述短文；3. 高中学业记录严格程度；4. 标准化测试分数	1. 课外活动；2. 志愿者工作；3. 工作经验	1. 性格/个人素质；2. 家中第一代大学生；3. 居住地
密歇根大学	1. 学业平均学分绩点；2. 高中学业记录严格程度	1. 申请陈述短文；2. 性格/个人素质；3. 家中第一代大学生；4. 推荐信；5. 标准化测试分数	1. 校友关系；2. 课外活动；3. 居住地；4. 申请人对该校的兴趣程度；5. 才华/能力；6. 志愿者工作；7. 工作经验
得克萨斯大学奥斯汀分校	1. 班级排名；2. 高中学业记录严格程度	1. 申请陈述短文；2. 课外活动；3. 标准化测试分数；4. 才华/能力；5. 志愿者工作；6. 工作经验	1. 性格/个人素质；2. 家中第一代大学生；3. 申请人对该校的兴趣程度；4. 种族身份；5. 推荐信；6. 居住地
华盛顿大学	1. 学业平均学分绩点；2. 申请陈述短文；3. 高中学业记录严格程度	1. 课外活动；2. 家中第一代大学生；3. 标准化测试分数；4. 才华/能力；5. 志愿者工作；6. 工作经验	1. 性格/个人素质；2. 居住地
威斯康星大学麦迪逊分校	1. 学业平均学分绩点；2. 班级排名；3. 高中学业记录严格程度	1. 推荐信；2. 标准化测试分数；3. 居住地	1. 校友关系；2. 申请陈述短文；3. 性格/个人素质；4. 课外活动；5. 家中第一代大学生；6. 申请人对该校的兴趣程度；7. 种族身份；8. 才华/能力；9. 志愿者工作；10. 工作经验
弗吉尼亚大学	1. 学业平均学分绩点；2. 性格/个人素质；3. 班级排名；4. 推荐信；5. 高中学业记录严格程度；6. 居住地	1. 申请陈述短文；2. 课外活动；3. 标准化测试分数；4. 才华/能力	1. 校友关系；2. 家中第一代大学生；3. 种族身份；4. 志愿者工作；5. 工作经验
北卡罗来纳大学教堂山分校	1. 申请陈述短文；2. 性格/个人素质；3. 课外活动；4. 推荐信；5. 高中学业记录严格程度；6. 标准化测试分数；7. 居住地；8. 才华/能力	1. 学业平均学分绩点；2. 班级排名；3. 志愿者工作；4. 工作经验	1. 校友关系；2. 家中第一代大学生；3. 种族身份

续表

	非常重要的考虑因素	重要的考虑因素	其他考虑因素
伊利诺伊大学厄巴纳—香槟分校	1. 学业平均学分绩点；2. 高中学业记录严格程度	1. 申请陈述短文；2. 课外活动；3. 标准化测试分数；4. 才华/能力	1. 性格/个人素质；2. 班级排名；3. 家中第一代大学生；4. 居住地；5. 种族身份；6. 志愿者工作；7. 工作经验
马里兰大学帕克分校	1. 学业平均学分绩点；2. 高中学业记录严格程度；3. 标准化测试分数	1. 申请陈述短文；2. 班级排名；3. 家中第一代大学生；4. 推荐信；5. 居住地；6. 才华/能力	1. 校友关系；2. 性格/个人素质；3. 课外活动；4. 种族身份；5. 志愿者工作；6. 工作经验
纽约州立大学布法罗分校	1. 学业平均学分绩点；2. 高中学业记录严格程度；3. 标准化测试分数	1. 班级排名；2. 面试；3. 推荐信	1. 申请陈述短文；2. 个性/个人素质；3. 课外活动；4. 家中第一代大学生；5. 居住地；6. 种族身份；7. 才华能力；8. 志愿者工作；9. 工作经验

资料来源：根据美国大学理事会网站 www. collegeboard. org 的查询结果整理而成，录取决定考虑因素参考 2016 年和 2017 年秋季入学标准。

（三）不遵守自身先例和做出的承诺

《行政程序法》规定，行政机关对于情况相同的问题必须做出相同的处理，否则就是办事不公平。遵守先例和承诺并不要求行政机关如同法院一样，遵循司法判决先例的约束，因为行政机关的政策和决定必须依据环境和事项变迁而做出调整。但同时，行政机关不可朝令夕改，在做出变更先例时必须说明理由，如果没有任何正当理由而不遵守先例或不履行承诺，是任意和不正规的表现。就录取政策而言，公立大学应当依据合理理论，遵循事先公布的录取标准，尊重录取决定。在"巴利特案"① 中，蒙塔纳大学法学院的录取委员会给予原告学生巴利特（J. Bartlett）建议，称如果完成一门财务会计的课程，就可以被法学院录取。巴利特完成了这门课程，但成绩仅获得 D，即"可接受"。法学院之后以课程成绩未达到"满意"为理由，拒绝录取巴利特，而巴利特则认为法学院在他完成课

---

① *State ex rel. Bartlett v. Pantzer*，489 P. 2d 375 （Mont. 1971）

程之后再提出以达到"满意"成绩作为录取要求，是不合理的。蒙塔纳州最高法院表示："（法院）通常赞同在涉及录取的案件中遵循司法不干预原则，仅仅审视是否存在明显的滥用自由裁量权或者任意行为。"①而法院也认为法学院在"可接受"与"满意"之间做出"技术性的、未予公开的"区分属于滥用自由裁量权，因此判决支持巴利特的诉讼请求。在"伊登案"②中，纽约州立大学石溪分校（Stony Brook）计划成立足病医学院，并录取了伊登等 15 名学生。但是在开学前夕，州政府称出现了财政压力，因此暂停了新学院开学计划。原告学生们主张他们与学校已经达成合同，他们有权利进入足病医学院接受教育。州上诉法院认为，学校接受伊登等人的申请即满足了合同的典型要求。尽管法院认为州的确能够以缓和财政危机、维护公共利益作为必要性辩护理由，依法取消履行合同，但是法院发现，如果新学院不如期开学，会损失数量庞大的联邦资金和学费资金，而且学院教师已经签订了聘任合同，学校也会如期支付薪酬，所以推迟开学并不会节约州经费。最终，法院判决，既然不能缓和财政危机，那么州的决定是"任意和不正规"的，所以命令学校接受伊登等人入学。

第三节　司法审查介入录取政策的程度：涉及歧视因素

法院以"任意和不正规"标准对公立大学的录取政策进行司法审查，是行政法意义上的司法审查。当公立大学在录取政策中考虑其他因素的时候，就可能引发宪法平等保护下的歧视质疑，也会相应地触发宪法意义上的司法审查。宪法意义上的司法审查是一种独特的宪法解释，让法官来解释宪法，并以此衡量政府的所作所为是否合乎宪法。③自"马伯里案"④以来，联邦最高法院不仅是国会和政府及其隶属部门行为合宪性的最终裁定者，也是州立法机构的行为及州政府隶属部门行为的合宪性的最终裁定者。

---

① *State ex rel. Bartlett v. Pantzer*，489 P. 2d 375（Mont. 1971）
② *Eden v. Board of Trustees of the State University*，374 N. Y. S. 2d 686（N. Y. App. Div. 1975）
③ 任东来：《试论美国最高法院与司法审查》，《美国研究》2007 年第 2 期，第 28 页。
④ *Marbury v. Madison*，5 U. S. 1 Cranch 137（1803）

借用这一工具，联邦最高法院可以实现司法部门"界定价值，并宣布原则"的宪法功能。①

公立大学在录取政策中考虑其他因素，就会涉嫌以这些因素为基础对申请人进行分类并给予歧视对待。"平等保护条款"禁止联邦和州政府实施特定形式的歧视行为，但是并非所有的歧视行为都是违反宪法的。如果分类和歧视对待是合理的或者旨在维护某种迫切的政府利益，那么在立法中对不同个人给予不同对待也是正当的。例如，州能够对实施了同样违法行为的青少年和成年人，依据年龄的不同而做出不同处罚，也可以规定青少年年满16周岁才能申请驾照，这些都不违反宪法。宪法所禁止的是那些"令人厌恶、专横、不合理"的歧视，因此政府行为的有效性在很大程度上取决于歧视行为所依据的标准能否通过司法审查。在涉及宪法原则的司法实践中，联邦最高法院最初倚重合理审查标准，后来发展出合理审查与严格审查两重标准，现在形成了由宽至严的三级审查标准——合理审查、中度审查和严格审查（表2-2）。②

表2-2 宪法意义上的司法审查标准层级与要求

	适用范围	目的强度	手段与目的关联性
合理审查标准	有关一般经济社会事务的立法和行政行为	"正当"目的	合理相关
中度审查标准	以性别等为分类标准的立法和行政行为	"重要"目的	实质相关
严格审查标准	涉及基本权利或分类标准有违宪嫌疑的立法和行政行为	"迫切"目的	必要且紧密缩限

资料来源：根据 Chemerinsky E., *Constitutional Law: Principles and Policies* (New York: Aspen Publishers, 2006), pp. 540 - 542 等文献整理而成。

---

① 〔美〕亚历山大·M. 比克尔：《最小危险部门：政治法庭上的最高法院》，姚中秋译，北京大学出版社，2007，第269页。

② Wilkinson III J. H., "The Supreme Court, the Equal Protection Clause, and the Three Faces of Constitutional Equality," *Virginia Law Review* 61 (1975): 945. 沙曼（J. Shaman）、史密斯（P. Smith）等人认为，用三级标准概括宪法意义上的司法审查标准过于简单，他们认为法院在不同案件中采用了一种宽严程度更加微妙的"滑动尺度"方法。参见 Shaman J. M., "Cracks in the Structure: The Coming Breakdown of the Levels of Scrutiny," *Ohio State Law Journal* 45 (1984): 161; Smith P. S., "The Demise of Three - Tier Review: Has the United States Supreme Court Adopted a Sliding Scale Approach toward Equal Protection Jurisprudence," *Journal of Contemporary Law* 23 (1997): 475。

一　基于身心障碍因素：适用合理审查标准

合理审查也称"合理基础检验"（rational basis test），是最基本的审查标准。依据该标准，法律或行政行为只要与某一正当的（legitimate）政府目的合理相关（rationally related），即可获得法院的支持。在分类的基础上将特定利益分配给这些人而非那些人，或者要求这些人而非那些人承受特定行为带来的负担，本就是立法的特征。如果法律上的分类有合理基础，那么不能仅仅因为分类在数字上完美的精确性，或者因为分类在实施中造成了一定的不平等结果，就认定州违反了"平等保护条款"。① 合理审查标准与前述行政法意义上的"任意和不正规"标准有相似性，法院一般会予以"极大的司法遵从"②。正如"检验"一词所蕴含的，法院在适用该标准时，对立法和行政部门给予极大的遵从，因此如果原告质疑某一法律或行政行为，就需要承担举证责任。除非原告能够证明该法律或政策并非服务于任何可以想象的正当目的，或者其并非一种实现该正当目的的合理方式，否则法院不会推翻受到质疑的法律或行政行为。

在一般经济社会事务的立法和行政行为引发的平等保护诉讼中，合理审查标准是适用最为普遍的，如基于年龄和身心障碍的分类。例如，在"穆尔吉亚案"③ 中，马萨诸塞州强制要求年满50岁的警察退休，称该政策是为了确保身着制服的警察在保护公共安全时具有充分的体能储备。联邦最高法院对基于年龄的分类适用合理审查标准，判决支持马萨诸塞州。在"克利本市案"④ 中，原告试图将一处房屋改建为安置智力障碍老人的团体之家，但是市政府以市政分区条例为由拒绝原告的申请。联邦最高法院表示，以身心障碍为基础的分类并非"准可疑分类"（quasi-suspect class），因此这一分类适用合理审查标准，认为没有证据表明团体之家会对城市的

---

① Kommers D. P., Finn J. E., Jacobsohn G. J., *American Constitutional Law: Essays, Cases, and Comparative Notes* (Lanham: Rowman & Littlefield Publishers, 2009), p. 707.
② Saphire R. B., "Equal Protection, Rational Basis Review, and the Impact of Cleburne Living Center, Inc.," *Kentucky Law Journal*, 88 (1999): 591.
③ *Massachusetts Board of Retirement v. Murgia*, 427 U. S. 307 (1976)
④ *City of Cleburne v. Cleburne Living Center, Inc.*, 473 U. S. 432 (1985)

正当利益造成威胁，而市政府拒绝申请更多是基于对智力障碍者的不合理偏见。"克利本市案"也是极少数在合理审查标准之下未能通过司法审查的案件之一。

美国非常重视针对身心障碍者进行立法，保障他们的受教育权。在国会通过的有限的教育法中，关于身心障碍者的立法占到很大比例。[①] 其中，作为1964年《民权法》在保护身心障碍者权利领域的延伸，1973年《康复法》（Rehabilitation Act）第504节规定："在合众国内，……被界定为具有身心障碍但是其他方面符合资格（otherwise qualified）的个人，在任何接受联邦资助的计划或活动中，或者在由行政部门、美国邮政署开展的任何计划或活动中，不得仅以其身心障碍为理由，被拒绝参与，或者被拒绝从中受益，或者遭遇歧视对待。"[②] 但是，"其他方面符合资格"概念的准确含义存在争议，联邦最高法院直到1979年的"戴维斯案"[③] 发生时才对这一概念的内涵与要求做出解释。

在该案中，原告学生向北卡罗来纳州的东南社区学院提出护理课程计划入学申请，称希望成为一名注册护士。但是原告有严重的听力障碍，即使有听力辅助设备帮助，在面对面交流的情况下也只能通过唇语理解。学院认为，原告的听力障碍使她不可能安全地参加常规的临床实习项目，也不可能安全地照顾病人，因此拒绝了她的申请。原告学生以学院违反了第504节的禁止歧视条款为由提起诉讼。联邦最高法院在审理中重点围绕"其他方面符合资格"概念的内涵与要求进行了解释。法院认为"其他方面符合资格"的个人是指尽管有身心障碍但是仍然能够满足课程计划所有要求的个人。所以，第504节并不要求学院为了录取原告就免除学习与实习环节中口头交流的必要性，例如在原告照顾病人的时候为其安排专属指导人员；也不要求免除特定的课程内容，使原告以注册护士身份开展资质要求的部分而非全部护理工作。联邦最高法院认为，第504节并不要求学院降低标准或者对标准进行实质性修改来录取身心障碍者，所以最终判决学院胜诉。

---

① 申素平：《教育法学：原理、规范与应用》，教育科学出版社，2009，第318~319页。
② 29 U. S. Code §794（a）
③ *Southeastern Community College v. Davis*，442 U. S. 397（1979）

在这一案件中，原告并未以"平等保护条款"为依据提起诉讼请求，同时联邦最高法院在判决书中没有提及当公立大学以身心障碍为理由拒绝申请人时，应当适用何种审查标准，而是用了大量篇幅阐释何为"其他方面符合资格"。由于联邦最高法院在"戴维斯案"后未再审理类似涉及录取政策的案件，之后巡回上诉法院的判决能够帮助理解这个问题。

在"普什金案"① 中，原告是科罗拉多大学的医学博士，身患多发性硬化症，只能坐在轮椅上行动和工作，他因为申请参加大学附属医院的精神科住院医师项目被拒绝而提起诉讼。法院调查发现，科罗拉多大学之所以拒绝原告申请，是担心他的身体状况可能会干扰精神科病人的治疗。住院医师项目并没有对身体状况做出要求，仅要求申请人"具有稳定的智力和情绪及体能耐力"，原告也能证明尽管需要轮椅但也满足了项目的所有要求。在诉讼中，科罗拉多大学主张法院应当适用合理审查标准，并且对涉及录取标准的学术判断予以遵从，但第十巡回上诉法院认为其诉称违反第504 节的案件不应适用合理审查标准。上诉法院认为，第504 节并未规定联邦资助的接受者可以采用不合理的方式促进正当的政府目的，即使分类会产生歧视结果。相反，该法律规定的是，联邦资助的接受者无论是否有给予歧视对待的合理基础，都不可以以身心障碍为基础予以歧视。所以，即使科罗拉多大学采用的是合理方式，也不能作为歧视行为的辩护理由。上诉法院坦言，适用合理审查标准或许可以令人相信大学没有做出歧视行为，但是要强调指出，即使认定大学一方做出的是合理行为，那也是判定学校是否遵守第504 节的第一步。上诉法院表示，如果适用合理审查标准，并且对录取决定予以学术遵从，那么无疑是"无视第504 节的法律措辞，只会让该法律沦为一纸空文"，这应当坚决避免。上诉法院绕开宪法意义上的司法审查标准，认为第504 节本身就确定了依据该法律提出诉讼主张的审查标准，即当事人证明自己对于所寻求的机会而言在"其他方面符合资格"，并同时证明身心障碍是申请被拒绝的唯一理由。这两个要求是彼此相关的，因为如果个人不是"其他方面符合资格"，那么就不能主张自己仅仅是因为

---

① *Pushkin v. Regents of the University of Colorado*, 658 F. 2d 1372（10th Cir. 1981）

身心障碍才被拒绝。在上诉法院看来，科罗拉多大学行为是否合理仅仅与行为是否是歧视性的这个问题相关。

在"多伊案"① 中，原告学生在申请纽约大学医学院时隐瞒了精神紊乱和自残行为的病史，顺利被医学院录取。但是医学院在她入学一年之内发现了这一情况，要求原告退学。在以多种方式寻求重新入学未果后，原告提起诉讼。地区法院认为原告能够证明她有更大可能在危险性精神症状不复发的情况下完成医学院学业，因此判决医学院重新录取原告。本案上诉至第二巡回上诉法院后，审理的关键点就是对于医学院做出的原告不是"其他方面符合条件"的专业评价，法院是否应当予以遵从。上诉法院适用了"普什金案"中被第十巡回上诉法院拒绝的合理审查标准，认为虽然法院在这个问题上的最终决定发挥了司法功能，但是如果缺乏证据表明专业机构确立和使用学术标准时"唯一的目的就是拒绝给予残疾人教育机会"，那么法院必须对专业机构的学术判断予以相当的遵从。上诉法院认为地区法院不应该忽视医学院对原告潜在风险的评估。考虑到损害范围与严重程度，上诉法院认为医学院有权利做出学生不应当造成显著安全风险的判断，即使发生概率低于 50%。上诉法院进一步表示，"可察觉的风险"可以满足这一标准。

在"普什金案"和"多伊案"后，联邦最高法院在"克利本市案"中明确对基于身心障碍的分类适用合理审查标准。但是，有学者对这一结论提出不同看法。伦纳德（J. Leonard）担心这一审查标准要求法院对专业判断予以相当的司法遵从，会制约法院通过司法审查推动实现第 504 节为身心障碍者创造平等机会的目标，也可能会导致大学在保障他们获得平等教育机会的问题上动力不足。② 塔克（B. Tucker）也认为，如果要切实保障身心

---

① *Doe v. New York University*, 666 F. 2d 761（2d Cir. 1981）. 尽管被告纽约大学医学院是私立大学，但是本案的争议焦点是法院是否有义务对大学就录取资格做出的专业判断予以遵从，不涉及私立大学的决定和行为是否关乎州行为的争议，上诉法院的判决论理也适用于公立大学。

② Leonard J. , "Judicial Deference to Academic Standards under Section 504 of the Rehabilitation Act and Titles II and III of the Americans with Disabilities Act," *Nebraska Law Review* 75（1996）: 27.

障碍者的平等权利，帮助他们融入主流社会，法院在相关争议诉讼中就应当适用第十巡回上诉法院在"普什金案"中的审查标准。① 对于这些争论，只能交由联邦最高法院在未来解决。

二　基于性别因素：适用中度审查标准

在 1938 年的"卡洛琳产品公司案"② 中，因为诉讼争议涉及关于牛奶含量的联邦立法，所以联邦最高法院适用的是合理审查标准。但是执笔判决书的斯通（H. Stone）大法官在"脚注 4"（Footnote 4）中提出，无论是因为宗教、国别、种族等何种因素，如果某一群体因为偏见而沦为"分散而孤立的少数"（discrete and insular minorities），那就应当适用更为彻底和严苛的司法审查。这是联邦最高法院首次提出，以宪法为依据主张不同权利保护的案件应当适用不同等级的审查标准。③ 之后，联邦最高法院以合理审查为基准，根据案情争议持更为彻底和严苛的立场，逐步形成中度审查和严格审查标准。其中，宽严程度居中的是"中度审查"（intermediate scrutiny）标准，它要求某一法律或行政行为必须是为了实现某一重要的（important）政府目的并且与该目的实质相关（substantially related），才能通过司法审查。在司法实践中，联邦最高法院曾经在涉及性别歧视、非婚生子女歧视、非法入境移民子女歧视，以及规制商业言论和公共论坛（public forum）言论的案件中适用中度审查标准。该标准要求核查为了实现目的所选择的手段是否有限制较少的替代方案，因此立法和行政部门依据该标准要承担更重的举证责任。

1972 年《教育修正案》第九章（Title IX, Education Amendments of 1972）是规制录取政策中涉及性别歧视的主要法律，规定"合众国内任何人在接受联邦资助的任何教育计划或活动中，不得以性别为基础被拒绝参与，或者被

---

① Tucker B. P., "Section 504 of the Rehabilitation Act after Ten Years of Enforcement: The Past and the Future," *University of Illinois Law Review* 4 (1989): 845.

② *United States v. Carolene Products Co.*, 304 U. S. 144 (1938)

③ Ackerman B. A., "Beyond Carolene Products," *Harvard Law Review* 98 (1985): 713.

拒绝从中受益，或者面对歧视对待"。① 其中，第 106 条规定，受该法律规制的学校在录取政策中，不得"通过以性别为基础对申请人进行单独排序或者基于性别对某人优先对待；对男性或女性可录取的申请人数量或比例做出数值限制；使用其他方式，以性别为基础对一人做出不同于另一人的对待"。② 尽管第九章对单一性别的公立学校也制定了豁免条款，但是它们仍然受到"平等保护条款"的约束。

在"霍根案"③ 中，密西西比女子大学自 1884 年创建之始就实施仅限于录取女生的政策。在 1971 年，学校设立护理学院，最初设置授予副学士的两年制课程，三年后设置了授予学士学位的四年制课程，在诉讼发生时护理学院已经开始提供研究生教育。原告霍根（J. Hogan）在当地一家医学中心担任护理主管的工作，尽管已经是一名注册的男护士，但是他没有护理专业的学士学位。霍根在 1979 年申请进入护理学院学习，尽管其他方面符合条件，但最终因为性别因素被拒绝。护理学院同意他旁听课程，但不能以正式学生身份注册入学并获得课程学分。霍根认为护理学院的单一性别录取政策违反了"平等保护条款"而提起诉讼。

在审理中，联邦最高法院首先确认适用中度审查标准。执笔判决书的奥康纳指出，鉴于录取政策已经明确表示会因为性别因素对申请人给予歧视对待，所以应当依据"平等保护条款"进行审查。她强调，即使该录取政策歧视的是男性而非女性，也不应该免除司法审查或者降低审查标准。在相关案件中，联邦最高法院已经确立的原则是，如果一方要证明以性别为基础对个人进行分类的政策具有合理性，那么必须承担举证责任，提供"极其有说服力的辩护理由"。要满足这一要求，必须证明性别分类服务于"重要的政府目标，并且所采用的歧视性手段……与目标达成之间实质相关"。④ 奥康纳强调，在适用中度审查标准时，法院应当抛开有关男性与女性角色和能力的固有观念。

---

① 20 U. S. Code § 1681
② 20 U. S. Code § 1687
③ *Mississippi University for Women v. Hogan*, 458 U. S. 718（1982）
④ *Mississippi University for Women v. Hogan*, 458 U. S. 718（1982）

密西西比女子大学辩称，实施单一性别录取政策的目的是补救女性遭遇的歧视，但是这一主张被联邦最高法院视为没有说服力。相反，奥康纳认为，州可以用补救歧视为目的来证明歧视分类的合理性，但是证明仅限于能够从歧视分类中受益的群体成员曾经事实上遭遇了与该分类相关的歧视对待或弱势的情况。女性从来没有被拒绝进入护理行业学习和工作，录取政策也并非补救女性面临的歧视障碍，而且"仅限女生"的单一录取政策实际上固化了护理工作就是女性专有工作这一成见。同时，奥康纳指出，学校没有证明录取政策中的性别分类与所辩称的补救目的之间是"实质并且直接相关的"，因为学校一方面主张男生出现在护理学院的授课环境中会对女生造成负面影响，一方面又同意原告旁听，严重削弱了辩护理由的真实性。所以，联邦最高法院认为，学校未能给出"极其有说服力的辩护理由"来证明性别分类的合理性。针对 1972 年《教育修正案》第九章中的豁免条款，联邦最高法院认为，尽管第九章规定了"传统上从创建之时就一直实施单一性别学生录取政策"并提供本科教学的公立大学可以豁免，但是即使是制定该条款的国会也没有权力"限制、取消或者淡化"由"平等保护条款"所提供的权利保障。①

在"弗吉尼亚案"② 中，弗吉尼亚军事学院是该州公立大学系统中唯一一所仅录取男生的学校，学院的办学使命是培养学生具备在公民生活和军队服役中所需要的领导力，即采用"公民－士兵"模式。学院采用独创的"逆境磨炼"教学方法，致力于让学生通过体能与智力锻炼树立强烈的道德准则。联邦政府起诉弗吉尼亚州和军事学院，称该学院实施单一性别录取政策违反了"平等保护条款"。为应对诉讼，弗吉尼亚州在一所私立文理学院中成立了弗吉尼亚女子领导力学院，为该州女性提供与军事学院同等的课程计划。诉讼双方在这一问题上相持不下，最终上诉至联邦最高法院。联邦最高法院援引"霍根案"，适用相同的司法审查标准，执笔判决书的金斯伯格（R. Ginsburg）大法官称其为"怀疑式审查"（skeptical scrutiny）。她

① *Mississippi University for Women v. Hogan*，458 U. S. 718（1982）
② *United States v. Virginia*，518 U. S. 515（1996）

强调，证明性别分类合理性的辩护理由"必须是真实的，不能是假定的理由，也不能是为了应对诉讼而事后编造的理由。它也不可依赖于对男性与女性之间不同才华、能力和偏好的宽泛概括"。① 尽管联邦最高法院针对性别分类适用了比合理审查更为严苛的标准，但是也表示并非一味禁止基于性别的分类，而是禁止将性别分类用于造成或者延续女性在法律、社会和经济上的劣等地位。

弗吉尼亚州提出的第一个辩护理由是，单一性别教育产生重要的教育利益，而提供这样一种教育选择也能够促进教育方法的多元化。但是，金斯伯格指出，为证明分类排斥做法的合理性而提出的善意的辩护理由，必须描述实际目的，而不是将事实上基于不同理由的行为合理化。她认为，弗吉尼亚州未能证明学院从建立之初至今办学过程中，需要通过分类排斥女性的方式才能合理地促进该州教育机会多元化。在历史上，学校实施单一性别录取政策仅仅是为男性提供特殊的教育利益，而不是为了带来更多的教育选择。无论这一政策及课程计划为弗吉尼亚州的男性公民带来多大的教育利益，都忽视了它应当平等保护的女性公民。

弗吉尼亚州提出的第二个辩护理由是，学院在学生培养过程中使用"逆境磨炼"教育方法产生了教育利益，如果不对教育方法进行修改就无法录取女生，但如果为了录取女生就做出调整，必然会大幅度修改甚至破坏学院的课程计划。金斯伯格认为，学院一旦录取女生后必定要对宿舍安排和训练计划等做出调整，这是无可争议的。但同样无可争议的是，无论是学院以培养"公民－士兵"目标而存在的目的，还是学院实施课程计划的方法，都不是内在地不适合女生参与。金斯伯格强调，联邦最高法院应当"严厉看待"（hard look）弗吉尼亚州提出的这种概括化或者趋势化的观点，因为这种认为录取女生就会降低学院教育质量、破坏"逆境磨炼"培养方式，甚至破坏学院发展的观念，与历史上用来拒绝给予机会和权利保护的判断别无二致。因此，联邦最高法院判决学院单一录取政策拒绝女生入学的行为违反了"平等保护条款"。

---

① *United States v. Virginia*, 518 U. S. 515（1996）

针对弗吉尼亚州成立女子领导力学院并提供同等课程计划的做法，联邦最高法院认为此举未能实现救济平等保护。金斯伯格称，弗吉尼亚州决定继续维持军事学院的录取政策，虽然为女生单独设立课程计划，但是两者无论在有形还是无形的设施条件上都是不平等的。在女子领导力学院中，女生没有机会去经历军事学院制定的严苛军事训练。一旦远离了"逆境磨炼"方法下的压力、危险和同学之间的心理团建特征，女生无法感受到那种只能在军事学院中才能体会到的巨大成就感。弗吉尼亚州辩称男生和女生在学习和发展需求上存在重大不同，因此有必要保持教育方法的不同。金斯伯格否定了这种"女生就是这样"的概括化理由，强调不管州如何推测什么对大多数女生而言是合适的选择，都不能合理地证明录取政策可以拒绝那些才华与能力远在平均水平之上的女生。同时，在活动选择范围、教师质量、教学经费、学院声誉、校友支持和社会影响等方面，联邦最高法院都认为领导力学院不过是军事学院"苍白的影子"（pale shadow），两者提供的教育机会和课程计划都不是实质平等的。

三　基于种族因素：适用严格审查标准

（一）触发严格审查的动因：限制基本权利或使用可疑分类

基本权利（fundamental right）一般是指个人所拥有的、不容侵犯或剥夺的重要权利。在美国，基本权利具体是指由联邦宪法和《权利法案》[①] 明确地或者隐含地保护的权利，它们因为自身重要性而在司法审查中具有特殊地位。[②] 个人自由与权利在美国宪法体系中居于核心，但并不是所有的权利都受到宪法的平等关切，各种权利之间存在一定的等级次序，那些最为重要的自由被称为基本权利。在 20 世纪 30 年代，卡多佐（B. Cardozo）大法官在"斯奈德案"[③] 中提出，"一些正义的原则植根于我们人民的传统和意识之

---

① 《权利法案》（Bill of Rights）是美国宪法前十条修正案的统称。

② Schultz D. A.，*Encyclopedia of the United States Constitution*（New York：Infobase Publishing，2010），p. 306.

③ *Snyder v. Massachusetts*，291 U. S. 97（1934）

中，而将其列为基本"。所谓基本，是指没有这些权利，自由和公正也不复存在。卡多佐在"波尔科案"① 中称基本权利是构成"有序自由这一概念"必不可少的自由，是人类本性所固有的因而不可剥夺的自由。如果政府权力或其他权利和基本权利相冲突，应优先保障基本权利。20 世纪 50 年代，法兰克福特大法官在"索尔斯比案"② 中强调，基本权利是"以深深嵌刻于传统和人民感受的道德原则为基础的一个权利系统，被文明社会视为基本"。基本权利的具体内容在美国历史上因时而异。美国自南北战争至 1937年处于自由资本主义发展时期，自由放任风行一时，合同自由和私有财产权被视为基本权利。罗斯福新政在加强国家对经济控制的同时，强调民众参与社会、政治和经济生活，在更广泛的意义上唤醒了权利意识。③ 联邦最高法院通过判决解释和确定了选举权、迁徙权、生育权、言论自由权、刑事被告上诉权、隐私权等基本权利，在保护公民基本权利的同时也明确了行使权利的法律边界。

公立大学积极差别待遇录取政策诉讼争议的确涉及教育问题，但是联邦最高法院并未将教育视为基本权利。在美国，教育不是联邦宪法意义上的一项基本权利。联邦宪法及修正案的条文中从未出现"教育"一词，也没有规定联邦政府在教育事务中应当承担怎样的责任。在"罗德里格斯案"④ 中，得克萨斯州圣安东尼市部分学区的家长提起诉讼，称学区以地方财产税为基础制定的学校财政制度违反了"平等保护条款"。家长们诉称教育是一项基本权利，同时以经济贫富为基础歧视性地提供教育构成了一种可疑分类，要求法院对学区的财政制度进行严格审查。联邦最高法院审理后拒绝了家长们的诉讼请求，认为以贫富为基础的分类不构成可疑分类，同时教育权不是一项基本权利。执笔判决书的鲍威尔认为，无论是"明确地或者隐含地"，联邦宪法都没有保障教育权。当然，教育具有无可置疑的

---

① *Palko v. Connecticut*，302 U. S. 319（1937）
② *Solesbee v. Balcom*，339 U. S. 9（1950）
③ 邱小平：《法律的平等保护——美国宪法第十四修正案第一款研究》，北京大学出版社，2005，第 354 页。
④ *San Antonio Independent School District v. Rodriguez*，411 U. S. 1（1973）

重要性，但它不在联邦最高法院审查各州社会和经济立法的通常标准中。根据第十修正案，"宪法未授予合众国，也未禁止各州行使的权力，由各州各自保留，或由人民保留"，因此资助和管理各级各类教育的事务授权给各州。① 所以，从州宪法关于学校体系的规定中仍然可以轻易推论出"明确的或者隐含的"教育权。不过，这并不代表联邦在各州高等教育事务上毫无发言权，联邦的高等教育立法往往以财政拨款和资助的方式，换取对高等教育发展的指导和一定的控制。② 同时，在所有积极差别待遇录取政策引发的诉讼中，原告学生都会援引"平等保护条款"作为诉讼依据，但是"平等保护"本身是一项宪法原则，不是基本权利。第十四修正案不在《权利法案》范畴之内，仔细审视该修正案的关键条款及当时所处的历史环境，会发现制定这条修正案的目的是让《权利法案》所规定的各项基本权利也适用于各州。③ 所以，联邦最高法院在解释部分基本权利的时候，往往会以平等保护作为判决论理的重要原则和基础，例如法院对迁徙权、生育权的解释等。

积极差别待遇录取政策触发严格审查标准，不是因为其限制了基本权利，而是因为在录取程序中基于种族因素对学生进行分类的做法构成可疑分类。可疑分类（suspect classification），是指如果分类建立在一种自身似乎与既定宪法原则相悖的特征之上，以致有意使用这种分类可被视为是值得"怀疑"的。随着司法审查标准的确定，联邦最高法院也逐步厘清了可疑分类的特征要素。

1. 分类对象是分散而孤立的少数

斯通在提出"分散而孤立的少数"概念时，没有进一步解释其含义。阿克曼（B. Ackerman）从"能见度"（visibility）的角度来解释何谓分散，他认为如果一个群体在社会中能够以一种清楚可见的方式"相对容易地被

① Shaw K. M., Heller D. E., *State Postsecondary Education Research*: *New Methods to Inform Policy and Practice*（Sterling Stylus Publishing, 2007）, p. 1.
② 陈文干：《二战后美国联邦政府干预高等教育的历史演变——政策法规的视角》，《高等工程教育研究》2007年第1期，第77页。
③ 〔美〕阿希尔·阿玛尔、莱斯·亚当斯：《美国〈权利法案〉公民指南》，崔博译，北京大学出版社，2016，第167~168页。

其他人辨识"，那么这个群体是分散的。同时，如果一个群体在不同的社会情景中期望与成员之间有更高频率的接触，那么这个群体是孤立的。① 鲍威尔后来撰文回顾该案时，认为可行的解释是将"分散而孤立的少数"理解为种族和宗教信仰上的少数群体。他认为，联邦最高法院肩负两项特别使命，一是清除障碍，确保所有群体能够平等地参与政治进程；二是采用更高的标准，对那些造成"分散而孤立的少数"处于不利境地的立法进行审查，因为他们在立法程序中无力保护自己。②

2. 分类对象有曾经遭遇歧视的历史

孤立而分散的少数更容易遭遇歧视，统计意义上的少数与歧视相关但是并不等同，因为即使是数量庞大的群体也可能会遭遇歧视，例如女性在美国直到 1920 年才通过宪法第十九修正案获得平等选举权。南方各州少数族裔人口一直都占有相当大的比例。一个群体遭遇的歧视历史表明该群体在政治权力上处于弱势地位，无法通过立法进程为自身提供保护。而歧视历史反过来又会削弱该群体的政治权力。因为歧视历史，其他群体可能对该群体持有与社会公众相同的歧视观点，使得该群体无法与其他群体形成政治联盟，而这是获得有效政治力量所必要的手段。同时，歧视历史也很可能导致立法者出于对该群体的怀疑而产生偏见，因为立法者不能总是免于公众偏见的影响，而公众偏见往往是因为对该群体的歧视而产生的。

3. 分类对象没有寻求政治救济的能力

政治无权，意指一个群体没有能力依靠立法进程来保护自身的利益。在多数情况下，政治上寻求救济的能力与前述两项因素是相关的，这也是为什么判定可疑分类的因素会关注该群体是否有遭遇歧视的历史，是否为"分散和孤立的少数"。判定是否政治无权的重要表现是该群体是否有选举权，没有选举权的群体显而易见是典型的政治无权群体。如果该群体有选举权，那么进而考量该群体的规模是否已经达到充分数值，能够通过选举权影响甚至左右立法进程。反过来，如果已经针对该群体制定了使他们受

---

① Ackerman B. A., "Beyond Carolene Products," *Harvard Law Review* 98 (1985): 713.
② Powell L. F., "Carolene Products Revisited," *Columbia Law Review* 82 (1982): 1087.

益的法律，那么可以表明该群体有明显的政治影响。

4. 分类对象的决定性特征不可改变

联邦最高法院在早期将这种特征的不可改变性理解为生物遗传意义上的与生俱来，但后来法院意识到从生物遗传的角度来判断决定性特征是否不可改变，不是恰当的司法问题。所以，联邦最高法院进一步从社会关系的角度来看待决定性特征。特征不可改变使得具有该特征的群体有高度的"能见度"，进而使该群体更可能遭受歧视，导致政治无权。如果人们因为自身无法改变的特征而受到与他人不同的对待，那这显然违反了公正与平等的基本准则。①

5. 分类对象的决定性特征没有相关性

法院最后需要考量的是，这一决定性特征是否和个人参与社会活动和促进社会发展的能力有关系。如果某一特征不能体现个人能力，就应该推定该特征是无关的，那么如果立法以此特征为基础进行歧视对待就是不正当的。在缺乏证据表明存在明显偏见时，法院使用相关性来确定手段与目标之间的关系：如果决定性特征和一项立法几乎没有相关性，那么应适用严格审查标准。相应地，如果是有时相关，那么应适用中度审查标准，如果是经常相关，那么采用合理审查标准就是恰当的。

尽管联邦最高法院曾经在相关案件中就判定某一分类是否为"可疑分类"而考量过前述五项特征因素，但是还没有非常明确地阐释这些因素之间的相互关系，或者明确应当主要考虑或有限考虑哪些因素，或者应当如何赋予各种因素不同权重。可以说，在司法实践中可疑分类的界定标准仍然是"模糊和不一致的"。② 联邦最高法院曾在"罗德里格斯案"中表示，如果一个群体"背负此种使其失能的负担，或者有遭受此种意图不平等对待的历史，或者被贬低至此种政治无权之地位，无法从多数主导的政治进程中寻求特别保护"，那么这是一种应当接受严格审查的可疑分类。尽管使用了"或者"这样的措辞，联邦最高法院也从未仅仅因为某一群体是政治

---

① Yoshino K., "Assimilationist Bias in Equal Protection: The Visibility Presumption and the Case of 'Don't Ask, Don't Tell'," *Yale Law Journal* 108 (1998): 485.

② Strauss M., "Reevaluating Suspect Classifications," *Seattle University Law Review* 35 (2011): 135.

无权就将涉及该群体的分类认定为可疑分类。正如哈钦森（D. Hutchinson）所言："这些因素在讨论司法审查标准时都曾出现过，但是法院……常常在判决论理中忽略一个甚至所有因素。即使这些因素全部或者大多数都出现了，也不一定会让法院适用更高的审查标准。"[①]

（二）适用严格审查的要求：迫切利益目的与紧密缩限手段

"严格审查"（strict scrutiny）是最为严苛的司法审查标准，法院据此判断某一法律或行政行为是否是为了实现一项迫切（compelling）的政府目标所必要的（necessary）。一方面，法院对"迫切"的理解是该政府目标应当是"至关重要"（vital）的，另一方面，立法或行政部门必须证明所使用的手段是限制最少（least）或者歧视最少的替代方案，否则并非实现该目标所必要的。即使都是考虑种族因素的录取政策，也会因为种族因素权重高低而有"较少限制"替代方案和"最少限制"替代方案之分。如果能够用"最少限制"替代方案实现同样的迫切利益，并且对受到宪法保护的权利苟以的负担更少，那么"较少限制"替代方案就不能说是实现该目标所"必要的"。[②] 在严格审查标准之下，立法或行政部门承担举证责任。由于严格审查是最为严苛和彻底的司法审查标准，因此立法或行政行为经常无法通过该审查而被法院宣告违宪。斯坦福大学的冈瑟（G. Gunther）教授曾撰文指出，严格审查是一种"理论上严格，事实上致命"的审查标准。[③]

无论是严格审查作为司法审查的一级标准，还是迫切利益和紧密缩限作为具体要求，都经历了长期的历史发展才演变至今，构成完整的司法审

---

① Hutchinson D. L. , "Unexplainable on Grounds Other than Race: The Inversion of Privilege and Subordination in Equal Protection Jurisprudence," *University of Illinois Law Review* 3（2003）: 615.

② Rubin P. J. , "Reconnecting Doctrine and Purpose: A Comprehensive Approach to Strict Scrutiny after Adarand and Shaw," *University of Pennsylvania Law Review* 149（2000）: 1.

③ Gunther G. , "Foreword: In Search of Evolving Doctrine on a Changing Court: A Model for a Newer Equal Protection," *Harvard Law Review* 86（1972）: 1.

查分析框架。联邦最高法院最早是在 1942 年的"斯金纳案"① 中使用"严格审查"措辞，大法官们以多数意见指出："我们所强调的观点是，由州实施的分类……接受严格审查是关键，否则会在不经意间破坏公正和平等法律所给予的宪法保障，对一些群体或者某类个人实施恶意歧视。"尽管联邦最高法院使用了这样的措辞，但是在具体分析中的严苛和彻底程度远不及现在所理解的严格审查标准，所以早期的严格审查也被称为"不过是浅尝辄止的最低审查"。② 在"巴基案"中，仅有鲍威尔提出严格审查标准，尽管他使用的措辞是迫切利益和精准缩限（precisely tailored），但他近乎完整地勾勒和适用了严格审查的分析框架。到了 1984 年审理"帕尔莫尔案"③ 时，联邦最高法院表示，依据种族因素对人们进行分类更大可能反映的是种族偏见而非正当的公共关切，因此这样的分类必须接受最为严苛的审查。联邦最高法院进一步将"麦克劳克林案"④ 中对必要性问题的解释纳入其中，明确指出种族分类要通过宪法审查，必须以一项迫切的政府利益作为辩护理由，并且必须是实现正当目的所必要的。在当时，联邦最高法院审理的涉及种族分类的案件，既有涉及积极差别待遇政策这种善意种族分类的案件，也有涉及类似"帕尔莫尔案"这样以种族为由剥夺白人母亲与黑人再婚后对原子女监护权的恶意分类案件。

"迫切利益"（compelling interest）一词最早出现于法兰克福特大法官在 1957 年"斯威齐案"判决书中签发的同意意见。该案发生于冷战时期，新罕布什尔州检察总长在 1954 年传唤新罕布什尔大学教授斯威齐（P. Sweezy），要求其说明在学校的授课内容、个人政治信仰及组织关系，并且要求斯威齐透露与他在政治立场上有关系的人物姓名。斯威齐拒绝配合，并使用第一修正案来捍卫自己的言论自由权，最后以藐视法庭被判短暂入狱，但是联邦最高法院在 1957 年推翻了该判决，这使得该案成为美国

① *Skinner v. Oklahoma ex rel. Williamson*，316 U. S. 535（1942）
② Gunther G.，"Foreword：In Search of Evolving Doctrine on a Changing Court：A Model for a Newer Equal Protection，"*Harvard Law Review* 86（1972）：1.
③ *Palmer v. Thompson*，403 U. S. 217（1971）
④ *McLaughlin v. Florida*，379 U. S. 184（1964）

学术自由的一个里程碑。法兰克福特表示，当学术自由与自由社会出现冲突时，利益平衡倾向斯威齐。也正是因为学术自由至关重要，因此他宣称必须要有一项重要的理由才能对这一自由苛以负担。他郑重指出："政治权力必须克制不得侵犯此类自由活动……除非有紧急并且明显迫切的理由。"

"紧密缩限"（narrowly tailored）一词最早可以追溯到联邦最高法院在美国"镀金时代"① 审理涉及联邦宪法"商业条款"② 的相关案件，用于规制联邦权力与州权力的边界。到了 20 世纪 40 年代初，罗斯福新政时期的联邦最高法院将紧密缩限作为第一修正案法理分析的重要组成部分。沃伦法院在 1964 年的"麦克劳克林案"中将紧密缩限引入平等保护原则的分析框架。③ 在该案中，联邦最高法院指出，即使是根据有效的州立法而通过的法律，也只有在法律是为了达成已被允许的州政策所"必要的"，而不仅仅是"合理相关的"情况下，才能获得法院支持。联邦最高法院之后在 1967 年"洛文案"④ 中重申："……可疑的种族分类必须接受最为严苛的审查，只有证明其是实现明确允许的州目标所必要的，才能获得支持。"在这两起涉及种族歧视的案件中，联邦最高法院提出了紧密缩限的"必要性"内核，而且明确立法机构如果要通过使用种族分类的法律，必须以"高于一切的法定目的"（overriding statutory purpose）为先决条件。所以两起案件也被学者视作严格审查标准发展历程中具有开创意义的案件。⑤

司法审查标准对于涉及个人权利和平等保护的所有领域都是极其重要的。正如切姆林斯基（E. Chemerinsky）所言，适用的审查标准很可能会决

---

① 镀金时代（Gilded Age），源自马克·吐温同名小说，特指从南北战争结束到 19 世纪末的美国历史，镀金时代最鲜明的特点是高速的经济增长与尖锐的社会矛盾并存。

② "商业条款"是指联邦宪法第一条第八款第三项规定："国会有权管制同外国的、各州之间的和同印第安部落的商业。"

③ Wormuth F. D., Mirkin H. G., "The Doctrine of the Reasonable Alternative," *Utah Law Review*, 9（1964）：254.

④ *Loving v. Virginia*, 388 U. S. 1（1967）

⑤ Siegel R. B., "Equality Talk: Antisubordination and Anticlassification Values in Constitutional Struggles over Brown," *Harvard Law Review* 117（2004）：1470.

定判决结果。如果适用合理审查标准，立法或行政行为很可能获得法院支持，但如果适用严格审查标准，立法或行政行为则很可能被法院推翻。① 对种族分类适用严格审查标准的目的体现在两个方面。第一，作为一种"怀疑论"工具，严格审查能够确认种族分类背后是否存在非法的政府动机。布莱克曾经在"帕尔莫尔案"中很无奈地表示："法院很难查明一项立法行为背后的某个动机或者所有不同的动机……对于任何法院而言，要确定立法者群体所做选择背后的'唯一'或者'主导'动机，是相当困难，甚至是不可能的。"奥康纳在"克罗森案"判决书中指出："严格审查是要'查出'（smoke out）不合法使用种族因素，确保立法机构是在追求一项足够重要的目标，才有必要使用一种引起高度怀疑的分类。而且，这一检验标准也能确保所选择的手段密切地契合这一迫切目标，这样该分类的动机就几乎或者完全不可能是不合法的种族偏见或刻板成见。"

　　第二，作为一种"平衡论"工具，严格审查能够确认是否存在一种"代价-利益"（cost-benefit）的辩护理由，它能够证明政府对宪法予以高度保护的权利苛以负担的行为具有合理性。奥康纳在"阿达兰德案"判决书中表示："无论政府在何时因为个人的种族因素而对其给予不平等的对待，此人所遭受的损害都应该在联邦宪法确保平等保护的措辞与精神之范畴内……适用严格审查……才能决定是否有一项迫切的政府利益，可以作为施加该损害的辩护理由。""怀疑论"源自"平等保护条款"，最初就是因为对州权的不信任而做出的约束规制。联邦最高法院在统一司法审查标准时，即无论种族分类实施者是联邦还是州均适用严格审查标准，关注到该标准平衡权利冲突的工具价值。鲁宾费尔德（J. Rubenfeld）认为，"平衡论"意味着联邦最高法院在特定案件中，以衡量种族分类产生的社会利益能否抵消侵犯权利所造成的宪法代价作为对辩护理由合理性的检验。② 亚当斯（M. Adams）也指出，联邦最高法院在这一立场中所做的就是衡量积极差别待遇政策形成的社会利益和社会损

① Chemerinsky E., *Constitutional Law: Principles and Policies* (New York: Aspen Publishers, 2006), p. 542.

② Rubenfeld J., "Affirmative Action," *Yale Law Journal* 107 (1997): 427.

害两者孰轻孰重。① 伊利（J. Ely）认为，"平等保护条款"不可能代表"每个人都有权获得每一部法律的同等对待"。事实上，大多数法律的主要目的就是对人们进行分类并给予不同对待，甚至通常情况下不同对待的程度还相当显著。同样，也不能依据联邦宪法就概括认定某种"正确的"分配模式，不能简单地认为依据这一模式就可以检视损害与利益的实际分配是否合宪。因此，要决定实际分配是否合宪，不能只看谁最终得到了什么，还要看产生争议的分配结果是究竟从何种程序而来的。②

---

① Adams M. , "Searching for Strict Scrutiny in Grutter v. Bollinger," *Tulane Law Review* 78（2003）：1941.

② Ely J. H. , "Legislative and Administrative Motivation in Constitutional Law," *Yale Law Journal* 79（1970）：1205.

第三章 积极差别待遇录取政策司法审查的历史演进

第一节 司法审查介入初期（1974 年～1978 年）：审查标准存在分歧

一 "德福尼斯案"：回避式司法审查态度

1974 年的"德福尼斯案"是联邦最高法院首次介入积极差别待遇录取政策的案件，由于原告经过漫长的诉讼期已经临近从被告学校毕业，加之大法官们在当时并不愿意在种族问题上与立法和行政分支产生冲突，所以联邦最高法院对案件采取了回避式态度。尽管案件最终没有形成实质性判决结果，但是以积极差别待遇录取政策为中心的理念对峙和价值冲突，已经在案件审理过程中展现无遗，该案件确立了司法审查历史演进道路的起点。

1971 年，华盛顿大学法学院的录取程序大致如下。首先，根据申请人在本科阶段最后两年的成绩和法学院入学考试（Law School Admission Test, LSAT）分数，换算出"一年级预测平均分"（Predicted First Year Average）。根据以往经验，录取委员会将审核分数线确定为 77 分。录取委员会成员随机分配和阅读平均分 77 分以上的申请人材料，并给录取委员会做出录取推荐名单。1971 年 8 月到了录取程序的最后阶段，法学院决定录取 147 名申请人（录取了所有平均分在 78 分以上的申请人，并从平均分在 77 分到 78 分之间的 105 名申请人中录取了 93 人）。与此同时，录取委员会主席会审阅那些平均分低于 74.5 分的申请人材料，除非发现申请人具备比平均分指征更具发展潜力的特质，否则这部分申请人一般会被直接淘汰。在录取程序的最初几个月，录取委员会陆续搜集整理平均分低于 74.5 分但是具备发展潜力的申请人材料和平均分在 74.5 分到 77 分之间的申请人材料，等到法学院接受申请材料进入尾声阶段时再做权衡比较。从 5 月开始，录取委员会对这一部分申请人进行竞争性审核，随机分配和阅读材料，遵循大致的录取比例原则。当正式录取名单超过 200 人后，继续采用相同的方式推荐录取候补名单，并依据审核评价结果将候补名单按照得分从高至低分为四个组段。

这一年，华盛顿大学法学院面向黑人、墨西哥裔、印第安裔和菲律宾裔申请人实施积极差别待遇录取政策。法学院在申请指南中明确表示，会将申请人的种族背景作为一项考虑因素。他们的申请无论平均分多少都不会被直接淘汰，材料也不会随机分配给录取委员会成员进行审核。所有黑人申请人的材料都单独指定给录取委员会的两位特别成员：一位曾在法学院法律教育机会委员会项目中工作的教授和一位一年级黑人学生。其他三个种族申请人的材料则指定给录取委员会中的一位助理院长。尽管这部分申请人的材料也要接受竞争性审核，但是竞争性要小得多，例如黑人申请人只是在该种族内竞争录取名额，既不和白人申请人竞争，也不和其他三个少数族裔申请人竞争。录取委员会在对这部分申请人进行权衡比较时，会降低平均分的权重，侧重判断申请人是否具备在法学院获得学业成功的相关能力。

法学院希望少数族裔学生能够达到"合理的代表性"，坦言不会录取那些绝对意义上不合格的申请人，即没有在法律学习中获得成功的合理可能性的申请人。但是法学院院长在证词中也不得不承认，为了实现"合理的代表性"目标，法学院的确录取了"一些整体上看来（成功）可能性低于白人学生的少数族裔学生"。[①] 这一年，法学院接受了 1601 份入学申请，最终发出了 275 份录取通知，其中有 37 人通过少数族裔录取政策获得录取。原告德福尼斯（M. DeFunis）的平均分为 76.23 分，处于录取候补名单的最后四分之一组段，最终被拒绝录取。但是在被录取的 37 人中，36 人的平均分低于德福尼斯，30 人的平均分低于 74.5 分。换言之，如果按照同样的录

---

① *DeFunis v. Odegaard*，82 Wn. 2d 11，507 P. 2d 1169（1973）

取程序和标准，这些少数族裔申请人很可能是不会被录取的。

德福尼斯对此提起诉讼。华盛顿州初审法院在 1971 年判决德福尼斯胜诉，华盛顿大学法学院在遵从判决录取原告的同时提起了上诉。州最高法院在 1973 年推翻了初审法院判决，改判华盛顿大学胜诉。不过，州最高法院在审理该案时认为，即使法学院采用种族分类的目的是补救过往歧视的影响，但是积极差别待遇录取政策对于那些未能获得录取机会的非少数族裔学生而言明显是非"善意"的。因此，州最高法院反对适用合理审查标准而是遵循判例适用"最为严苛的审查"标准。①

首先，州最高法院从种族融合、法律教育和法律职业三个角度推论录取政策背后的迫切州利益。第一，在促进公立学校种族融合的进程中，州具有高于一切的利益。州最高法院认为，考虑到法学院中少数族裔学生代表性严重不足，而且他们也有权以平等为基础进入法学院学习，所以州在公立法律教育中消除种族不平衡问题是迫切的利益。第二，州为法学院的所有学生提供一种教育来帮助他们做好准备，以应对和解决毕业后将要面临的问题，而这一准备过程是无法仅仅通过教材书本完成的。州最高法院认为，无论是涉及公共还是私人事务，无论是在州还是地方层级，法律职业在社会决策部门中发挥着关键作用。不管是做出决定还是影响决定，律师们应当遵循的首要原则是超越争议本身，认识和了解社会各个阶层的观点和要求。所以，州最高法院认为，在州立大学的法学院中形成一个种族平衡的学生群体，带来的教育利益也是迫切的。第三，提高少数族裔在法律执业人员中的代表性，是一项迫切利益。州最高法院认为，少数族裔律师短缺会进一步导致少数族裔检察官、法官和公务人员短缺。少数族裔群体生活在法治社会之中，那么也必须在法律制度中获得平等的代表性。② 因

---

① *DeFunis v. Odegaard*, 82 Wn. 2d 11, 507 P. 2d 1169（1973）

② 在 20 世纪 60 年代末，美国人口中黑人比例不完全统计在 11% ~12% 之间，但是法律执业人员中黑人比例不足 1%。全国律师协会（National Bar Association）的统计数据表明，在 1970 年美国联邦法院和州法院系统中仅有 240 名黑人法官。参见 O'Neil R. M.，"Preferential Admissions: Equalizing Access to Legal Education," *University of Toledo Law Review* 2（1970）：281；Toles E. B.，"Black Population and Black Judges in 50 Largest Cities," *Student Lawyer Journal* 17（1972）：20。

此，州最高法院认为这是"无法反驳"的迫切利益。

然后，州最高法院在推论积极差别待遇录取政策是否为"必要"手段时，直接表示法学院的做法满足这一要求，因为法学院和法律职业中存在的种族不平衡现象是亟待纠正的"罪恶"问题，而能够纠正这一问题的唯一手段就是为那些曾经被剥夺教育机会的少数族裔群体提供法律教育。华盛顿大学校长奥迪加德（C. Odegaard）在证词中谈到了为何实施积极差别待遇录取政策："对我们而言越来越明显的是，在大学的入口敞开一扇大门，似乎还不足以解决美国内部正在出现的最大问题。鉴于华盛顿州现有的种族分布情况，如果以华盛顿大学为代表的大学和学院不做出努力和贡献，那么显然是无法解决这些问题的。……仅仅打开平等之门是不够的，要解决美国社会的问题，做出更多积极贡献，华盛顿大学必须有所作为。"①

同时，原告认为州改善少数族裔接受基础教育和中等教育的质量是实现迫切利益的替代方案，但是法院驳回了这一主张。这一主张的逻辑是，改善教育质量能够让少数族裔学生在同等的学业标准之上竞争入学机会。州最高法院认可这是一种"理想的"状态，但是也清醒地认识到在"布朗案"后 20 年，少数族裔学生仍然在法学院中代表性不足。所以，如果禁止法学院实施积极差别待遇录取政策，那么这种代表性不足的问题就会无限期地存在。州最高法院最后认为，在这一问题上并没有其他限制性更少的手段能够达成迫切的政府利益，而积极差别录取政策是唯一可行并且现在就能发挥作用的方案。②

当案件最终上诉至联邦最高法院时，五位大法官以多数意见认为德福尼斯即将从法学院毕业，所以裁定该案"失去实际意义"（moot），拒绝做出实质性判决结论。布伦南等四位大法官对此表示反对，但是其中仅有道格拉斯在个人提出的反对意见中讨论了审查标准问题。他认为，任何种族在宪法上都没有获得优先对待的权利。多少年的奴隶制是黑人发展的桎梏，

---

① *DeFunis v. Odegaard*，82 Wn. 2d 11，507 P. 2d 1169（1973）
② *DeFunis v. Odegaard*，82 Wn. 2d 11，507 P. 2d 1169（1973）

而白人制造出傲慢态度，任由"优等种族"的假象肆虐，这对黑人的发展无疑是雪上加霜。在道格拉斯看来，在宪法标准之下没有所谓的优等个人。任何一个像德福尼斯这样的白人没有权利以这一事实为理由获得优势，同样地他也不能因种族或肤色而遭遇使他失能的对待。无论种族为何，他都享有以种族中立方式基于个人品质对申请材料进行评价的宪法权利。所以，道格拉斯主张，当公立大学使用种族分类选拔学生时，应依据"平等保护条款"接受严格审查。[1]

当时，联邦最高法院在"德福尼斯案"中之所以采取回避态度，除了案情本身给了法院宣布该案失去实际意义的理由，也有其他的考虑因素。首先，该案的确存在复杂的宪法争议。沃伦法院以"平等保护条款"为基础推翻了"隔离然而平等"原则，伯格法院接过沃伦法院在该判决中树立的民权旗帜，在"斯旺案"中进一步明确地区法院有权针对种族隔离采用考虑种族因素的手段实施"广泛的救济"，甚至可以有条件地使用"种族配额"做法。不到几年时间，联邦最高法院似乎要面临"自证其错"的诉讼请求。正如耶鲁大学的比克尔教授和芝加哥大学的库兰（P. Kurland）教授两位宪法学专家就该案提交给法院的一份"法庭之友"（amicus curiae）[2] 所质疑的，"在以联邦宪法寻求对平等的支持后，现在以同一部宪法主张对不平等的支持"。[3]

其次，该案当时没有明确的判决先例。联邦最高法院在公立学校中大刀阔斧地废除种族隔离，但是公立学校和公立大学的入学机会有所不同。即使依据"斯旺案"判决在派位入学中考虑种族因素，理论上所有的学生都可以进入学区内的学校。作为旗舰大学，华盛顿大学法学院提供的法律教育是一种优质稀缺的高等教育资源。在录取程序中走到最后决定环节的申请人都是符合最低要求的，法学院以种族因素为理由录取资格条件较弱

---

[1] *DeFunis v. Odegaard*，416 U. S. 312（1974）
[2] "法庭之友"是指对案件中的疑难法律问题陈述意见并善意提醒法院注意某些法律问题，以影响法院判决的临时法律顾问。
[3] Lavinsky L. M.，"DeFunis v. Odegaard：The 'Non‒Decision' with a Message，" *Columbia Law Review* 75（1975）：520.

的申请人，也就是以种族因素为理由拒绝资格条件更优的申请人。尽管州
公立大学系统中的其他学校也设置了法学院，但是类似华盛顿大学法学院
这种在录取名额不足的情况下不采用择优录取的"贤能主义"，反而以种族
因素为基础配置优质稀缺的高等教育资源的做法，在社会民众中更容易引
发诉讼争议，也更难在"平等保护条款"之下证明录取政策的合理性。

最后，联邦最高法院担心不利判决结果对联邦政府与国会的立场造成
冲击。当时，联邦政府与国会正致力于推进积极差别待遇，消除种族歧视，
因此联邦最高法院在相关争议问题上也有意回避，不愿与其发生冲突。在
"德福尼斯案"之前，联邦最高法院面对涉及积极差别待遇政策的上诉案
件，连续拒绝签发调卷令进行审理，例如"卡特案"① "宾夕法尼亚州东部
承包商协会案"② "马萨诸塞州总承包商联合会案"③ 等。一旦公立大学被
迫放弃在录取政策中考虑种族因素，"诚实地和现实地看看我们的社会，最
有可能发生的结果就是社会最底层群体被排斥在外，其中很大一部分是特
定的少数族裔"。④

从 1974 年的"德福尼斯案"到 1978 年的"巴基案"，联邦最高法院在
这期间一直对公立大学在录取政策中考虑学生种族因素的做法表示沉默，
但相关的纠纷争议并没有停歇。1976 年，在"阿利维案"中，纽约州上诉
法院对纽约下州医学中心的积极差别待遇录取政策，适用了中度审查标准
而非严格审查标准，这使得医学院的录取政策顺利通过司法审查。州初审
法院在审理该案时，认为医学中心是以学生教育和经济上的弱势境况而非
以种族因素为基础做出录取决定的，所以采用了行政法意义上的司法审查
标准，判决录取政策并非"任意的"，更没有违宪。阿利维提起上诉，要求
上诉法院遵循"洛文案"和"麦克劳克林案"确立的原则，对录取政策进
行严格审查，但是纽约州上诉法院驳回了这一诉求。

---

① *Carter v. Gallagher*，452 F. 2d 315（8th Cir. 1971）

② *Contractors Association of Eastern Pennsylvania v. Secretary of Labor*，442 F. 2d 159（3rd Cir. 1971）

③ *Associated General Contractors of Massachusetts*，*Inc. v. Altshuler*，490 F. 2d 9（1st Cir. 1973）

④ Morris A. A.，"Equal Protection，Affirmative Action and Racial Preferences in Law Admissions DeFunis v. Odegaard，"*Washington Law Review* 49（1973）：1.

　　州上诉法院认为，传统的平等保护原则分析有合理审查和严格审查两个层级，前者过于宽松，后者过于严格，而且这种僵化的两极化标准对于判决结果的影响都是显而易见的。上诉法院引用冈瑟（G. Gunther）[1]、诺瓦克（J. Nowak）[2]、盖尔霍恩（E. Gellhorn）[3] 等人的观点，认为在合理与严格之间还存在一个中间层级的审查标准。法院认为这个所谓中间层级的审查标准，出现在马歇尔和道格拉斯在 1973 年"罗德里格斯案"中的反对意见中。两位大法官认为："联邦最高法院对声称违反平等保护条款的歧视行为进行审查时，采用了一系列有范围幅度的标准（a spectrum of standards）。"这种"范围幅度"明显包含了法院在审查特定分类时谨慎程度的变化，它"取决于受到负面影响的社会利益的重要性，和划定分类所依据的理由基础的恶意性"。上诉法院进一步引用伊利的观点[4]，认为"多数"对"多数"的"自我歧视"（discriminate against itself）并非"可疑"，因为当这种歧视发生时，"多数"是可以信任的。伊利认为，善意歧视和恶意歧视导致的污名化（stigma）争议是两个实质性程度不同的问题，所以主张对逆向歧视使用合理审查标准。不过上诉法院表示了不同立场，采用了居于合理审查与严格审查之间的中度审查标准。

　　上诉法院首先对医学中心表示出遵从态度，称法院无意限制大学管理者通常在录取决定中拥有的自由裁量权，并且也应当对做出录取决定的程序继续保持克制立场。但是上诉法院强调，当法律授权公立大学"管理学生录取事务"[5] 时，如果歧视行为在实施过程中超出宪法边界，无论司法部门多么不情愿也要介入干预。然后，上诉法院认为医学中心在做出录取决

[1] Gunther G. , "Foreword: In Search of Evolving Doctrine on a Changing Court: A Model for a Newer Equal Protection," *Harvard Law Review* 86 (1972): 1.

[2] Nowak J. E. , "Realigning the Standards of Review under the Equal Protection Guarantee – Prohibited, Neutral, and Permissive Classifications," *Georgia Law Journal* 62 (1974): 1071.

[3] Gellhorn E. , Hornby D. B. , "Constitutional Limitations on Admissions Procedures and Standards – Beyond Affirmative Action," *Virginia Law Review* 60 (1974): 975.

[4] Ely J. H. , "The Constitutionality of Reverse Racial Discrimination," *The University of Chicago Law Review* 41 (1974): 723.

[5] 《纽约州教育法》第一章第八条之第 355 款授权州立大学系统"规范管理学生录取事务"，法律条文可参见：http: // codes. findlaw. com/ny/education – law/edn – sect – 355. html。

定时的确考虑了种族因素，并且种族在初步筛选中还是决定性的因素，比如筛选码为 102 分的少数族裔申请人获得面试机会，但是同样筛选码的非少数族裔申请人则被自动淘汰。医学中心辩称此举是为了改变学生群体中种族不平衡问题，帮助本地社区中的少数族裔学生获得受教育机会，这一辩护理由也得到了上诉法院的认可。但是上诉法院并没有继续讨论医学中心考虑种族因素的具体做法是否和其主张的目的实质相关，而是转向假设即使没有积极差别待遇录取政策，以原告在候补名单上的排名位置也不太可能获得录取。从判决书来看，上诉法院在"阿利维案"中并没有完全遵循中度审查标准的分析框架，反而以原告在不考虑种族因素情况下获得录取机会的可能性分析代替了手段与目的之间的相关性分析。

虽然联邦最高法院在"德福尼斯案"中未能就实质性问题做出判决，但是学界和媒体都将法院的沉默视作"含蓄地给大学传递了一条信息"①，道格拉斯的反对意见也让很多公立大学的管理者们开始重新考虑积极差别待遇录取政策。纽约州上诉法院在"阿利维案"中采用了与道格拉斯不同的审查标准，也说明了法院对积极差别待遇录取政策的不同立场。不过，正如布伦南所判断的，同样的宪法争议在几年之后再次摆在大法官们面前。

二 "巴基案"：分歧式司法审查标准

在 1978 年的"巴基案"中，联邦最高法院再次考虑积极差别待遇录取政策的合法性问题，保守派与自由派大法官在司法审查标准上立场对峙。鲍威尔大法官的观点成为弥合分歧的支点，也为联邦最高法院在该案中，支持抽象意义上的积极差别待遇录取政策理念和反对具象意义上的积极差别待遇录取政策措施提供了可能。

加州大学戴维斯分校医学院在 1968 年首次招生，最初的班级规模仅有50 人，后来在 1971 年扩大至 100 人。在成立初期，医学院没有制订任何面向弱势学生或者少数族裔学生的录取计划。第一年入学新生中仅有 3 名亚

① Anonymous, "The Mootness Doctrine in the Supreme Court," *Harvard Law Review* 88 (1974): 373.

裔，没有任何黑人、墨西哥裔、印第安裔学生。在之后的两年中，医学院的教师委员会制订了一个与常规录取计划同步实施的特别录取计划（special admissions program），来增加新生班级中弱势学生的代表性。根据医学院1973年的申请指南，在常规录取委员会下设立由医学院少数族裔教师和学生组成的特别录取委员会，专门审阅具有经济或教育弱势背景的申请人的材料。申请人可以在申请表格中表明是否要求按照特别录取计划进入录取程序。

在常规录取计划下，由于申请竞争激烈①，录取委员会要求本科平均学分绩点在2.5（4.0分制）分以上的申请人才能获得面试机会。在面试后，面试官和录取委员会的部分成员对申请人进行打分，主要考虑因素包括面试官的评价结论、申请人整体的平均学分绩点、科学类课程的平均学分绩点、医学院入学考试分数、推荐信、课外活动，以及其他的履历情况。这些分数最终加在一起形成每一位申请人的"基准"（benchmark）分数。常规录取委员会综合考虑对申请材料的评价和基准分数，按照申请时间分阶段滚动做出录取决定。

特别录取委员会也会同步实施特别录取计划。在1973年的申请表中，医学院要求申请人表明是否希望按照"经济或教育弱势背景的申请人"审阅其材料；在1974年的申请表中，则要求申请人表明是否希望作为"少数族裔群体"进行录取审核，同时也明确指出"少数族裔群体"是黑人、墨西哥裔、亚裔和印第安裔。如果答案是肯定的，那么这部分申请人的材料就会转交给特别录取委员会。尽管医学院并没有正式界定何为"弱势"，但是特别录取委员会主席在筛选申请材料时，会关注申请人是否有经济贫困或者教育不足的情况，例如申请人是否在经过经济状况调查后被医学院免除了申请费用，是否在本科期间曾经工作或者为了支付个人及家庭开销而中断学业，是否为少数族裔群体等。特别录取委员会也会按照常规录取委员会的程序对参加面试的申请人进行打分，但是并不要求其学术能力评估测试必须在2.5分以上才能获得面试机会。之后，特别录取委员会将最佳的

① 医学院在1973年收到2464份申请材料，在1974年收到3737份申请材料。

特别申请人推荐给常规录取委员会。

常规录取委员会一般对特别申请人不排名，也不会将其和常规申请人进行比较，但是如果获推荐的特别申请人未能满足特定课程要求或者存在其他明显不足，也会被常规录取委员会否决。如果出现这样的情况，特别录取委员会则继续推荐，直到用完特别录取计划的全部预留名额。特别录取计划的名额是在常规录取计划的总名额下为少数族裔预留的，经由教师委员会投票决定。在 1973 年和 1974 年，入学班级规模达到 100 人时，特别录取计划的名额为 16 人。在录取结果上，特别录取计划明显增加了少数族裔学生的入学机会。从 1971 年到 1974 年，有 63 名少数族裔学生通过特别录取计划获得入学机会，包括 21 名黑人、30 名墨西哥裔和 12 名亚裔。而常规录取计划则录取了 44 名以亚裔为主的少数族裔学生，包括 1 名黑人、6 名墨西哥裔和 37 名亚裔。尽管也有相当数量具有弱势背景的白人学生申请特别录取计划，但是没有一个学生依照此程序获得录取。而且特别录取委员会在 1974 年也明确表示，只有指定的少数族裔群体学生才被视为弱势背景申请人。

白人学生巴基（A. Bakke）在 1973 年和 1974 年申请到医学院入学，两年均以常规录取程序接受面试。尽管在 1973 年被面试官评价为"医学院非常理想的申请人"，获得基准分数 468 分，但最终并未获得录取。巴基在 1973 年提交申请较晚，当时基准分数低于 470 分的申请人都没有获得录取。但即使在他被拒绝录取的时候，特别录取计划仍然有 4 个名额空缺，委员会也没有考虑巴基。1974 年，巴基较早地完成了申请，获得基准分数 549 分①，但是仍然未被录取。在这两年中，都有平均学分绩点、医学院入学考试分数和基准分数显著低于巴基的特别申请人获得录取。

在第二次申请被拒绝后，巴基提起诉讼，称医学院的特别录取计划违反联邦宪法"平等保护条款"、1964 年《民权法》第六章和加州宪法条款。初审法院认为特别录取计划构成种族配额，违反宪法等法律，判决加州大

---

① 医学院 1973 年的申请面试由 1 名面试官和 4 名录取委员会成员进行，总基准分 500 分；1974 年由 1 名面试官和 5 名录取委员会成员进行，总基准分 600 分。

学在录取程序中不得考虑学生种族因素。但是，初审法院拒绝裁定医学院必须录取巴基，因为巴基不能举证证明在没有特别录取计划的情况下就一定会被医学院录取。巴基和医学院分别上诉。加州最高法院认为，特别录取计划涉及种族分类，必须接受严格审查。在审查了医学院对该计划合理性的辩护理由后，加州最高法院认可医疗卫生行业在促进种族融合、增加愿意为少数族裔群体提供医疗卫生服务的医生数量方面构成了一项迫切的州利益，同时也认为特别录取计划并不是实现这一利益目标所应采取的"侵犯性最低"（least intrusive）的手段。加州最高法院部分维持初审法院判决，裁定"平等保护条款"禁止医学院因种族因素拒绝录取申请人，或者在与种族因素无关的衡量标准上优待条件资格较弱的另外一名申请人。同时，加州最高法院部分撤销初审法院判决，将举证责任从巴基转移到医学院，要求医学院证明即使没有特别录取计划，巴基在 1973 年和 1974 年也不会被录取。在发回重审之后，医学院表示无法履行该举证责任，加州最高法院据此要求初审法院裁定医学院录取巴基。随后加州大学上诉至联邦最高法院。

联邦最高法院在"巴基案"中并没有以多数意见确立积极差别待遇录取政策应当适用何种司法审查标准。以史蒂文斯（J. Stevens）为代表的四名保守派大法官依循 1964 年《民权法》，认为录取政策考虑种族因素的做法构成歧视，当然违法；以布伦南为代表的四名自由派大法官主张对秉持善意考虑种族因素的积极差别待遇录取政策适用中度审查标准；只有鲍威尔大法官坚持适用更为严苛和彻底的严格审查标准。

（一）保守派大法官的司法审查立场：歧视，当然违宪

以史蒂文斯为代表的四位保守派大法官认为，该案没有必要从宪法上考量积极差别待遇录取政策，在录取政策中考虑种族因素的做法已经明显违反了 1964 年《民权法》的规定，因此该歧视行为当然是违法的。史蒂文斯强调，《民权法》第六章已经明确规定"在合众国中，任何人不得因其种族、肤色或出身国别而被排除参与任何接受联邦财政资助的项目或活动，或被拒绝从任何接受联邦财政资助的项目或活动中受益，或在任何接受联

邦财政资助的项目或活动中遭受歧视"，① 而加州大学作为公立大学一直接受联邦经费支持，原告巴基也是因为种族因素被拒绝入学的，所以此案适用《民权法》第六章即可，无须引用宪法条款。他将《民权法》第六章视作对"平等保护条款"的释义，认为其含义是极其明显的：任何人不得基于种族因素被排斥参与接受联邦财政资助的计划。所以，史蒂文斯认为本案争议不需要在宪法层面进行考量，仅须根据《民权法》第六章规定就可以判决加州大学的录取政策违法。

可以说，史蒂文斯从立法意图和历史角度站在遵守《民权法》第六章"原意"（plain meaning）② 的立场，完全否定积极差别待遇录取政策，这与坚持"色盲宪法"的观点如出一辙。在之后的几十年中，这种观点在相关案件的审理中不断出现，甚至也会在博弈中胜出。保守派并非无视美国社会中的种族问题，只是他们坚定地认为彻底消除歧视才是实现种族平等与社会公平的正确选择，任何采用种族优待的手段无疑都是在重蹈美国种族歧视的历史覆辙。

（二）自由派大法官的司法审查标准：中度审查标准

以布伦南为代表的四位自由派大法官认为，尽管积极差别待遇录取政策涉及种族分类，但是与联邦最高法院针对种族分类基础上的恶意歧视所确立的分析框架有所不同，因此主张对秉持善意旨在补救歧视影响的种族分类适用中度审查标准。布伦南承认联邦最高法院通过"邓恩案"③ 对包含"可疑分类"的法律或政府行为确立的是严格审查标准，即只有在该法律或行政行为是为了实现一项迫切的政府目的，并且没有其他限制性较少的替代方案可用的情况下，才能获得法院支持。但他认为，因为动机目的不同，积极差别待遇录取政策并不适用之前诸多涉及种族歧视案件所确立的分析框架。不过布伦南也坦言，即使是所谓善意的种族分类也可能被滥用，造

---

① *Regents of the University of California v. Bakke*，438 U. S. 265（1978）
② Morris A. A.，"The Bakke Decision：One Holding or Two，"*Oregon Law Review* 58（1979）：311.
③ *Dunn v. Blumstein*，405 U. S. 330（1972）

成的影响与那些恶意的种族分类并无二致。布伦南援引"温伯格案"①，认为"单纯反复强调秉持一种善意且旨在补偿的目的，并不能使一项法律议程潜在的真实目的自动豁免司法部门的任何调查"。②

基于此，他反对适用非常宽松的合理审查标准，尽管这一审查标准经常适用于涉及平等保护的案件分析。同时他也反对适用严格审查标准。在他看来，严格审查是"理论上严格，事实上致命"（strict in theory and fatal in fact）③，这一审查标准会推翻所有形式的种族分类，但是与积极差别待遇录取政策不同，以往严格审查的"致命性"在于以种族分类为基础将黑人等少数族裔污名化。尽管布伦南认为"巴基案"应当适用"严格"的审查标准，但是不应当是"严格但致命"的审查标准，而是"严格但彻底"的中度审查标准。他援引联邦最高法院在涉及性别歧视的"卡利法诺案"④ 和"克雷格案"⑤ 中所确立的司法审查原则，认为旨在实现补救歧视目的的种族分类要通过司法审查，"必须是促进重要的政府目的，并且与实现目的之间有实质相关"。

（三）鲍威尔大法官的司法审查标准：严格审查标准

九位大法官中仅有鲍威尔一人提出适用严格审查标准。他认为，第十四修正案所确立的应获得平等保护的权利是个人权利，因此无论善意或恶意，采用种族分类的积极差别待遇录取政策同样应当适用严格审查标准。前述"卡洛琳产品公司案"判决书的"脚注4"提出，如果某一群体因宗教、国别、种族等因素产生的偏见而沦为"分散而孤立的少数"，那么应当对此类判决采用更为严苛和彻底的司法审查。医学院在辩护理由中主张，

---

① *Weinberger v. Wiesenfeld*, 420 U. S. 636 (1975)

② *Regents of the University of California v. Bakke*, 438 U. S. 265 (1978)

③ 斯坦福大学法学院教授冈瑟认为，沃伦法院对平等保护案件采用的司法审查标准是两个极端，要么是理论上严格、事实上致命的审查标准，并以此作为一种新的平等保护，要么就是遵循旧的平等保护理论予以司法遵从，采用理论上最低审查但是事实上几乎没有审查的审查标准。参见 Gunther G. , "Foreword: In Search of Evolving Doctrine on a Changing Court: A Model for a Newer Equal Protection," *Harvard Law Review* 86 (1972): 1。

④ *Califano v. Webster*, 430 U. S. 313 (1977)

⑤ *Craig v. Boren*, 429 U. S. 190 (1976)

白人男性并非需要多数政治程序给予特别保护的"分散而孤立的少数",因此特别录取计划不应适用严格审查。鲍威尔反驳了这一主张,称联邦最高法院从未以此理由作为种族分类是否接受严格审查的先决条件,也从未认为所谓分散性和孤立性可以构成判定某一分类是否秉持恶意动机的前提。他进一步指出,优待在事实上是否为善意,这一点并非总是清晰可辨。鲍威尔援引二战期间涉及日裔的"平林案"① 和"是松案"②,指出"仅仅因为祖先的血统就对公民进行区分,本质上是被以平等原则为基石而建立的自由民族所憎恶的"。③ 而且,"所有束缚单一种族群体民主权利的法律限制是当即可疑的,尽管并不意味着这样的限制必然违宪,但是法院必须对其进行最为严苛的审查"。④ 据此,鲍威尔认为联邦最高法院已经确认种族分类是一种可疑分类。

同时,鲍威尔将平等保护权利解释为个人权利,即无论是像巴基这样的多数族裔,还是像借由特别录取计划获得入学机会的少数族裔,都应当获得同样的保护。他认为,"平等保护条款"规定的是"任何州……不得对在其管辖下的任何人,拒绝给予法律的平等保护",⑤ 而联邦最高法院在"盖恩斯案"⑥ 等案件中也明确指出:"依据第十四修正案第一款所创立的权利是给予个人保障,其所确立的权利是个人权利。"而且,联邦最高法院也曾经在"益和案"⑦ 中指出:"平等保护在领土管辖范围内对所有人适用时是普遍的,无关任何种族、肤色或者国籍的不同。"因此,鲍威尔认为,所谓"平等保护",不能在适用于这一肤色的个人时意味着这样,而在适用于另一肤色的个人时意味着那样。如果不能给予两个人同样的保护,那就不是平等的。他进一步指出,积极差别待遇录取政策采用了一种不平等措施,迫使像巴基这样的无辜个人承受负担,去补偿社会中并非由他们一手造成的

---

① *Hirabayashi v. United States*, 320 U. S. 81 (1943)

② *Korematsu v. United States*, 323 U. S. 214 (1944)

③ *Regents of the University of California v. Bakke*, 438 U. S. 265 (1978)

④ *Regents of the University of California v. Bakke*, 438 U. S. 265 (1978)

⑤ *Regents of the University of California v. Bakke*, 438 U. S. 265 (1978)

⑥ *Missouri ex rel. Gaines v. Canada*, 305 U. S. 337 (1938)

⑦ *Yick Wo v. Hopkins*, 118 U. S. 356 (1886)

委屈和不满。因此,鲍威尔认为,任何类型的种族分类都是内在可疑的,应当接受最为彻底的司法审查,主张对积极差别待遇录取政策适用严格审查标准。

在司法审查介入的初期阶段,联邦最高法院先后两次检验积极差别待遇录取政策在宪法上与平等保护原则的关系。作为法理上的初次尝试,大法官们很自然地从能否采用优先对待的方式来补救历史歧视的角度,审视积极差别待遇录取政策的合法性。这符合在当时的社会背景之下,对录取政策原初动因的法理思考,但是也很快在本质上揭示出历史歧视、优先对待与逆向歧视之间,在法理上存在难以调和的矛盾。

第二节 司法审查介入前期(1979 年 ~ 1995 年): 审查标准从分层到统一

一 实施者为联邦法院:适用宽松审查标准

在公共就业领域,如果联邦法院在相关诉讼中发现,公共组织以任何方式在雇佣和晋升中对少数族裔群体给予歧视对待,法院可以强制要求相应组织采取积极差别待遇,提高少数族裔群体的代表性,甚至可以要求实施明确的配额制。与主动实施积极差别待遇不同,当公共组织依据判决被动实施积极差别待遇时,法院而非公共组织被视为实施者。由于这样的实施本身带有对种族歧视受害群体的法律救济原则,即使引发诉讼争议,承审法院也会采用宽松审查标准,普遍支持下级法院为了消除种族歧视影响而采取的特别措施。

(一)"克利夫兰案"

在俄亥俄州克利夫兰市,黑人和拉美裔消防员组成的"先锋"(Vanguards)组织提起集体诉讼,称克利夫兰市消防局在消防员的雇佣、岗位分配和晋升中因为种族和国别出身而存在歧视对待的现象。"先锋"组织指控克利夫兰市用于晋升的书面考试存在歧视性结果,同时采用资历绩点(seniority points)和操纵退休时间,以叠加效果使少数族裔消防员无法进入晋升名单的前列。此外，克利夫兰市曾经在 1973 年因歧视诉讼被法院要求增加少数族裔雇员人数，但是在 1975 年之后拒绝实施新的晋升考试，以此限制新近雇佣的少数族裔雇员获得晋升机会。克利夫兰市的消防员工会出面与"先锋"组织就达成和解令进行谈判，但是工会反对采取任何形式的积极差别待遇措施。

联邦地区法院认为，从档案记录、统计数据和证人证词来看，消防局在晋升中的确长期存在种族歧视。尽管消防员工会反对，联邦地区法院仍然签发和解令，要求克利夫兰市在消防员雇佣和晋升中采用考虑种族因素的救济措施和其他积极差别待遇计划。第六巡回上诉法院认为，克利夫兰市承认有过歧视行为，所以其采取救济措施是合理的。同时，和解令并没有要求雇佣不符合条件的少数族裔消防员，也没有要求解雇任何非少数族裔消防员，并且对非少数族裔消防员的晋升并未形成绝对障碍，因此是公平合理的。联邦最高法院在维持上诉法院判决时特别指出，为了消除种族歧视而采取的行动可以包括合理地考虑种族因素的救济措施，即使受益的个人并非过往歧视行为的实际受害人。[①]

（二）"钣金工人联合会案"

1975 年，联邦地区法院裁定钣金工人国际联合会（Sheet Metal Workers' International Association）及隶属的学徒委员会违反 1964 年《民权法》第七章，在招聘、选拔、雇佣、培训和加入工会的程序中歧视少数族裔工人。地区法院在命令联合会停止歧视行为的同时，以纽约市相关劳动力人口中少数族裔比例为基础，确定了工会实现少数族裔会员的比例目标，并要求联合会采取相应措施在 1981 年实现这一目标。地区法院委派了一位管理人负责监督联合会，在管理人的提议下，地区法院采纳了一项积极差别待遇计划。联合会不服，两次上诉，但是第二巡回上诉法院都维持了积极差别待遇计划，并延长了要求目标达成的时间。联邦地区法院在 1982 年和 1983 年判定联合会藐视法院命令，将 15 万美元罚金用于成立特别的雇佣、培训、教育

---

① *Firefighters v. City of Cleveland*，478 U. S. 501（1986）

和招募基金（Employment，Training，Education，and Recruitment Fund），旨在增加工会及学徒计划中的少数族裔会员。地区法院最终达成的积极差别待遇计划要求实现少数族裔会员所占比例达到 29.23% 的目标，并要求联合会在 1987 年之前实现该目标。第二巡回上诉法院认为，鉴于联合会长期以来公然的种族歧视行为，29.23% 的目标是恰当的，因此在对积极差别待遇计划做出细节调整后维持了判决。联邦最高法院审理后认为，尽管管理人和积极差别待遇计划会干预对工会成员的招募和管理，但是这样的干预是促使联合会停止歧视行为所必要的，因此维持了上诉法院的判决。①

（三）"帕拉迪斯案"

在 1972 年，全国有色人种协进会对亚拉巴马州公共安全局提起诉讼，指控其在雇佣州警时对黑人实施了长达四十年的种族歧视和排斥，违反了"平等保护条款"。联邦地区法院要求公共安全局在雇佣和晋升中避免任何形式的歧视行为，并且实施雇佣配额制。但是到了 1979 年，公共安全局中仍然没有黑人获得高级警衔。之后，联邦地区法院批准了一项和解令，公共安全局同意在一年时间之内制定下士晋升程序并确保不会对黑人产生负面影响，并且在之后继续制定针对高级警衔的类似晋升程序。但是即使在和解令到期后，仍然没有黑人州警获得晋升。联邦地区法院再次批准第二项和解令，双方协议对晋升下士的申请人采用考试方式。但是在 1983 年，联邦地区法院判定该考试对黑人造成负面影响，命令公共安全局提交一份计划，在避免产生种族负面影响的同时晋升至少 15 名符合条件的候选人至下士警衔。公共安全局随后提议晋升 15 名候选人，但是其中仅有 4 人是黑人。联邦地区法院驳回了该提议，并命令在特定时期内晋升至下士警衔的候选人中必须至少有 50% 是黑人。之后，公共安全局晋升了 8 名黑人和 8 名白人，但是州政府认为该命令违反了"平等保护条款"。联邦第十一巡回上诉法院维持了该命令。联邦最高法院认为，该案中的迫切政府利益在于消除公共安全局对黑人实施制度性、持续性和普遍性的歧视排斥，因此即

---

① *Sheet Metal Workers v. EEOC*，478 U. S. 421（1986）

使适用严格审查标准，1∶1的晋升配额也是"平等保护条款"所允许的。[①]

从"克利夫兰案"、"钣金工人联合会案"和"帕拉迪斯案"的案情来看，在20世纪七八十年代，美国社会对少数族裔群体的种族歧视，是法院亟待纠正的社会问题。当司法分支通过案情调查和事实判定，的确发现公共组织存在歧视少数族裔群体的行为，这时就有了明确对应的施害方和受害方，才能要求施害方实施被动的积极差别待遇政策以符合救济原则的要求。所以，法院对这一类案件采用宽松审查标准，支持以优先对待的方式将少数族裔群体的代表性恢复至合理水平。同时，鉴于当时在公共组织中仍然存在的大量的种族歧视行为，难以通过司法审查逐一纠正和救济，所以在整个公共领域实施主动的积极差别待遇，有了现实的紧迫性。

二　实施者为国会及联邦政府：适用中度审查标准

与之相类似，这种现实的紧迫性也体现在了立法与行政分支的行动中。与前述三个案件不同，在"富利洛夫案"和"都市广播公司案"中，相关公共组织并没有被司法分支判定存在法律事实上的种族歧视，而是国会或联邦政府在具体的公共事业合同中，要求主动实施积极差别待遇录取政策，受益者是相对宽泛的少数族裔群体，而不是存在特定法律救济关系的个人或组织。为了表示对国会与联邦政府行为的尊重，联邦最高法院采用了宽严程度居中的中度审查标准，这一审查标准要求立法或行政分支的行为是为了实现某一"重要"的政府目的，并且所选择的手段与该目的之间的关系是"实质相关"的。尽管司法审查强度提高了，但法院并没有秉持严苛的立场。

（一）"富利洛夫案"

1977年《公共事业雇佣法》中的"少数族裔商业公司"条款规定，在没有获得行政豁免的情况下，州或地方政府及机构在获得联邦授权用于地方公共事业项目的拨款经费后，必须将其中至少10%分包给少数族裔群体

---

① *United States v. Paradise*，480 U. S. 149（1987）

成员所有的服务商或供应商。在这里，"少数族裔群体成员"被界定为"黑人、西班牙语裔、东方裔、印第安裔、爱斯基摩裔和阿留申裔的美国公民"。根据条款要求，主承包商应在可行范围之内满足合同总额的10%分包给少数族裔商业公司的要求，除了要寻找符合条件的少数族裔商业公司，主承包商还要通过少数族裔商业企业办公室（Office of Minority Business Enterprise）或者小型企业管理局（Small Business Administration），为少数族裔商业公司提供技术、资源和资金支持，特别是就复杂的分包合同竞标过程提供指导帮助。该条款认定，即使少数族裔商业公司不是最低价格竞标者，只要竞标价格能够反映其费用上升是过往歧视影响和现有弱势状况所导致的，那么仍然可以获得合同。同时，如果的确有证据表明，即使采取了积极差别待遇，仍然无法在确保严格实现项目目标的情况下实现既定参与水平，那么可以对10%的分包要求予以豁免。此外，在管理机制上也确保最终能够获得分包合同的是真正的少数族裔商业公司，避免其他公司参与竞标并从中获利。

几家由建筑行业的承包商和分包商组成的联合会及一家从事暖气、通风和空调安装业务的公司提起诉讼，称"少数族裔商业公司"条款违反了"平等保护条款"。联邦地区法院判决支持该条款。第二巡回上诉法院予以维持，认为联邦政府多年以来致力于补救过往歧视造成的现有影响，因此在此背景之下"难以想象"该条款的目标会超越补救歧视的边界。该条款最为显著的一点是明确了项目重点，限制了实施范围、规模、影响和时限等，可以证明该条款的合宪性。出于对国会立法的遵从，联邦最高法院维持了下级法院判决。联邦最高法院认为，宪法第十四修正案之第五款规定"国会有权以适当立法实施本条规定"，因此认为"少数族裔商业公司"条款的内容与目标在国会拨款权范围之内。[①]

（二）"都市广播公司案"

"联邦通信委员会"（Federal Communications Commission，FCC）是经国

---

① *Fullilove v. Klutznick*，448 U. S. 448（1980）

会授权的颁发广播电视运营执照的唯一联邦机构。在 20 世纪 70 年代，很少有少数族裔所有的组织获得该执照。统计数据表明，在 1971 年，约 7500 家广播台中仅有 10 家由少数族裔所有，而 1000 多家电视台中没有一家是由少数族裔所有的。尽管少数族裔所有的组织也涉足广播电视业务，但是通常商业价值偏低，而且地理位置的局限导致受众也相对较少。联邦通信委员会认为，如果少数族裔在广播电视台所有者中的代表性不足，那么就无法实现 1934 年《通信法》（Communications Act of 1934）所要求的促进广播电视台节目多元化的目标，这不仅会损害少数族裔受众的利益，也不利于保护通信行业的公共利益。为此，联邦通信委员会在颁发执照的程序中实施积极差别待遇，考虑种族因素，鼓励少数族裔参与广播电视事业发展。

联邦通信委员会的第一项政策是在颁发新执照的听证程序中，将少数族裔的所有权作为一个考虑因素。当联邦通信委员会在比较多个广播电视公司的竞争性申请时，除了其他常规的相关考虑因素，还会将少数族裔是否享有所有权和管理参与权作为附加因素。也就是说，只有当少数族裔所有权能够确保他们可以积极地投入广播电视公司的日常管理时，这样的参与程度才能达到联邦通信委员会所认定的附加权重。

都市广播公司（Metro Broadcasting）、彩虹广播公司（Rainbow Broadcasting）及其他几家公司申请参加了联邦通信委员会的新执照颁发听证程序。联邦通信委员会在权衡比较后认为，彩虹广播公司 90% 的所有权由拉美裔所有，但是都市广播公司仅有一位少数族裔合伙人持有 19.8% 的股份，因此将执照颁发给了彩虹广播公司。都市广播公司提出申诉，但是此时国会正好通过了 1988 财年对联邦通信委员会的授权拨款立法，禁止联邦通信委员会将任何拨款经费用于审查或者改变少数族裔所有权政策。之后，都市广播公司向哥伦比亚特区联邦巡回上诉法院提起诉讼。上诉法院审理后认为，国会认识到广播电视大众媒体中少数族裔的代表性和观点皆不足，因此采取了相关行动支持联邦通信委员会的做法，故判决支持将执照颁发给彩虹广播公司。

联邦通信委员会的第二项政策是在"执照转售"程序中优先考虑少数族裔所有的广播电视公司。按照这一政策，如果某一广播电视公司的执照因故将被联邦通信委员会撤销，或者更新原有执照需要重新接受听证，可以将执照转售给联邦通信委员会批准的少数族裔所有的公司。按照要求，可接受转售执照的公司必须有超过 50% 的所有权属于少数族裔，或者少数族裔掌握实际控制权。该政策旨在通过对以前颁发的执照进行再分配，增加少数族裔的代表性。

1981 年，位于康涅狄格州哈特福特（Hartford）的信仰中心公司（Faith Center）申请执照转售，联邦通信委员会批准了这一请求，但由于买方公司资金不足未能完成转售交易。1983 年，联邦通信委员会第二次同意该公司将执照转售给另一家少数族裔控制的公司，但因为类似的问题仍然未能完成交易。同一年，舒伯格广播公司（Shurberg Broadcasting）申请在哈特福特建立新的电视台，但是该申请和信仰中心公司所持执照更新或转售的待定结果相冲突。1984 年，信仰中心公司第三次申请将执照转售给由少数族裔所有的阿斯特莱恩通信公司（Astroline Communication）。舒伯格广播公司提出多项理由反对执照转售，理由之一是联邦通信委员会的政策违反了公司应当享有的平等保护权。在联邦通信委员会依据转售结果将执照颁发给阿斯特莱恩公司后，舒伯格广播公司提起了诉讼。这一次，哥伦比亚特区巡回上诉法院判决联邦通信委员会的转售政策无效，认为该政策剥夺了舒伯格广播公司享有平等保护的权利。同时，上诉法院认为该政策无论是在补救过往歧视还是在促进节目多元化中均未做到紧密缩限，而是让无辜的非少数族裔群体成员承受过度负担，并且与政策所寻求维护的利益之间也并非合理相关。

联邦最高法院签发调卷令合并审理，认为国会长期以来认可联邦通信委员会的政策并给予支持和引导。国会对该政策的批准甚至授权，表明该政策具有高于一切的重要意义。鉴于此，联邦最高法院表示自身应当对国会的判断给予适当遵从，认为广播电视节目的多元化是一项重要的政府目标，而联邦通信委员会的政策与实现该目标之间存在实质的相关性。最终，联邦最高法院判决联邦通信委员会的政策没有违反平等保护原则。①

① *Metro Broadcasting*，*Inc. v. FCC*，497 U. S. 547（1990）

从"富利洛夫案"和"都市广播公司案"可以看出，联邦最高法院遵循权力分立的基本原则，对国会和联邦政府在公共事业雇佣和广播电视运营中采取积极差别待遇提高少数族裔群体的代表性的做法秉持司法遵从立场。同时，从司法审查技术的角度而言，国会和联邦政府完全具备充分的证据材料，去证明一项"重要"的政府目的，也能够充分解释手段与目的之间"实质相关"。由此也说明，只要立法与行政行为有充分的证据支持，中度审查标准对于积极差别待遇政策的合法性就远不是"致命的"。

三　实施者为州及地方政府：适用严格审查标准

在统一司法审查标准之前，联邦最高法院只对州及地方政府实施积极差别待遇政策引发的案件适用严格审查标准。美国在南北战争之后通过第十四修正案，最初的目的是解决战后南方奴隶制的遗留问题。联邦方面要求南方各州议会通过该修正案，才能重返联邦国会席位。所以第十四修正案本质上的法律效力及其目的，是约束各州及地方政府的行为。基于这样的历史缘由，联邦最高法院很难在各州涉及种族问题的案件中，对各州及地方政府给予遵从，故从一开始就坚持适用严格审查标准。这种审查标准的"致命性"在"维根特案"和"克罗森案"中得到初步呈现。

（一）"维根特案"

1972 年，由于社区中种族关系紧张的氛围已经蔓延到了学校，杰克逊教育委员会（Jackson Board of Education）和作为教师工会的杰克逊教育联合会（Jackson Education Association）决定在集体谈判协议中增加一项解雇条款，目的是在发生必要的解雇时保护少数族裔教师。根据该条款，在有必要解雇教师时，首先留任资历最深的教师，但是被解雇的少数族裔教师比例不会超过解雇发生时受雇少数族裔教师的比例。当教育委员会在 1974 年不得不解雇部分教师时遇到了难题。如果遵循解雇条款，教育委员会不得不解雇已经获得终身教职的非少数族裔教师，而继续留任仍在试用期的少数族裔教师。所以，教育委员会没有遵守解雇条款，仍然解雇了在试用期的少数族裔教师，留任了终身教职的非少数族裔教师。如此，就无法满足前述维持解雇发生时少数族裔教师比例的要求。教育联合会和两名被解雇的少数族裔教师在联邦地区法院提起诉讼，称教育委员会未能遵守解雇条款，违反了"平等保护条款"和 1964 年《民权法》第六章。教育委员会辩称从未有过雇佣歧视行为，并且该雇佣条款与《密歇根州教师终身教职法》（Michigan Teacher Tenure Act）冲突。由于管辖权问题，原告重新在州法院提起诉讼。州法院判决教育委员会违约，认为解雇条款并未违反《密歇根州教师终身教职法》。州法院进一步指出，尽管解雇条款对非少数族裔教师造成歧视影响，但是作为补救社会歧视而做出的努力是恰当的。

根据州法院判决，杰克逊教育委员会在 1976～1978 学年和 1981～1982 学年的两次解雇中都遵守了解雇条款，留任了资历较浅的少数族裔教师，解雇了非少数族裔教师。这次，被解雇的非少数族裔教师在联邦地区法院提起诉讼，称解雇条款违反了 1964 年《民权法》和"平等保护条款"。联邦地区法院判决，教育委员会在解雇中实施种族优待并不需要以判定过往存在歧视行为作为理由。相反，法院认为作为补救社会歧视的措施，此种种族优待能够留任少数族裔教师，为少数族裔学生提供"角色榜样"（role model），因此是"平等保护条款"所允许的。第六巡回上诉法院维持了该判决。联邦最高法院经审理后认为，如果采用解雇条款来补救过往歧视，那么需要用"有力的证据基础"（strong basis in evidence）证明使用种族分类方法进行补救是必要的，但是法院并没有发现这样的事实证据。同时，联邦最高法院认为，仅仅是社会歧视并不足以证明一项种族分类的合理性，地区法院所主张的"角色榜样"理论只会让教育委员会在任何法定的补救目的之外实施歧视性的雇佣和解雇行为。[①] 最终，联邦最高法院推翻了上诉法院的判决。

（二）"克罗森案"

1983 年 4 月，里士满市委员会（Richmond City Council）为了促进少数族裔所有的企业更加广泛地参与公共项目建设，决定实施为期五年的"少

---

① *Wygant v. Jackson Board of Education*, 476 U. S. 267（1986）

数族裔商业利用计划"（Minority Business Utilization Plan），该计划要求与该市签订建筑合同的承包商至少将总额 30% 的合同量转包给一个或者多个少数族裔所有的企业。计划规定，30% 的合同量预留转包的要求不适用于原本就是少数族裔所有的承包商。该计划将"少数族裔所有的企业"界定为"至少 51% 由少数族裔成员所有或者控制的企业"，并且将少数族裔界定为"黑人、西班牙语裔、东方裔、印第安裔、爱斯基摩裔或者阿留申裔的美国公民"。数据显示，尽管里士满市黑人人口约占 50%，但是与该市签订建筑合同的承包商中仅有 0.67% 是少数族裔所有的企业，同时本地的承包商协会成员中也没有少数族裔所有的企业。

由于这项计划没有地域限制，因此美国其他城市符合要求的少数族裔所有企业也可以参与转包 30% 的合同量。里士满市要求对每一个竞标项目进行具体考虑，同时对 30% 转包合同量制定了豁免条款。只要承包商能够证明没有符合条件的少数族裔所有的企业能够参与竞标或者有少数族裔所有的企业符合条件但是这些企业不愿意参与竞标，就可以豁免该要求。1983 年 9 月，里士满市发布了为市政监狱安装管道固件的竞标项目。克罗森（Croson）公司联系了六家能够供应管道固件的少数族裔所有的企业，并且通过地方性和全国性机构寻求少数族裔所有的企业参与竞标，但是没有一家企业表示有意或者报价。最终，克罗森公司是唯一一家竞标公司，但是因为未能满足 30% 转包合同量的要求而被里士满市拒绝签订项目合同。在里士满市决定对该项目进行重新竞标时，克罗森公司在联邦地区法院提起诉讼。

联邦地区法院和联邦第四巡回上诉法院均判决里士满市胜诉。两级法院援引"富利洛夫案"，认为联邦最高法院对于国会认定公共事业中存在过往歧视影响的判断给予较大遵从，因此在该案中也应适用同样的标准，判定里士满市认为建筑行业中少数族裔所有的企业参与度低是因为过往歧视影响的结论是合理的。但是，联邦最高法院撤销了上诉法院判决，发回案件并要求其按照"维根特案"的判决原则进行重审。[1] 第

---

[1]　*J. A. Croson Co. v. City of Richmond*，478 U. S. 1016（1986）

四巡回上诉法院据此重审，认为若以迫切政府利益证明该计划的合理性，里士满市的种族优待措施便不能建立在历史过往歧视的"粗线条"推定之上，因此判决该计划未能通过严格审查。联邦最高法院再次审理后维持了上诉法院判决。[①]

在司法审查标准分层的阶段，联邦最高法院根据实施者的不同而采用不同的标准。积极差别待遇政策的合法性在严格审查标准下接受最严苛的检验，即使是像"角色榜样"这样一类时至今日仍然在朋辈学习等领域被广泛运用的教育理论概念，也难以被视为一种足以抗衡审查的有力证据。除了法院为救济种族歧视损害，强制性要求采取的被动的积极差别待遇政策，只有联邦层面在立法和行政行为中主动实施的积极差别待遇政策，能够通过强度略低一筹的司法审查。州及地方政府所推行的政策几乎无可幸免，难以作为抗衡审查的证据。事实上，州及地方政府才是真正熟知哪些领域需要采取积极差别待遇政策，以及如何制定和实施政策的主体。联邦层面的积极差别待遇本身就存在面向不准和效果滞后的问题，严格审查标准反而束缚了州及地方政府的效能。司法审查标准的分层，看似有了明确的依据，赋予了不同实施者以相应的法定权限，但在执行上却引发冲突。"克罗森案"与"富利洛夫案"截然相反的判决结果便是例证。这一争议问题，联邦最高法院直到 1995 年在"阿达兰德案"中才初步解决。

四　"阿达兰德案"：统一适用严格审查标准

到了 20 世纪 80 年代末 90 年代初，共和党在美国国内政治中重新占据了支配地位，保守主义盛行。共和党试图减少国家政府在社会改革方面应当承担的责任，对国家福利政策造成冲击。保守派认为美国在社会福利方面已经做了太多的事情，把中产阶级的所得切分给了贫困和无依无靠的人，认为联邦应当减少在相关政策上的干预。随着里根和布什总统逐步提名、任命新的保守派法官，联邦法院减小了以司法审查来促进种族融合和维护

[①]　*City of Richmond v. J. A. Croson Co.*，488 U. S. 469（1989）

平等权利的力度。在 1992 年的"弗里曼案"① 中，亚特兰大郊区的迪卡布尔（DeKalb）学区曾经在 1969 年被地区法院签发强制令以废除种族隔离，但是在该案中学区以无法应对大规模人口流动为由请求不再执行强制令，并最终得到了联邦最高法院的支持。这种保守主义立场也很快出现在了之后的"阿达兰德案"中。

1989 年，山砾（Mountain Gravel）建筑公司与隶属联邦交通部的"中部联邦土地高速管理局"（Central Federal Lands Highway Division）签订了一份合同，承接建设科罗拉多州高速公路。合同中的分包补偿条款规定，山砾公司如果"雇佣"那些经认定是由社会和经济弱势个人控制的小型企业，那么将获得额外的经济补偿。根据当时的联邦法律，类似的条款必须出现在联邦机构大多数的招标合同中，并且要求条款明确载明"承包商应当推定社会和经济弱势个人包括黑人、拉美裔、印第安裔、亚太裔及其他少数族裔，或者任何由小型企业管理局依据《小型企业法》（Small Business Act）判定为弱势的个人"。山砾公司就合同中的高速公路护栏部分进行分包招标，阿达兰德（Adarand）公司和冈萨雷（Gonzale）公司提交了竞标报价。在两家公司中，冈萨雷公司具备条款规定的资格，但是阿达兰德公司不具备。尽管阿达兰德公司是公路护栏产品的专业供应商，而且提交的竞标报价也更低，但是山砾公司最终和冈萨雷公司签订了分包合同。山砾公司的首席评估师表示，如果与冈萨雷公司合作会获得额外的经济补偿，公司会接受阿达兰德公司的报价。之后，阿达兰德公司提起诉讼，称分包补偿条款以种族为基础实施歧视对待，违反了联邦宪法平等保护原则。

联邦地区法院判决该条款合宪，联邦第十巡回上诉法院维持该判决。上诉法院认为，联邦最高法院在"富利洛夫案"中采纳了类似中度审查这样的标准，评估联邦政府在基于种族因素做出行动时的合宪性。因此，上诉法院判定依据这一标准及联邦最高法院在"都市广播公司案"中进一步拓展的原则，可以维持分包补偿条款的合宪性。但是，联邦最高法院在审理时，推翻了"都市广播公司案"确立的部分判决原

---

① *Freeman v. Pitts*，503 U. S. 467（1992）

则，统一要求承审法院无论实施种族分类的是联邦、州还是地方政府，都必须依据严格审查标准进行分析。最终联邦最高法院撤销了上诉法院判决并发回重审。[①]

"阿达兰德案"终结了从 1974 年"德福尼斯案"开始的审查标准分歧之争。在司法审查的初期阶段，司法审查标准存在横向分歧，但是在前期阶段，司法审查标准存在纵向分歧，即针对不同的实施者采用不同的审查标准，在结果上只有特定的实施者才能实施积极差别待遇政策。"阿达兰德案"体现了联邦最高法院在这一特定历史阶段，对积极差别待遇采取了更加保守的立场。一方面，它统一了司法审查的标准，使得审查强度无关实施者身份；另一方面，它造成了这样的困惑，即当公共雇佣和合同领域的积极差别待遇难以通过严格审查时，是否意味着大学录取政策中的积极差别待遇同样岌岌可危。

第三节　司法审查介入中期（1996 年～2002 年）：围绕何为迫切利益的分歧

在"阿达兰德案"之后约五年的时间中，联邦最高法院没有受理积极差别待遇录取政策相关案件，一方面是因为在司法审查标准统一后，公共雇佣和合同领域出现的纠纷，由下级法院就可以进行充分裁断。另一方面，联邦最高法院对积极差别待遇暂时保持回避态度，不愿在统一司法审查标准后过快补充新的审查原则。所以，在司法审查介入的中期阶段，发生了三起因大学实施积极差别待遇录取政策而引发的案件，最终都只是由联邦巡回上诉法院做出了终审判决。在这一时期，"霍普伍德案"、"史密斯案"和"约翰逊案"将"阿达兰德案"所确立的严格审查统一标准，从公共雇佣和合同领域引入高等教育领域。虽然暂时缺少联邦最高法院的权威解读，但是整个司法系统围绕何为审查标准中的"迫切利益"这一要件分歧，展开了新一轮的探讨和确证。

---

① *Adarand Constructors*, *Inc. v. Peña*, 515 U. S. 200（1995）

一 学生群体多元化：公立大学能否以此主张迫切利益

在"巴基案"中，鲍威尔以大学学术自由为法理基础，提出以"学生群体多元化"为目标作为支撑积极差别待遇录取政策的判决理由，这使得联邦最高法院尽管判决医学院的特别录取计划违宪，但是维持了积极差别待遇录取政策本身的合宪地位。应当说，鲍威尔提出学生群体多元化目标，标志着联邦最高法院以积极差别待遇促进机会平等的司法立场开始从补救性理念转向多元化理念。尽管法学界称鲍威尔的判决意见是对当时现实种族矛盾和社会冲突所做的"妥协"，[1] 但学生群体多元化目标的确为公立大学继续实施积极差别待遇录取政策提供了法律保障和改进空间。公立大学依据"巴基案"继续实施积极差别待遇录取政策，但是具体实施方式与鲍威尔的个人意见仍然有明显的脱节现象。鲍威尔强调种族多元化是学生群体多元化的维度之一，大学仅能将种族因素作为录取审核的"附加"（plus）因素，并且要根据每一名学生的情况考虑所有与多元化相关的因素，但很多公立大学并未充分遵循鲍威尔所强调的"种族多元化仅是学生群体多元化维度之一"的要求。

联邦健康、教育和福利部（Department of Health, Education, and Welfare）[2] 在"巴基案"后发布了对《民权法》第六章的政策解释，要求申请和接受联邦经费的公私立大学实施积极差别待遇录取政策，增加少数族裔入学人数。[3] 尽管联邦政府要求大学实现学生群体多元化的目标，但是政策解释仍然以补救性理念为基础。例如，对于曾经在录取中存在种族歧视问题的大学，联邦政府要求其必须采取措施补救过往歧视行为造成的现有影响，对于未曾实施歧视性录取政策的大学，联邦政府则以经费鼓励其自愿实施积极差别待遇录取政策，理由是少数族裔学生过去未能获得入学机会因而未能从该学校所提供的高等教育中受益。健康、教育和福利部甚至建议大学

---

① Dixon R. G., "Bakke: A Constitutional Analysis," *California Law Review* 67 (1979): 69.

② 1953 年，联邦政府成立健康、教育和福利部。1979 年，教育部（Department of Education）从中分离并单独成立。

③ Department of Health, Education, and Welfare, "Nondiscrimination in Federally Assisted Programs: Title VI of the Civil Rights Act of 1964: Notice," https://www2.ed.gov/about/offices/list/ocr/docs/racefa.html, last accessed: 2019 – 11 – 19.

在录取程序中赋予种族因素更高的考虑权重，确定少数族裔学生入学规模的"数值目标"（numerical goals）。随后公立大学普遍将提高"种族可识别性"（racial identifiability）作为实现学生群体多元化目标的重点，甚至针对少数族裔以各种形式降低录取标准。[①] 可见，公立大学以实现学生群体多元化为目标，并以此作为实施积极差别待遇录取政策的辩护理由，但更为深层的真实动机是学校管理者认为"只有通过为那些曾经在历史上被阻止全面参与国家生活的群体提供机会，才能克服深刻植根于我们社会中的不平等境况"[②]。

与此同时，联邦最高法院在"巴基案"后长达二十多年的时间内再未审理涉及积极差别待遇录取政策的案件，反而因大法官更替而在之后涉及公共就业和合同争议的案件中对积极差别待遇表现出日益保守的态势，特别在"维根特案"、"克罗森案"和"阿达兰德案"中，法院适用严格审查标准，推翻了所有的积极差别待遇录取政策。"巴基案"因分歧最终形成"相对多数"（plurality）判决，而非过半数大法官赞成的"多数"（majority）判决，即使联邦最高法院在"都市广播公司案"中援引了鲍威尔关于"学生群体多元化"的意见，但该案适用的是中度审查标准，因此他的意见是否可以成为审理积极差别待遇录取政策案件的判例，在当时仍然是模糊不清的问题。这也导致下级巡回上诉法院在审理相关案件时，出现了判决结果和鲍威尔的意见冲突、相左的现象。

（一）"霍普伍德案"：否定立场

得克萨斯大学法学院在1992年的录取程序中，由9名教授、2名助理院长和4名学生组成了完全录取委员会，其中担任委员会主席的白人教授约翰逊（S. Johanson）、黑人助理院长汉密尔顿（L. Hamilton）和墨西哥裔助理院长阿莱曼（S. Aleman）三人又组成少数族裔子委员会。当法学院收到

① Laycock D. , "The Broader Case for Affirmative Action: Desegregation, Academic Excellence, and Future Leadership," *Tulane Law Review* 78 (2003): 1767.
② Duderstadt J. J. , *A University for the 21st Century* (Ann Arbor: University of Michigan Press, 2009), p. 194.

一份申请材料时，录取工作人员会为申请人建立个人文件夹，并且根据申请表中的个人信息，按照居住地和种族信息两个标准对文件夹进行颜色标记。同时，在反映本科平均学分绩点的"法学院数据汇集服务"（Law School Data Assembly Service，LSDAS）评价和法学院入学考试分数基础上，法学院计算出申请人的"得克萨斯指数"（Texas Index，TI）。在录取工作人员处理完大约一半的申请材料时，约翰逊根据申请人规模和质量确定初始的"假定录取"（presumptive admission）和"假定拒绝"（presumptive denial）分数线。有的时候，申请人本科就读学校或专业的课程难度偏低，虽然他们的平均学分绩点偏高，计算出来的得克萨斯指数也偏高，但实际上学业基础仍然缺乏竞争力。因此，约翰逊在对进入"假定录取"类的申请人材料进行审阅时，会将这一类申请人降至"裁量区域"（discretionaryzone）。最终，有5%～10%的"假定录取"类申请人会被降至"裁量区域"。同时，针对因为得克萨斯指数偏低而进入"假定拒绝"类的申请人，完全录取委员会的1～2名成员会审阅这个类别中的每一份申请材料，确定得克萨斯指数是否充分反映申请人在法学院取得学业成功的可能性，或者是否充分反映申请人相对其他人的真实竞争力。同样，有20～40份申请材料会被升级至"裁量区域"。

3月，约翰逊对初始分数线进行调整，调整前后的分数线体现了对黑人和墨西哥裔申请人的积极差别待遇。例如，针对非少数族裔的"假定录取"分数线从202分下降至199分，针对墨西哥裔的分数线从196分下降至189分，针对黑人的分数线从192分下降至189分。同时，将针对非少数族裔的"假定拒绝"分数线确定在192分，针对墨西哥裔和黑人的分数线确定在179分。如此一来，墨西哥裔和黑人申请人进入"裁量区域"获得进一步考察的机会就明显高于白人申请人。

同时，法学院对"裁量区域"中不同种族申请材料的审阅程序也有所不同。非少数族裔申请材料被分为30份1卷，完全录取委员会按照三人一组对申请材料进行审阅，根据每卷申请材料所确定的录取名额进行投票（1992年是每卷9个录取名额），获得2～3票的申请人获得录取，获得1票的申请人被放入录取候补名单，没有获得投票的申请人则被淘汰。少数族裔申请材料则是由少数族裔子委员会进行审阅。与直接投票方式不同，少数族裔子委员会以小组讨论的方式一起审阅每一名少数族裔申请人的材料，然后为完全录取委员会提供一份可供录取的名单。尽管两个委员会相互沟通有关少数族裔申请人质量的整体信息，成员也有重叠，但是少数族裔子委员会所做的录取决定实际上是最终决定。

霍普伍德（C. Hopwood）等四人在当年向法学院提出入学申请后，均进入"裁量区域"类，每人的申请材料都接受了完全录取委员会的审阅，但是他们最终都被拒绝录取。四人以法学院录取政策违反联邦宪法第十四修正案及 1964 年《民权法》禁止歧视条款为由提起诉讼。相应地，法学院就其录取政策提出四点辩护理由：第一，实现多元化的学生群体；第二，减少法学院中种族歧视环境所造成的影响；第三，改善法学院在少数族裔社群中的不良声誉；第四，消除法学院之外的州行为人过往歧视造成的现有影响。从司法审查角度，法学院实质上同时以学生群体多元化和补救历史歧视（后三点辩护理由合而为一）证明录取政策的合理性。但是，第五巡回上诉法院直接否定了学生群体多元化构成迫切利益的辩护理由。

撰写判决书的史密斯（J. Smith）法官认为，鲍威尔在"巴基案"中的意见仅代表个人，无论是在该案还是在其他案件中都不能代表联邦最高法院的多数意见，因此在这个问题上并非具有约束力的规定。史密斯进一步指出，联邦最高法院之后仅在"都市广播公司案"中接受以多元化作为辩护理由，但该案所确立的中度审查标准已经被"阿达兰德案"推翻，所以他认为事实上联邦最高法院从未以严格审查标准确认多元化可以作为一项迫切利益。最终，第五巡回上诉法院判决禁止法学院在录取政策中考虑种族因素。① 客观上，在"霍普伍德案"发生时，联邦最高法院在种族分类问题上的确没有以多数意见认可除了补救历史歧视之外的辩护理由。在"都市广播公司案"中，奥康纳、伦奎斯特、斯卡利亚和肯尼迪四位大法官在反对意见中指出："现代平等保护原则（在使用种族分类）中仅认可了一种（迫切政府）利益：补救种族歧视的影响。"换言之，四位大法官否认

①　*Hopwood v. Texas*，78 F. 3d 932（5th Cir. 1996）

在"广播电视观点多元化"中存在一种非补救性（non-remedial）的迫切政府利益，但这也仅是相对多数意见。而第五巡回上诉法院则直接宣称"非补救性的州利益永远不能作为种族分类的辩护理由"，这又有矫枉过正的嫌疑。

由于联邦最高法院拒绝审理"霍普伍德案"，判决结果最终在上诉法院司法管辖的三个州生效，这引发了学界的批评。劳尔（R. Lauer）称判决结果是对美国社会种族关系现实的否定，无疑会造成关系更为紧张的局面。[1] 联邦最高法院曾经在"马克斯案"[2] 中就下级法院如何解读相对多数判决意见确立了这样的原则："当联邦最高法院（的大法官们）以各自为由的方式对一起案件做出判决，而且没有一个解释判决结果的论理能够获得五位大法官的同意，那么联邦最高法院在该案中所确立的法律原则，应是同意判决结果的大法官们在最狭义理由（narrowest grounds）基础之上的立场。"因此，钦（G. Chin）认为，鲍威尔在个人意见中明确指出种族优待通常情况下是违法的，所以他对于在何种情况下都能够允许实施积极差别待遇录取政策的观点，应当被视作同意判决结果的"最狭义理由"。[3] 赖特认为，根据联邦司法制度的要求，联邦地区法院和上诉法院必须遵循联邦最高法院的判决意见，因此第五巡回上诉法院在该案中无权推翻联邦最高法院做出的判决意见。同时，他指出了积极差别待遇录取政策与其他涉及就业和合同的政策有所不同，认为史密斯在推翻"巴基案"时所依据的，是联邦最高法院在其他的"情境"（context）中做出的判决。[4] 丹尼尔（P. Daniel）等人也表示，第五巡回上诉法院在判决中弃鲍威尔意见于不顾的做法实属越权，而该法院宣称在高等教育中促进多元化不能构成一项迫切利益的做

① Lauer R. A. , "Hopwood v. Texas: A Victory for Equality that Denies Reality," *St. Mary's Law Journal* 28 （1991）: 109.

② *Marks v. United States*, 430 U. S. 188 （1977）

③ Chin G. J. , "Bakke to the Wall: The Crisis of Bakkean Diversity," *William & Mary Bill of Rights Journal* 4 （1995）: 881.

④ Wright V. V. , "Hopwood v. Texas: The Fifth Circuit Engages in Suspect Compelling Interest Analysis in Striking Down an Affirmative Action Admissions Program," *Houston Law Review* 34 （1997）: 871.

法更是"手伸得太远"。他们认为，大学要举证说明考虑种族因素的录取计划具有合理性，就一定要与经济市场的积极差别待遇争议有所区分，因为高等教育追求多元化的理由无关乎市场关切的问题。①

（二）"史密斯案"：肯定立场

在该案中，史密斯等三人分别在 1994 年、1995 年和 1996 年申请进入华盛顿大学法学院学习，均被拒绝录取。在这三年中，法学院的录取政策和程序基本保持一致。在公开发布的录取政策中，法学院称希望能够选拔那些具备最优发展潜力，能够在法学教育中取得成就，并对法律职业、法律研究及法律相关活动做出贡献的申请人。华盛顿大学法学院认为实现这一目标的最佳方式，就是录取那些已经展现法律学习与工作能力，能够促进法学院学生群体多元化，并且促进社会大众中接受过法律训练这部分人口群体多元化的申请人。为了衡量申请人的学业潜力，法学院除了主要考虑本科平均学分绩点和法学院入学考试分数这两种因素外，还会考虑其他相关因素，包括本科课程难度、是否获得高级学位、毕业后工作经历、推荐信，以及是否存在影响申请人学业表现的社会或经济弱势情况。所以，法学院在录取政策中坦言，并非所有录取决定都是以学业表现为基础的。录取政策也进一步表明，学生在不同的背景之下会形成不同的才华和能力，而这些多元背景是与法律学习的丰富性和有效性密切相关的，因此法学院相信由这些学生组建而成的新生班级能够更好地实现学业目标。所以，用于衡量多元化的因素包括但不局限于种族身份、国别出身、文化背景、个人成就、职业目标、生活经历、特殊才能等。法学院在提交的证词中表示，衡量多元化的因素没有明确的清单，不同因素的权重不同，没有任何因素是决定性的，更没有任何因素能够决定录取那些在学业上并没有达到法学院最低要求的申请人。

在这三年中，法学院对申请者仅要求提交本科成绩单、法学院入学考

---

① Daniel P. T. , Timken K. E. , "The Rumors of My Death Have Been Exaggerated: Hopwood's Error in Discarding Bakke," *Journal of Law & Education* 28 (1999): 391.

试分数和个人陈述三份材料，申请人在个人陈述中主要描述他们的个人经历将会如何促进法学院的教育。在录取程序的第一步，法学院对平均学分绩点和法学院入学考试分数进行加权平均计算得出录取指数（admission index），并以此对申请人进行排序。法学院的录取协调人斯温哈特（K. Swinehart）对排名大约位于前 250 名的申请人的申请材料进行评估，确认申请人的学业表现和发展潜力是否如实符合指数表征，以及申请人是否展现出法学院所看重的多元化因素。如果申请人在其中一方面表现不足，斯温哈特则根据申请人具体情况，将申请材料提交录取委员会做进一步审核。在确定了前 250 名录取名单后，录取委员会主席库默特（R. Kummert）会对结果进行复核。在录取程序的第二步，助理院长马德里（S. Madrid）负责审阅剩余的申请材料。1994 年，马德里将录取指数为 195 分和 196 分的申请人材料提交给录取委员会，自己评估剩余的申请人；1995 年和 1996 年，马德里审阅了所有的申请材料。这三年，马德里都有权做出录取、拒绝录取、提交录取委员会进一步审核三类决定，库默特也会对决定进行复核。在这一阶段，马德里和库默特仍然会考虑申请人的学业潜力和多元化因素。在录取程序最后一步，由 6 名教师和 3 名学生组成的录取委员会对提交的申请材料进行审阅。9 名成员分为 3 组，对每一份申请材料打出 3 ~ 15 分的分数，然后依据排名做出录取决定。在完成所有录取名额之后，分数很高但是没有立刻获得录取机会的申请人进入候补名单。法学院特别强调，录取委员会在程序中没有确定种族配额，也没有确定少数族裔学生的录取目标。

为了举证法学院并非如录取政策所言将种族作为多元化因素之一，而是在多数情况下将种族作为决定性因素，原告提出了一系列证据。首先，法学院之前曾经明确地将种族因素作为决定性因素。原告称法学院在 1989 年之前唯一考虑的多元化因素就是种族因素，尽管在那之后做出调整并增加了其他多元化因素，但原告援引调整录取政策时法学院传阅的备忘录，称此举不过是为了掩饰和避免诉讼。其次，法学院录取结果呈现的统计差异让人对录取程序产生疑问。1994 年，录取指数在 193 分以下但是仍然获得录取的申请人中，约 79% 是少数族裔。同样，平均学分绩点在 2.5 分和 3. 24 分之间并且法学院入学考试成绩在 155 分和 159 分之间的黑人申请人全部被录取，但是 131 名处于相似成绩和分数区间的白人或其他族裔申请人则全部被淘汰。原告称，这样的数据表明法学院对特定少数族裔的优先对待已经让种族成为决定性因素。最后，大学和专业组织的政策引导也使种族成为决定性因素。原告称，华盛顿大学在录取指导原则中指出，要"在传统上少数族裔代表性不足（underrepresented）的教育计划中……采取积极差别待遇以实质性增加他们的成员数量"，法学院遵循了这样的原则。原告还称，作为美国法学院协会的成员，法学院必须履行 AALS 章程所规定的成员责任与义务，其中之一便是要求成员法学院应当致力于在教师、管理人员和学生群体中实现种族、肤色和性别的多元化。原告提交了一份法学院在 1996 年为了接受美国法学院协会和美国律师协会专业认证时准备的文件，法学院在文件中称自己保持了全美最具成效的"少数族裔录取计划"。

第九巡回上诉法院最终支持了华盛顿大学法学院的积极差别待遇录取政策，并特别指出"霍普伍德案"的判决结果因未能恰当遵循"马克斯案"所确立的原则而存在瑕疵。执笔判决书的费尔南德斯（F. Fernandez）法官认为，即使"巴基案"关于大学录取政策的理由已经失去效力，也应由联邦最高法院自身而非下级法院予以宣布。因此，第九巡回上诉法院遵循该案做出判决，判定"至少目前为止"第十四修正案允许大学录取政策为了补救历史歧视之外的目的考虑种族因素，而且教育多元化也是一项迫切的政府利益，能够满足严格审查标准。[①]

（三）"约翰逊案"：回避立场

佐治亚大学是佐治亚州公立大学系统的旗舰大学，创建于 1785 年，但直到 1961 年才第一次录取黑人学生。1969 年，联邦民权办公室认定该州"在公立大学系统中的多数学校中，仍然未能消除过去以种族隔离模式为基础的高等教育双重制度"。1970 年，联邦民权办公室要求董事会提交废除种族隔离的计划，采取必要的积极差别待遇措施减小或消除隔离的残余影响，增加传统白人大学中黑人学生的数量。到了 1989 年，联邦民权办公室认为

---

① *Smith v. University of Washington Law School*, 233 F. 3d 1188 (9th Cir. 2000)

佐治亚州实施了补救措施，实质性地遵守了 1964 年《民权法》第六章。尽管联邦民权办公室不再要求实施额外措施促进种族融合，但是佐治亚大学仍然保留并继续实施积极差别待遇录取政策。

佐治亚大学入学竞争激烈，每年接受的申请数量远超过录取名额。20世纪 90 年代，各院系由教师组成的录取委员会每年都会和录取办公室协作制定建议性的本科录取政策，录取政策通过校长审批后得以实施。从 1990年到 1995 年，佐治亚大学的本科录取政策采用客观学业标准，主要包括高中平均学分绩点、标准化测试分数（学习能力评估测试或者美国学院考试）以及在两者基础之上计算得出的学业指数（Academic Index，AI），但是黑人学生的最低录取标准要低于其他学生。"霍普伍德案"引发的争议也让佐治亚大学担心自身采用双轨录取标准的做法可能违宪，于是该大学在 1996年对本科录取政策进行了调整。

从这一年开始，佐治亚大学将本科录取程序分为三个阶段，在原有的学业指数基础上增加了完全学生指数（Total Student Index，TSI）和边缘审阅（Edge Reading，ER）两个阶段。具体引发"约翰逊案"争议的是 1999 年的录取程序。这一年，学校在第一阶段的程序包括以下三项内容。（1）学业指数在 2.86 分以上的申请人自动获得录取，如果申请人高中课程达到了学校确定的"最高难度"标准，那么学业指数在 2.81 分以上的也可以自动获得录取。（2）剩余的申请人中，如果学习能力评估测试分数在 1000 分以上，或者学业指数在 2.40 分以上并且学习能力评估测试分数在 950 分以上，可以进入下一阶段。完全学生指数实质上是在学业指数基础上的加分，它的计算包括 12 项因素，总分最高可达 8.15 分。前 4 项因素是客观学业因素，包括学业指数、学习能力评估测试分数、平均学分绩点、课程质量，4项最高分可达 5.40 分。其中，学习能力评估测试超过 1200 分的申请人可获得 1.0 的加分。还有 5 项因素体现学生的领导力和活动，最高可达 1.5分，包括父母或兄弟姐妹是否为佐治亚大学的校友、申请人用于课外活动的时间、申请人在暑期中用于工作的时间、申请人在学年期间用于工作的时间，以及申请人是否为家中第一代大学生。其中，父母均未接受高等教育这一因素的权重最高，可以加 0.5 分。最后 3 项因素则体现了对人口统计情况的考虑，最高可达 1.25 分，包括种族、性别和是否为本州居民。如果在申请表中标注为"非白人"，即亚裔、太平洋岛裔、黑人、拉美裔、印第安裔等，申请人还可获得 0.5 分的加分。根据加分结果，学校自动录取完全学生指数在 4.92 分以上的申请人，淘汰那些在 4.66 分以下的申请人，两者之间的申请人则进入最后的阶段。（3）边缘审阅其实是在整个录取程序中，由录取工作人员对申请材料进行实际审阅的唯一阶段，他们会留意那些申请人在前两个阶段不能通过客观因素和分数表现出来的特质，对他们做出定性的评价和判断。

可以看出，计算完全学生指数的阶段是唯一考虑种族因素的，原告学生约翰逊（J. Johnson）等三名学生正是在这一阶段被淘汰的。但是他们在诉讼中主张，正因为自己未能获得种族因素加分，所以才未能进入边缘审阅阶段，也因此未能获得更加充分的评价。面对诉讼，佐治亚大学仅以为实现学生群体多元化而没有采用补救过往歧视原则作为辩护理由。联邦第十一巡回上诉法院回避了这个问题，认为既然联邦最高法院从未以多数意见确认学生群体多元化可以构成一项迫切利益，所以能否将学生群体多元化视为迫切利益仍然是悬而未决的问题。上诉法院表示"法官们不需要解决学生群体多元化是否构成一项迫切利益，用以支持在录取程序中考虑种族因素的这一问题。即使推定这一主张成立，录取政策也未做到紧密缩限"。[①] 所以，上诉法院在司法审查中以推定方式跳过迫切利益问题，直接检视录取政策是否做到紧密缩限。在完全学生指数阶段，4.92 分以上的申请人被录取，4.66 分以下的申请人被淘汰，两者之间的申请人进入边缘审阅阶段。上诉法院认为，因种族因素产生的 0.5 分加分，意味着白人申请人在边缘审阅阶段要达到 4.92 分才能被录取，而少数族裔申请人则仅需要4.42 分。类似地，如果要避免在这一阶段被淘汰并顺利进入边缘审阅阶段，那么白人申请人至少需要 4.66 分，而少数族裔申请人仅需要 4.16 分。所以，无论是获得录取还是进入下一阶段，白人申请人都要面临比少数族裔申请人更高的标准，上诉法院据此判定佐治亚大学未做到紧密缩限，进而

---

① *Johnson v. Board of Regents of the University Georgia*, 263 F. 3d 1234（11th Cir. 2001）

判决学校录取政策违宪。①

公立大学在实施积极差别待遇录取政策时，能否以学生群体多元化作为迫切利益，不同的联邦巡回上诉法院在三个案件中给出了不同的答案。主要原因自然是联邦巡回上诉法院对于鲍威尔在"巴基案"中的观点，没有形成共识。但另一方面，作为严格审查标准的关键要件之一的以补救历史歧视和以学生群体多元化作为迫切利益的法理内涵，存在本质差异。当补救历史歧视被普遍视为积极差别待遇政策的正当理由时，即使它在道德与法律上都具备合理性，身处诉讼中的公立大学在履行举证责任时，随着时间推移，也会出现越来越多的困难。

二　补救历史歧视：公立大学能否以此承担举证责任

在"阿达兰德案"中，联邦最高法院重申了"克罗森案"和"维根特案"相对多数意见的主张，即如果认为补救行动是必要的，那么必须要有"有力的证据基础"。尽管法院并没有清楚地界定何为"有力的证据基础"，但是通常要求在实施积极差别待遇政策时不能简单地主张该政策是为了服务于某一目的或利益，还要提供一系列的支持证据来证明实施该政策的合理性，包括：数据统计、政策评估、社会科学研究结论、文件档案、被认定事前曾经实施歧视行为等。但是，公立大学要拿出"有力的证据基础"，存在相当大的举证难度。

在"巴基案"中，新近创建的医学院并没有被任何一个司法、立法或者行政部门认定曾经在录取程序中实施了违反宪法和法律的歧视行为。而鲍威尔认为，医学院是一个教育机构，肩负着广泛的教育使命，作为庞大的州立高等教育系统中很小的一部分，在缺乏立法决定和行政授权的前提下，没有能力和资格对是否存在歧视行为做出认定。他指出，在依据结论确立一种种族分类之前，政府隶属机构必须具备授权资质和能力，使所确立的种族分类能够对应于已被辨识认定的歧视现象。所以，鲍威尔对特别录取计划中将亚裔学生纳入受益范围的做法表示质疑，因为在常规录取计

---

① *Johnson v. Board of Regents of the University Georgia*, 263 F. 3d 1234（11th Cir. 2001）

划之下已经有相当数量的亚裔学生获得入学机会。

在"波德贝雷斯基案"① 中，马里兰大学设立了仅面向黑人学生的奖学金项目，称此举是为了补救过往歧视在学校中产生的影响。第四巡回上诉法院在审理该案时指出，大学如果以补救历史歧视作为种族分类的辩护理由，需要履行举证责任，提供相关证据，包括：第一，学校在过去曾经实施种族歧视的证据；第二，学校的歧视行为当前仍然对歧视目标群体造成影响的证据；第三，测量学校的歧视行为对目标群体造成了多大程度的损害，并且要对学校的歧视行为和其他方面的歧视行为进行区分；第四，学校实施积极差别待遇录取政策补救歧视所产生的影响时做到了紧密缩限，这就意味着政策面向仅仅是歧视目标群体，同时该群体受益程度也仅限于歧视造成的损害程度。但是，正如安德森所言，公立大学几乎无法履行要求如此之高的举证责任。② 原因何在？笔者针对第四巡回上诉法院提出的举证要求逐一进行分析。

首先，尽管部分公立大学可以证明历史上在录取政策实施过程中出现过违法歧视行为，特别是南部州的学校，但是多数公立大学最大程度上只可以将历史上的歧视行为追溯到 20 世纪 60 年代之前。从本书前述历史分析可以发现，美国公私立大学从那个时候陆续开始主动地实施积极差别待遇录取政策。对于曾经有过歧视行为的公立大学（如南部州学校）而言，随着时间推移很难将歧视影响追溯到几十年前的歧视行为；对于未曾有过歧视行为的公立大学（如北部州学校）而言，则只能将歧视影响扩大到"社会歧视"的范畴，而这一理由已经被联邦最高法院否定。而且，上诉法院也进一步缩小了补救理念的适用范围。在"霍普伍德案"中，得克萨斯大学法学院主张补救州立教育系统中存在的歧视影响。但第五巡回上诉法院认为，法学院是一个独立运行并且实施单独录取政策的教学单位，如果将州立教育系统作为一个实体来审查过往歧视行为，就会过于宽泛。所以，上诉法院主张，法学院既无权补救得克萨斯大学在本科录取中的歧视行为

---

① *Podbersky v. Kirwan*, 38 F. 3d 147 （4th Cir. 1994）

② Anderson E. S., "Integration, Affirmative Action, and Strict Scrutiny," *New York University Law Review* 77 （2002）: 1195.

所产生的影响，也无权补救得克萨斯公立学校在基础教育和中等教育阶段的歧视行为所产生的影响。

其次，即使当前的歧视影响能够追溯到一所公立大学过往的特定歧视行为，上诉法院也不认可这是对歧视目标群体仍然造成影响的证据，拒绝以此为基础支持补救性的积极差别待遇录取政策。在"波德贝雷斯基案"中，马里兰大学称学校因过往歧视行为导致其在黑人社区声誉不佳，因此在奖学金项目中为黑人学生保留名额，目的是为了解决黑人学生入学规模不足的问题。第四巡回上诉法院拒绝了这一辩护理由，认为从历史角度总是可以发现一所学校曾经实施歧视行为，但仅仅对历史事实的认知和了解并不是那种旨在补救的"当前影响"，所以不能用于证明种族排他性补救措施的合理性。得克萨斯大学法学院也提出了相同的辩护理由，但是第五巡回上诉法院认为，无论法学院声誉如何，都要认清一个事实：能够从积极差别待遇录取政策中受益的少数族裔学生既然已经决定申请，而且他们已经了解到自己的种族身份很可能在录取程序中受到优待，那么以种族优待作为"诱因"吸引少数族裔学生申请，反而会使大学中紧张的种族关系更为恶化。

再次，公立大学过往歧视行为产生的影响，大多数难以和其他组织机构的过往歧视行为产生的影响区分开。在高等教育领域，公立大学在本科录取中拒绝接受黑人学生入学，会限制黑人的教育成就——无法接受良好的本科教育、研究生教育或专业教育，进而限制他们的就业能力和工作收入，同时会进一步限制他们为子女提供良好基础教育和中等教育的能力与收入，也会限制他们在子女申请大学的准备阶段为其提供学业辅导的能力。所以，公立大学的过往歧视行为不仅会影响未获得入学机会的学生，也会通过代际传递影响其子女和家庭。而且，如何区分公立大学歧视行为造成的影响和公立学校歧视行为在基础教育和中等教育阶段造成的影响也是一个难题。此外，住房和就业中针对少数族裔的歧视行为，以及其他不分种族会对所有家庭造成影响的因素，例如疾病等，都会导致少数族裔处于教育和经济弱势的境况。因此，即使是设计复杂且精准的定量研究也难以区分不同组织机构的过往歧视行为造成的影响。

最后，针对紧密缩限举证要求，公立大学实施积极差别待遇录取政策难以锁定歧视对象群体，无法界定补救程度。第一，实施积极差别待遇录取政策的多为州公立大学系统中的选拔性学校，这在联邦最高法院和巡回上诉法院已经审理过的相关案件中，无一例外。尽管地处一州，但是这些学校在过去几十年中承担了国家层面的高等教育发展使命，也使得它们可以在全国范围内选拔优秀的少数族裔学生。在实施积极差别待遇录取政策的同时，公立大学也在朝着实现卓越目标与兼顾教育公平的方向发展。伊萨卡洛夫（S. Issacharoff）认为，凭借积极差别待遇录取政策，公立大学可以吸引各个州优秀的少数族裔学生，提高教学与科研的水平，这些学生也有望通过接受学校的教育进入国家精英阶层。① 因此，如果将公立大学歧视行为的历史局限于特定狭窄的年代，那么积极差别待遇录取政策的受益群体相对于当初歧视行为的对象群体肯定是更为宽泛的。即便布伦南在"巴基案"中还能主张医学院特别录取计划的受益者，就是那些出生在"布朗案"之前的一代人，他们遭受过"法律上"的种族隔离，也经历过州对废除种族隔离的抵制运动，在"布朗案"六十多年之后，已经难以用这样的理由来证明积极差别待遇录取政策的合理性了。一旦遵循补救理念履行举证责任，就意味着公立大学必须将受益群体集中在黑人学生身上，因为黑人相比其他少数族裔群体遭受了时间更长、程度更深的歧视对待，而且公立大学还必须将受益群体集中在学校所在的特定区域范围内，因为公立大学在早期以承担州的高等教育使命为重。如此规制，必然削弱公立大学实现双重使命的能力。

第二，实施积极差别待遇录取政策的公立大学均为选拔性学校，学生的学业表现和标准分数如果没有明显高于平均水平，则很难通过录取程序中的竞争性选拔。一般的公立大学基本会录取大多数符合资格的申请人，因此不需要对任何种族群体给予特别对待。而在选拔性公立大学，录取人数远低于申请人数，所以种族因素在入学竞争中对特定申请人会产生相当

---

① Issacharoff S., "Can Affirmative Action be Defended," *Ohio State Law Journal* 59 (1998): 669.

明显的影响。事实上，能够从积极差别待遇录取政策中受益的少数族裔学生，学业情况普遍好于其他学生。但是，那些因为过往歧视影响而被损害程度最为严重的群体，也是最不太可能让子女申请选拔性学校的群体。即使是具备足够的学业能力，缺乏信息渠道、夸大的教育费用、不清楚资助政策等因素也会使他们面对选拔性学校时望而却步。① 这也意味着，积极差别待遇录取政策在试图补救历史歧视时，其实并没有触及那些遭遇歧视损害最为严重的群体成员。类似情况出现在"波德贝雷斯基案"中，第四巡回上诉法院就发现，大多数获得奖学金的学生其实是那些从未遭受歧视待遇并且学业表现优良的黑人学生。

三 "向后看"抑或"向前看"：迫切利益的不同视角

哈佛大学法学院的沙利文（K. Sullivan）教授在对联邦最高法院 1986 年庭审期做出判决的"维根特案""克利夫兰案""钣金工人联合会案"三起案件进行分析时指出，联邦最高法院在积极差别待遇上的立场一直保持"向后看"（backward‐looking）的态度，反复强调补救历史歧视，本质上是因为对歧视罪恶怀有内疚感。他主张联邦最高法院乃至美国社会应该采取"向前看"（forward‐looking）的立场来看待积极差别待遇。沙利文认为，"向前看"并不是呼吁人们忘记历史上种族歧视造成的罪恶，而是应当着眼未来社会构建实现种族融合的发展路径。在沙利文看来，学生群体多元化正是他所期望看到的"向前看"，尽管这一立场只在鲍威尔的个人意见中"一闪而过"。② 在"阿达兰德案"中，联邦最高法院以多数意见统一了司法审查标准，同时也表示并不是所有的积极差别待遇在该标准之下都是"致命的"，明确表示在面对少数族裔的种族歧视行为及残留影响持续存在的情况下，政府有资格采取行动做出应对。如果以种族因素为基础的行动是促进一项迫切利益所必要的，只要满足紧密缩限的要求，那么在宪法约

① Bok D., *Higher Education in America*（Princeton：Princeton University Press，2015），pp. 133 – 134.

② Sullivan K. M., "Sins of Discrimination：Last Term's Affirmative Action Cases," *Harvard Law Review* 100（1986）：78.

束范围之内就是可行的。

应当说，从在录取政策中引入积极差别待遇开始，公立大学在相当长的时期内是以"向后看"的态度补救歧视影响作为主要动因的。1976年，联邦健康、教育和福利部依据 1964 年《民权法》第六章制定实施规章时要求，"即使事前没有实施歧视行为，联邦经费的接受者在实施计划时，可以采取积极差别待遇，使那些曾经因为种族、肤色或者国别出身而被限制参与的个人，能够克服该情况带来的影响"。[①] 这表明，当时的联邦健康、教育和福利部认为，如果不考虑种族因素就会减少少数族裔学生参与接受联邦资助的各类教育计划的机会，那么就可以考虑种族因素。而且联邦健康、教育和福利部制定的规章也明确表示，无论是否有过歧视行为，大学都可以采用考虑种族因素的措施计划，来补救因歧视造成的入学机会不平等现象。

鲍威尔在"巴基案"中敏锐地认识到，如果仅以补救歧视影响为理由，认可积极差别待遇的合宪地位，反而可能会给当时社会中的种族融合进程带来潜在风险。美国社会承认黑人等少数族裔曾经遭受的法律上的种族隔离，也承认他们因这一历史歧视而处于经济社会的弱势境地，所以认可那些遭受过此种不公平待遇的个人获得补偿。但是，对损害事实的补救应以因果关系为前提。就个体而言，当下受益于积极差别待遇录取政策的少数族裔学生，未曾经历过法律上的种族隔离的时代，而当下在入学竞争中未能获得平等机会的白人学生，也未曾做过种族仇视的历史恶行。随着时间推移，受害者与损害者的直接因果关系已经逐渐模糊。无论动机是否为善意的，公立大学实施积极差别待遇录取政策，本质上仍然是基于种族分类对个人可以享有的利益和不得不承担的负担进行重新分配。在鲍威尔看来，若以补救歧视影响为理由拒绝对个体提供平等的法律保护，那么未得到平等法律保护的个体很可能会视自身为无辜的受害者，更会对积极差别待遇深恶痛绝。

他在否定医学院关于"社会歧视"的主张时表示，无论医学院认为特

---

① Maltz E. M. , "A Bakke Primer," *Oklahoma Law Review* 32（1979）：119.

别录取计划的受益者曾经遭受何种程度的损害，都不能证明将巴基这样的申请人在录取程序中置于竞争弱势地位具有合理性。一旦以侵犯合法权利作为实施补救措施的做法得到联邦最高法院的支持，无疑会演绎成一种特权，即美国所有大学可以随意对被学校视为社会歧视受害者的任何群体给予这种特权照顾。他表示，这是联邦最高法院坚决不可迈出的一步。他在执笔"维根特案"判决书时进一步表示，美国毫无疑问存在严重的种族歧视，但是实施的补救措施是一种歧视性待遇，会对无辜个人造成损害。如果缺乏对特定歧视行为的认定，那么法院就会错误地支持那些在时间上可以无限追溯过往，在能力上可以无限影响未来的补救措施。

鲍威尔绕开补偿过往歧视造成的现有影响的现实潜在风险，以第一修正案为基础从学术自由与教育价值的角度创造性地构建了"学生群体多元化"这一判决理由。尽管法学界称之为"鲍威尔的妥协"，但是它在推翻医学院具体的积极差别待遇录取政策的同时，在法理上维持了积极差别待遇本身的合宪地位，为之后大学继续实施积极差别待遇提供了法律保障。康（J. Kang）等人认为，"向前看"是一种功利主义立场，将积极差别待遇政策视作对当前现实歧视的回应，从多元化中寻求社会稳定和经济增长。[1] 罗兹（R. Rhoads）等人将这一立场置于高等教育改革视野中予以审视。他们认为，积极差别待遇录取政策"向后看"的假定前提是高等教育与个人发展之间具有显著相关性，同时也假定当前的不平等现状制约了代表性不足的少数族裔群体获得教育机会，如果不给予某种程度的帮助，他们就将无法跨越经济社会差异对其造成的壁垒。积极差别待遇录取政策"向前看"的目的是使政策本身在经济全球化竞争中获得持续发展动力，即不仅社会需要一个多元化的劳动力，而且个人也需要在多元化的工作环境中获得成功。罗兹等人进一步指出，公立大学实施积极差别待遇录取政策，是以高等教育改革的形式在更大范围内推动社会运动。[2]

---

[1] Kang J., Banaji M. R., "Fair Measures: A Behavioral Realist Revision of Affirmative Action," *California Law Review* 94（2006）：1063.

[2] Rhoads R. A., Saenz V., Carducci R., "Higher Education Reform as a Social Movement: The Case of Affirmative Action," *Review of Higher Education* 28（2005）：191.

在这一阶段，联邦巡回上诉法院在审理涉及基础教育的案件时，关注到了多元化理念对教育领域中打破种族隔离制度、促进种族融合的法理价值。在"亨特案"① 中，加州大学洛杉矶分校的教育与信息研究生院在学校的附属小学中开展教育研究，通过确定在多元文化和城市社区背景中促进儿童教育和社会发展所面临的关键问题，开展科学研究，依据研究结论制定教育措施，促进教育创新。为了创建必要的研究实验环境，模拟加州城市中公立学校学生群体种族多元化，学校在入学程序中考虑了种族因素，也因此引发了诉讼。第九巡回上诉法院认为，附属小学是一所研究导向型的学校，旨在发展有效的教育技术并在城市中的公立学校加以推广利用，该研究也是一项使全州公立学校中所有学生都能够受益的项目。因此，法院判决加州为种族构成多元化的公立学校中的学生群体提供有效教育，是一项迫切利益。在"艾森伯格"② 案中，马里兰州的蒙哥马利学区主动采取措施推进种族融合，在考虑学生转学申请时会权衡学生的种族身份对转出学校和转入学校种族多元化的影响。第四巡回上诉法院在审理时，将"避免种族孤立"的利益等同于"种族多元化"的利益，但是绕开了促进种族多元化是否构成一项迫切利益的关键问题，而直接审查转学政策在考虑种族因素时是否做到紧密缩限。

相比之下，第二巡回上诉法院在"布鲁尔案"③ 中的态度则更为明确。在该案中，纽约州实施了一项在城市和郊区之间跨学区转学计划，旨在通过主动废除种族隔离，消除学区之间少数族裔学生的孤立现象。由于位于城市中的罗切斯特（Rochester）学区存在"事实上"的种族隔离，纽约州教育局在认识到这一问题后，在跨学区转学计划中对申请转入和转出该学区的学生的种族身份做出了规定。第二巡回上诉法院在审理时认为，种族孤立（racial isolation）是一种"事实上"的种族隔离，因此缓解种族孤立是一项迫切的政府利益。可以看出，即使缺乏联邦最高法院多数意见判决的指导，联邦法院仍然倾向于认可以多元化理念为基础，通过教育研究提

---

① *Hunter ex rel. Brandt v. Regents of University of California*, 190 F. 3d 1061（9th Cir. 1999）

② *Eisenberg v. Montgomery County Public Schools*, 197 F. 3d 123（4th Cir. 1999）

③ *Brewer v. West Irondequoit Central School District*, 212 F. 3d 738（2d Cir. 2000）

高教育质量，或者通过转学计划消除种族隔离的做法。也正是因为多元化理念对于美国社会未来发展的重要意义，所以卡斯特（K. Karst）才坚持认为"格鲁特案"重新确认鲍威尔的意见，代表了积极差别待遇"向前看"的复兴。①

第四节　司法审查介入后期（2003 年～2016 年）：明确迫切利益，强化紧密缩限

一　"格拉茨案"与"格鲁特案"：巩固并拓展学生群体多元化利益内涵

在"巴基案"25 年后，2003 年联邦最高法院再次就积极差别待遇录取政策相关案件做出判决。与"巴基案"中对戴维斯分校医学院配额制的具象否定和对积极差别待遇录取政策的抽象肯定不同，联邦最高法院在"格拉茨案"与"格鲁特案"两起案件中，分别做出了具象否定和具象肯定，不仅确立了学生群体多元化正是积极差别待遇录取政策旨在实现的迫切利益，也对公立大学应当如何制定和实施这样的录取政策做出了司法指导。

（一）"格拉茨案"

在 20 世纪 90 年代，密歇根大学本科录取办公室（Office of Undergraduate Admissions，OUA）负责本科录取事务，各学院录取工作人员依据本科录取办公室每年制定的录取指南做出录取决定。在诉讼时期，密歇根大学将黑人、拉美裔和印第安裔作为学校中"代表性不足的少数族裔"。在 1995 年和 1996 年，本科录取办公室在考虑申请人高中平均学分绩点的基础上，综合考虑一系列因素重新组成"第二类平均学分绩点"，这些因素包括申请人就读的高中学校及高中课程综合实力、申请人居住位置、校友关系，以及是否处于不寻常境况（unusual circumstances）。录取指南分别将申请人的

---

① Karst K. L. ，"The Revival of Forward – Looking Affirmative Action，" *Columbia Law Review* 104（2004）：60.

第二类平均学分绩点和学术能力评估测试（或美国学院考试）分数按照纵轴和横轴建表并划分多个单元格。每个单元格匹配了一个或者多个需要进行的录取程序，包括录取、拒绝录取、待补充材料延后录取、推迟有待再考虑等。1995 年，录取工作人员针对不同的申请人群体使用了四套表格，分别是：（1）居住于州内的非少数族裔申请人；（2）居住于州外的非少数族裔申请人；（3）居住于州内的少数族裔申请人；（4）居住于州外的少数族裔申请人。1996 年，录取工作人员仅区分居住于州内和州外的申请人的两套表格，但是每个单元格中对少数族裔和非少数族裔申请人都有不同的录取决定过程的记录。"格拉茨案"原告之一格拉茨（J. Gratz）在 1995 年申请文学、科学和艺术学院。作为密歇根州本州居民，依据格拉茨的第二类平均学分绩点和美国学院考试分数，她被置于"推迟做出最终决定"的单元格中，但是和她分数相同的少数族裔申请人无论是否居住在密歇根州，都被置于另外一张表格的"应当录取"单元格中。

1997 年，本科录取办公室调整了录取程序，在重新计算申请人的第二类平均学分绩点时，对"不寻常境况"因素予以补充。本科录取办公室规定，如果申请人是学校中代表性不足的少数族裔，或者处于社会经济弱势境况，或者曾经就读的高中学校是以代表性不足的少数族裔为主，或者在所申请的学院中是代表性不足的（如男生申请护理专业），那么申请人在第二类平均学分绩点中可获得加分。"格拉茨案"另一原告哈马切尔（P. Hamacher）在这一年申请文学、科学和艺术学院，同样是密歇根州居民，他的第二类平均学分绩点和美国学院考试分数所在单元格对应的是"推迟做出最终决定"，但在同样单元格中代表性不足的少数族裔申请人一般都会获得录取。

从 1998 年开始，本科录取办公室采取新的"选拔指数"（selection index），并分段设置录取程序及结果，分别是：100～150 分（录取）；95～99 分（录取或者推迟）；90～94 分（推迟或者录取）；75～89 分（延后或者推迟）；74 及以下（延后或者拒绝）。在换算申请人的选拔指数时，本科录取办公室主要依据高中平均学分绩点和学术能力评估测试（或美国学院考试）分数，还要考虑申请人就读的高中学校及高中课程综合实力、是否在州内居住、校友关系、个人申请短文、个人成就及领导力等因素。其中特别突出的一点是，如果申请人是学校中代表性不足的少数族裔，那么可以直接加 20 分。

本科录取办公室在 1995 年到 1998 年的申请指南中明确规定，应当尽快录取来自代表性不足的少数族裔并符合条件的申请人，因为学校认为较早发出录取通知能够提高他们到校注册入学的可能性。同时，密歇根大学针对特定群体的申请人采用"保护性名额"（protected seats），运动员、外国学生、后备军官训练团（Reserve Officers Training Corps）和代表性不足的少数族裔申请人都是符合这些名额要求的"受保护类别"。"入学工作小组"（Enrollment Working Group）负责预测学校在既定时间内收到该类申请人材料的数量，然后对其进行更为充分的考虑并做出决定。如果"保护性名额"在录取程序即将结束时仍然有空缺，那么剩余名额就用于录取其他符合条件的申请人，包括已经进入录取候补名单的申请人。

在实施"选拔指数"这一举措并对特定少数族裔申请人加分的同时，密歇根大学在 1999 年设立了录取审查委员会（Admissions Review Committee，ARC），对部分申请人进行额外的评价。根据新的机制，录取工作人员在自主权范围内如果能够确定某一申请人具备如下条件——（1）具备在密歇根大学获得成功的学业准备；（2）达到"选拔指数"最低要求；（3）具备能够对新生班级产生重要影响的素质或特征，例如高中成绩班级排名靠前、独特的生活经历、挑战、境况、兴趣或才华、社会经济弱势背景、具备代表性不足的种族身份或者居住位置，就可以"标记"其申请材料并提交给录取审查委员会。录取审查委员会在进一步审阅这些被标记的申请材料后，再决定是否录取该申请人。

格拉茨和哈马切尔在最终被密歇根大学本科拒绝录取后，于 1997 年在联邦地区法院提起诉讼，称文学、科学和艺术学院在录取程序中考虑种族因素的做法违反了 1964 年《民权法》第六章和"平等保护条款"。联邦地区法院判决，1999 年和 2000 年的录取程序采用加分方式，但因为并未对少数族裔申请人进行单独录取审核，因此不构成违法配额；但 1995 年到 1998 年的录取程序采用了名额保护或者名额预留的做法，因此构成违法配额。

联邦最高法院计划审理另一起涉及密歇根大学法学院录取程序的"格鲁特案",因此在联邦巡回上诉法院对"格拉茨案"尚未做出判决的情况下,直接签发调卷令审理此案。

联邦最高法院审理后认为,密歇根大学当时的本科录取政策对代表性不足的少数族裔申请人加分幅度已经达到了"选拔指数"录取线的五分之一,对于每一个符合最低条件的申请人而言,种族因素实际上形成了"决定性"的影响,不符合鲍威尔大法官在"巴基案"中提出的将种族作为附加因素的要求。因此,联邦最高法院判决,密歇根大学在追求源自学生群体多元化的教育利益时,未做到本科录取政策紧密缩限,因此违反"平等保护条款"和1964年《民权法》第六章。①

(二)"格鲁特案"

作为美国公立大学顶尖法学院之一,密歇根大学法学院希望能够录取"无论是个人还是整体上都最具优异能力的学生"。在院长莱曼(J. Lehman)的带领下,法学院提出要寻找和吸引那些"具备在法学院获得学业成功的潜在能力",并且"具备在法律职业谋求成功的强烈可能性和以多元化方式做出贡献"的学生。② 1992年,莱曼委托教师委员会主席伦珀特(R. Lempert)起草新的录取政策,遵循鲍威尔大法官在"巴基案"中的判决意见,构建"具有不同背景和经历,能够相互尊重和相互学习的学生群体",实现学生群体多元化目标。录取政策在强调学业能力的同时,也对申请人的才能、经历和"能够促进周围学生更好学习"的潜能进行灵活评价。根据这一要求,录取工作人员除了必须考虑申请人的法学院入学考试分数和本科平均学分绩点外,更要观察和发现其他对于实现法学院教育目标而言至关重要的能力素质,在审阅申请材料的基础上评估每一位申请人能否及如何促进法学院多元化。

因此,法学院在录取程序中综合考虑申请人的硬性条件和软性条件。

---

① *Gratz v. Bollinger*,539 U. S. 244(2003)
② *Grutter v. Bollinger*,539 U. S. 306(2003)

硬性条件主要是申请人本科成绩和标准化测试分数，目的是预测申请人能否达到法学院的学业要求。法学院将申请人的法学院入学考试分数和本科平均学分绩点分别按照横轴和纵轴组成网格矩阵，依据两者组合划分为若干个单元格，每一个单元格中不仅有申请人数量，也有法学院的录取数量。越是处于矩阵右上角单元格的申请人获得录取的概率就越大。但是，法学院并没有划分特定的单元格界限，没有要求一定拒绝在此之下的申请人，或者一定录取在此之上的申请人。软性条件则主要包括推荐人的热情程度、本科学校的质量、申请短文的质量、申请人居住地、领导力、工作经历、特殊才能或兴趣，以及本科课程集中领域的难易度等。法学院在考虑软性条件后仍然会录取硬性条件较弱的申请人。因为，第一，录取工作人员有充分理由认为标准化测试分数未能充分预测学生的学习能力；第二，申请人能够帮助法学院实现多元化目标，具备丰富教育过程的潜力。

在追求实现学生群体多元化目标时，法学院并没有将多元化限定为种族身份，也没有说明什么类型的多元化能够在录取程序中获得实质权重，而是认识到了"多元化录取政策的诸多可能性基础"。法学院的确在录取政策中明确表达了将致力于"一种特定类型的多元化"，那就是种族多元化，"特别是吸纳来自那些曾经在历史上遭遇歧视对待的群体，例如黑人、拉美裔和印第安裔"。① 法学院认为，如果不采取这样的录取政策和行动，他们很可能在学生群体中无法体现有意义的数字代表性。与此同时，法学院在录取程序中也没有隔离所有申请人之间的竞争，而是引导录取工作人员在做出决定时，考虑到每一位申请人对法学院多元化目标的独特和潜在贡献，构建学业优异并且具备多元化特征的新生班级。

尽管在录取程序中的确会考虑申请人的种族因素，但是法学院并没有为代表性不足的少数族裔保留录取名额。伦珀特称法学院所致力实现的多元化目的并非补救过往历史，而是作为一种手段吸纳具备不同视角的学生进入法学院。诉讼期间前后两位录取主任希尔兹（D. Shields）和芒泽尔（E. Munzel）表示，法学院并没有想要录取特定比例的代表性不足的少数族裔申请人，但

---

① *Grutter v. Bollinger*，539 U. S. 306（2003）

是的确会考虑他们的数量，尽力使他们达到"临界规模"（critical mass）。院长莱曼和录取主任芒泽尔都将"临界规模"解释为"让代表性不足的少数族裔拥有足够的数量，确保他们不会感到孤立，能够促进课堂对话，能够积极勇敢地在个人经历的基础上讨论问题"。① 芒泽尔特别指出，"临界规模"既不是固定的数量或者比例，也不是特定的数量或者比例的范围。

格鲁特（B. Grutter）在1996年申请密歇根大学法学院，以平均学分绩点3.8分和法学院入学考试161分进入录取候补名单，但最终被拒绝录取。她于1997年在联邦地区法院提起诉讼，称其被拒绝录取是因为法学院将种族作为"主导"（predominant）因素，给予特定少数族裔申请人"明显更大的录取机会"，此举违反了"平等保护条款"和1964年《民权法》第六章。联邦地区法院认为"巴基案"并未认可学生群体多元化的利益是一项迫切利益，也不是对过往歧视的补救，判决法学院的录取政策违法。联邦巡回上诉法院认为，鲍威尔在"巴基案"中的判决意见是有约束力的先例，确立了学生群体多元化作为一项迫切州利益的原则。同时，上诉法院认为种族仅是"潜在的附加因素"，符合紧密缩限的要求，进而推翻了地区法院的判决。联邦最高法院在审理中第一次明确支持鲍威尔在"巴基案"中的观点，即学生群体多元化在大学录取的背景之下的确是一项迫切的州利益。在适用严格审查标准的过程中，联邦最高法院认为法学院的录取政策的确符合紧密缩限的特征要求。同时，联邦最高法院明确指出，"平等保护条款"并不禁止法学院在录取决定中考虑种族因素。最终，联邦最高法院维持上诉法院判决。②

（三）拓展学生群体多元化教育利益的内涵

1. 教育利益面向群体从白人学生扩大到所有学生

鲍威尔以学生群体多元化目标支持积极差别待遇录取政策，但他更强调白人学生能够从多元化形成的教育利益中有所收获。他认为，大学实现

---

① *Grutter v. Bollinger*，539 U. S. 306（2003）

② *Grutter v. Bollinger*，539 U. S. 306（2003）

学生群体多元化目标能够创造一种有利于思考、试验和创新的氛围，这对于提高高等教育质量而言至关重要。在现实社会中，医生要为不同种族群体提供医疗帮助与服务，最大程度接近真实执业状况的教育环境能够提高学生培养质量。少数族裔学生能够为当时学生群体同质化的医学院带来白人学生所不具备的"某种东西"①，丰富学生培养与训练所需的教育环境。鲍威尔认为，少数族裔自身具备特定经历与背景，无论在种族、地理、文化因素方面存在何种不同，也无论这种不同是否具有孰优孰劣的特征，他们给医学院带来的经验、视角和理念都能够丰富学生培养内涵，让学生更好地理解致力于全人类医疗服务的工作的重要性。尽管在实现学生群体多元化目标的过程中的确能够增加少数族裔入学机会，但是鲍威尔在判决意见中的阐述仍然更多关注少数族裔在提升白人学生教育质量中所发挥的"工具性价值"②。

奥康纳在"格鲁特案"中开宗明义地指出，学生群体多元化所形成的教育利益应当面向所有种族的学生。她援引"布朗I案"，强调教育是培养良好公民的基础。因此，公立大学无论是传播学术知识还是提供学习机会，必须面向所有个人。她认为，应当确保公立大学面向美国社会所有阶层和所有种族的群体开放，这代表了一项高于一切的政府目标。奥康纳进一步指出，这种开放性在高等教育情境中更为重要。在她看来，如果要实现国家融合不可分割的梦想，那么所有种族群体有效参与国家公民生活至为关键。奥康纳将法学院比喻为培养国家未来领导者的"训练场"，她认为接受法律教育及之后从事法律职业的机会必须面向每个种族中富有才华且符合条件的个人，这样社会中的所有人才才能进入这些教育机构，学习并掌握获得成功所需的知识与技能。与鲍威尔的观点相同，奥康纳也认为如果法学院脱离法律在现实中与之互动的个人与组织，那么它将无法提供有效的法律教育。更为重要的是，她认识到必须让每个种族都能看到这条通往成为未来领导者的道路并有机会投身其中，才能让社会所有成员对教育机构的开放性和公正性保持信心。

---

① Killenbeck A. M., "Bakke, with Teeth: The Implications of Grutter v. Bollinger in an Outcomes – Based World," *Journal of College and University Law* 36 (2009): 1.

② Blasi V., "Bakke as Precedent: Does Mr. Justice Powell Have a Theory?" *California Law Review* 67 (1979): 21.

2. 教育利益形成机制从偶发随机转化为有意设计

鲍威尔在提出学生群体多元化形成教育利益时，并没有具体解释这种教育利益是如何形成的。他在判决意见中认为学生群体多元化有利于大学创建益于思考、试验和创新的氛围，这是采纳了时任普林斯顿大学校长鲍恩的观点。但是在缺乏实证研究支持的情况下，鲍恩当时认为学生群体多元化所带来的教育利益产生于学生在非正式场合的互动中，并且是不可预知的。在他看来，在学生群体多元化情境中的学习收获是学生在"偶然随意的接触中"发生的。这种接触互动可以发生在不同性别的学生之间，体现在不同种族、宗教和家庭背景的学生之间，成长于城市和农村的学生之间，来自不同州和国家的学生之间，甚至是具有不同兴趣爱好、才华能力、观点视野的学生之间。尽管鲍恩坚信即使是最聪明的学生如果身处同质化的学生群体中也只能所学甚少，但是他当时认为很难预知在学生群体多元化情境中的学习什么时候会发生、如何发生，甚至是否真正发生。① 可以看出，鲍威尔对学生群体多元化的主张采纳了高等教育管理者主观的教育理念和价值判断，但是教育利益的形成机制尚无客观证据支持。

随着实证研究结论成为庭审证据，奥康纳认为学生群体多元化带来的教育利益不仅是真实的，而且其形成机制是可设计、可安排的。高等教育学界对学生群体多元化问题的研究随着诉讼争议的持续发酵而不断深入。阿斯廷（A. Astin）在 1993 年首次以实证研究为基础阐述校园多元化政策对学生认知和情感发展的积极影响。② 之后，有学者相继就教育利益的形成机制、效果体现和制度设计等问题开展了实证研究，研究结论甚至在"格鲁特案"中成为庭审证据。③

① Bowen W. G. ，"Admissions and the Relevance of Race，" *Educational Record* 58 （1977）：333.

② Astin A. W. ，"Diversity and Multiculturalism on the Campus：How Are Students Affected？，" *Change：The Magazine of Higher Learning* 25 （1993）：44.

③ 可参见：Gurin P. ，Dey E. ，Hurtado S. ，et al. ，"Diversity and Higher Education：Theory and Impact on Educational Outcomes，" *Harvard Educational Review* 72 （2002）：330；Orfield G. ，Whitla D. ，"Diversity and Legal Education：Student Experiences in Leading Law Schools，" in Orfield G，eds. ，*Diversity Challenged：Evidence on the Impact of Affirmative Action* （Cambridge：Harvard Education Publishing Group，2001），p. 143；Whitla D. K. ，Orfield G. ，Silen W. ，et al. ，"Educational Benefits of Diversity in Medical School：A Survey of Students，" *Academic Medicine* 78 （2003）：460。

奥康纳在"格鲁特案"中明确提出,学生群体多元化所形成的教育利益必须是"非假定""实质""真实"的。她认为,这一教育利益之所以重要并且值得肯定,是因为当学生群体的成员最大限度地来自不同背景时,课堂讨论会更具活力、更加生动、更富启发性和趣味性。相比鲍威尔,她在实证研究的基础上判断,可以通过有目的、有意识的设计安排形成这种教育利益。

3. 教育利益影响场域从高等教育外延到国家社会

鲍威尔将学生群体多元化目标置于学术自由受宪法保障这一法理基础之上,所以在他的解释中教育利益的影响场域仍以学校为中心。从判决意见的论理措辞与逻辑来看,鲍威尔将"多元化"概念内化为高等教育过程自身的一种价值本质①,认为学生群体多元化对于提高高等教育质量至关重要。虽然鲍威尔也表示国家未来发展取决于让学生能够广泛接触不同理念,让他们能够在众多言辞观点中探寻真理,而非依赖任何一种命令式的权威理念,同时也认为少数族裔进入医学院学习能够丰富学生内涵,让学生更好地理解为全人类提供医疗服务的重要性;但他的出发点和落脚点仍然是学术自由和教育质量,并没有进一步拓展教育利益在教育之外的影响场域。

奥康纳则进一步将教育利益的影响场域外延至国家社会。奥康纳指出,教育在维持社会结构中发挥根本作用,并且是传承政治与文化遗产的关键,因此让学生通过教育做好进入职场和成为公民的准备就具有高于一切的重要性。在她看来,学生群体多元化不仅可以提升学习效果,而且能够让学生为今后面对多元化的劳动人口、社会及法律职业做好准备。除了学者的实证研究结论,奥康纳还采纳了商业和军界领导者的证词,认为学生群体多元化带来的教育利益并不局限于高等教育本身,并进一步将其置于整个美国社会乃至全球背景下进行审视。例如,她认为只有让学生与广泛多元的人群、文化、理念和观点进行接触,才能培养他们具备应对今天这个日益全球化的市场所需要的技能。

---

① Post R. C. , "Fashioning the Legal Constitution: Culture, Courts, and Law," *Harvard Law Review* 117 (2003): 4.

（四）明确紧密缩限基本原则

在"巴顿案"①中，联邦最高法院在判决书中有过这样的表述："当一（规则所在的）领域如此密切地触及我们最为宝贵的（表达）自由的领域，必须以规则的准确性（precision）作为试金石。"而严格审查标准对紧密缩限提出的要求，正是用于检验规则的准确性，确保政府行为与所主张的目标之间的契合程度"在可行的范围之内尽可能完美"。②因此，法院以紧密缩限要求审查积极差别待遇录取政策，从"怀疑论"的角度来看是"查出"州是否在主张实现一项迫切利益的背后隐藏了恶意目的，从"平衡论"的角度来看是对宪法上允许的积极差别待遇政策做出实质性约束。

1. 完全竞争原则

公立大学在早期实施积极差别待遇录取政策时，为了增加少数族裔学生录取数量，往往采用"单独审核、单独录取、单独标准"的方式降低录取要求和竞争程度。例如，在"德福尼斯案"中，华盛顿大学法学院指定录取委员会中的成员专门审阅少数族裔申请人的材料；在"巴基案"中，加州大学医学院制订了一个与常规录取计划同步实施的特别录取计划，并且为特定少数族裔保留了固定录取名额；在"霍普伍德案"中，得克萨斯大学法学院对特定少数族裔申请人使用较低的录取标准。

采取这一方式的主要原因是，符合基本录取资格的少数族裔学生人数不足。以 20 世纪 70 年代的医学院为例，斯利思（B. Sleeth）等人在研究中发现，造成美国医学院中黑人学生代表性不足的直接原因是符合录取资格的黑人学生规模太小。他们认为，背后深层原因是黑人学生在本科教育阶段选修的医学预科课程不足。所以，要改善这个问题，在本科阶段就要针对黑人学生制订补习教育计划。③如果保持单一录取标准，公立大学很难有

---

① *NAACP v. Button*，371 U. S. 415（1963）

② Ely J. H.，"The Wages of Crying Wolf: A Comment on Roe v. Wade," *Yale Law Journal* 82（1973）: 920.

③ Sleeth B. C.，Mishell R. I.，"Black Under-representation in United States Medical Schools," *New England Journal of Medicine* 297（1977）: 1146.

效扩大少数族裔学生规模。"巴基案"中的医学院在最初实施单一录取标准的两年中，每年50名入学新生中仅有2名黑人学生和1名墨西哥裔学生。正因为单一录取标准很可能无法解决少数族裔学生代表性不足的问题，所以医学院才考虑实施特别录取计划。

但是，在司法实践中，除少数情况外（例如"帕拉迪斯案"中的强制配额和"富利洛夫案"中的10%条款），联邦最高法院并不支持以种族配额的方式实施积极差别待遇政策。鲍威尔在"巴基案"中就指出，对于巴基这样的申请人来说，无论他们在资格条件、成绩分数、课外活动中表现多么优秀，甚至他们自身也有对教育多元化做出贡献的潜力，他们都没有机会与少数族裔申请人竞争那些专门保留的特别录取名额。在高等教育情景中，完全竞争原则要求所有的申请人都能够公平竞争所有公开的录取名额，由同一个录取委员会依据同一标准审阅申请材料。这一原则所体现的理念是，不应当使获得录取机会的少数族裔学生因种族身份从中"不当受益"，而应当使获得录取机会的白人学生不被阻止或束缚而公平竞争并合理受益。

2. 全面评价原则

依据全面评价原则，录取工作人员在审核每一份申请材料时，应当灵活地考虑种族因素，而不是机械僵硬地对种族因素赋予过多权重，甚至让其成为决定性因素。录取工作人员在对申请人进行比较的时候，应考察申请人对促进多元化的潜在贡献。例如，一名黑人申请人和一名意大利裔申请人之间，如果后者展现出来的特质更能够提升令所有学生受益的教育多元主义价值，那么应该考虑录取后者。在"格拉茨案"中，密歇根大学本科录取办公室对每一名代表性不足的少数族裔学生自动加20分，这一分数甚至达到了确保录取分数线的五分之一。这意味着，本科录取办公室对每一位申请人的审核仅仅是事实确认，即确定申请人是否为特定少数族裔群体的成员。依据这种自动加分机制，只要是来自代表性不足的少数族裔群体，每一位符合最低要求的申请人都能够以种族因素作为是否获得录取机会的决定性因素（75分为"延后或推迟录取"，95分是"录取或推迟录取"）。同时，按照其他加分要求，即使申请人具备非凡的艺术才华，最多也只能获得5分加分。这表明，本科录取办公室在录取程序中并没有考虑申请人之间不同的背景、经历和特质是否及如何对学校带来多元化价值，因此联邦最高法院判定这样的录取程序实际上产生了与种族配额制同样的结果。

鲍威尔曾经在"巴基案"中指出，医学院剥夺了巴基在不涉及种族因素情况下接受个人化（individualized）评价的权利，这是特别录取计划的"主要罪状"。他认为，录取政策应当保持足够的灵活性，可以参照每一位申请人独特的素质条件，考虑所有与多元化相关的因素，并且将这些因素置于相同的基础上进行考虑，即使每个因素在评价过程中没有被赋予相同的权重，也是可行的。在"格鲁特案"中，联邦最高法院指出，积极差别待遇录取政策是否使用种族配额，并不是检验其是否对申请人进行个人化评价的唯一标准。如果在录取中将种族视作附加因素，那么录取程序必须保持足够的灵活性，确保将每一位申请人视作单一的个人进行评价，而非用申请人的种族身份来决定申请材料的主要特征。因此，个人化评价的重要性在积极差别待遇录取政策的实施过程中是高于一切的。奥康纳认为，密歇根大学法学院的确对每一位申请人的材料都进行了高度个人化的评价，认真考虑每一位申请人可能对多元化教育环境做出的贡献。而且，法学院不局限于代表性不足的少数族裔学生，对所有种族的学生都给予了个人化的评价。所以，与本科录取办公室的录取政策不同，法学院没有基于任何单一的因素就自动录取或淘汰某一申请人。

同时，法学院充分确保在录取程序中仔细考虑包括种族因素在内的所有可能促进学生群体多元化的因素，并没有因为种族因素降低录取要求，所以所有获得录取机会的代表性不足的少数族裔申请人都是合格的。在认可少数族裔申请人个人成长与发展经历重要性的同时，法学院也没有以任何方式限制考虑那些可能被视作对学生群体多元化能够发挥有益作用的素质与经历。在法学院看来，曾经在国外生活或者旅行、熟练掌握几种语言、克服了个人逆境和家庭苦难、投身致力于社区服务、在法律之外的领域中有过成功的职业经验，这些都是多元化录取政策所看重的基础。法学院也会根据每一位申请人与众不同的智力成就、工作经验、非学业表现或者个人背景等，认真考虑他们的优势、成就和性格能否促进学生群体多元化。

通过提交个人陈述、推荐信及一篇描述自己在学习和生活中如何促进法学院多元化的短文，所有的申请人都有机会展现他们促进多元化的潜在贡献。联邦最高法院也发现，法学院经常在拒绝那些来自代表性不足的少数族裔申请人的同时，录取那些学业成绩和测试分数都更低的非少数族裔学生。这表明，法学院的确在种族因素之外认真考虑那些让非少数族裔申请人与众不同的因素。最终，联邦最高法院判定法学院的确给予每一位申请人"个人化的全面评价"（individualized holistic review）。在"费希尔案"中，联邦最高法院认为得克萨斯大学在对申请人进行全面评价的时候，是将种族作为"一项因素中子因素的次因素"，同样予以支持。

3. 替代方案原则

联邦最高法院的一贯立场是，在诉诸考虑种族因素的措施之前，应当考虑种族中立的替代方案。布伦南在"帕拉迪斯案"中就认为，在决定考虑种族因素的补救措施是否合适时，考量因素之一是救济的必要性和替代方案的有效性。在宪法上，种族中立替代方案是更为理想的选择，符合平等保护原则。政府考虑种族因素对个人给予不平等对待时，就会对未受优待的群体成员造成损害。所以，替代方案原则正是要审视是否存在不用考虑种族因素同样也能实现政府所主张的迫切利益的措施。

奥康纳在"格鲁特案"中指出，密歇根大学法学院认为多元化对于实现学院的教育使命而言至关重要，大法官们对此教育判断应当予以遵从。由于她在对法学院的积极差别待遇录取政策适用严格审查时出于学术遵从的原则采取了相对温和的态度，所以采信了法学院认为不存在可行性的种族中立替代方案的证词，认为严格审查仅要求学校秉持善良信念对种族中立的录取政策予以认真"考虑"即可。在"巴基案"中，鲍威尔也认为，如果一所大学公开宣称其采用了表面上非歧视性的录取政策，法院不会推定其实施该政策的做法是配额制度的幌子。简言之，在没有证据表明相反结果的时候，法院推定大学秉持善良信念。

但是，奥康纳的温和态度仅仅因为对大学的学术遵从，她对政府实施的种族分类保持着高度怀疑的保守态度。她在"都市广播公司案"的反对意见中对所谓"善意的种族分类"予以反驳。她认为，善意的种族分类在语义上存在矛盾。政府以种族为基础对公民进行区分，即使在联邦最高法院允许的少数情况中，也会造成重大危险。对于因为种族因素被拒绝给予机会或者无法享有权利的个人而言，这样的分类难以说是善意的。获得法律平等保护的权利是一项个人权利，是保障每一个人免于仅仅因为特定种族群体的成员身份而受到不同对待。她认为，联邦最高法院过于强调善意的种族分类，言下之意是有能力将使用种族标准的政府行为区分出好与坏。但是，善意本身并没有独立含义，反映的只是当代人的一种结论，即基于种族因素对特定公民苛以政治上可接受的负担是一种合理行为。

肯尼迪对奥康纳的温和态度表示反对，在"格鲁特案"中就针对学术遵从这一问题提出了反对意见。肯尼迪在执笔"费希尔案"判决书时进一步指出，严格审查不应是"理论上严格，但事实上软弱"，主张虽然法院尊重大学追求多元化的选择，但是"对这一学术判断应当给予适当，而非完全的遵从"。所以他强调，大学在做出这一选择时必须给出"有理由、有原则的解释"，并"证明在其诉诸种族分类之前，可用并且可行的种族替代方案均不足以（实现目标）"。尽管肯尼迪赞同奥康纳提出的"并不要求穷尽每一种可能想到的种族中立替代方案"观点，但是他强调，对于大学是否秉持善良信念认真地考虑可行的种族中立替代方案，联邦最高法院不应给予任何遵从，而应进行谨慎审查。"费希尔案"在替代方案原则这一问题上提高了紧密缩限的要求，这是它与"格鲁特案"最明显的不同。

在"费希尔案"中，得克萨斯大学曾因"霍普伍德案"的判决停止实施积极差别待遇录取政策，但针对少数族裔学生申请和录取数量急剧减少的现象，得克萨斯大学采取了一系列种族中立措施，包括设置专门针对少数族裔学生的奖学金计划，在少数族裔聚居的城市区域设立新的录取服务中心，增加 50 万美元招生预算，组织了超过 1000 场次的招生活动，但是这些努力都未能有效改善少数族裔学生入学情况。得克萨斯大学甚至调整录取考虑因素的权重，增加对申请人社会经济地位及其他相关因素的考虑，但是效果仍然不佳。即使依据该州法律实行"比例计划"后少数族裔入学人数有所增加，学生群体多元化不足的情况也未得到有效改善。学校在调查与访谈中发现，少数族裔学生普遍使用"孤独和隔离"形容自己对校园氛围的感受。正因如此，肯尼迪认为，得克萨斯大学并没有"可用并且可行"的种族中立替代方案来实现学生群体多元化目标。①

4. 非过度负担原则

为了补救过往歧视的影响有必要考虑种族因素，而在消除种族歧视影响的过程中可能也需要无辜个人承担部分因补救措施施加的负担，但是这种负担应当遵循非过度原则。非过度负担原则，是要证明公立大学在实施积极差别待遇录取政策时，没有对任何未因种族身份受到"附加"考虑的学生表示任何敌意。在"弗兰克斯案"②中，联邦最高法院指出，在实施一项适当缩限的补救措施来解决过往歧视造成的影响时，无辜一方共同承受负担的做法是被允许的。联邦最高法院要求，不能由少数明确的白人承担实施积极差别待遇录取政策所造成的代价和负担，特别是他们原本对公平竞争利益机会保持正当期望。鲍威尔在"巴基案"中提出，即使是政府在补救行动中考虑种族因素，也要接受持续监督以确保尽可能地把对同样竞争该利益机会的无辜个人造成的伤害降到最低。

奥康纳在"维根特案"中从无辜个人承受负担的角度讨论了优先雇佣和优先解雇的差异。在涉及雇佣目标的案件中，无辜个人承受的负担在相当程度的范围之内"稀释"到了整个社会。尽管雇佣目标很可能会对一些无辜个人造成负担，但是该负担带来的损害远不及解雇——拒绝提供雇佣机会和失去现有工作——带来的损害大，后者会造成更大的侵犯式损害。换言之，优先雇佣造成的是扩散式负担，取消了无辜个人可能获得的多个机会之一，但是优先解雇则是将实现种族平等的负担完全施加在特定个人之上，对其生活造成严重干扰。

在"格鲁特案"中，奥康纳赞同鲍威尔的观点，即"优待这一理念本身就存在与正义相关的严重问题"。她主张，紧密缩限要求积极差别待遇录取政策不得对任何种族群体的成员造成过度伤害，换言之，不能对受益种族群体成员之外的个人造成过度负担。由于法学院对申请人进行"个人化

---

① 申素平、王俊：《美国公立高校积极差别待遇录取政策司法审查的新动向——以"费希尔案"为基础的考察》，《高等教育研究》2017 年第 2 期，第 95 页。

② *Franks v. Bowman Transportation Co.*, 424 U. S. 747 (1976)

的全面评价"，考虑所有与多元化相关的因素，并且也的确选拔了那些相比来自代表性不足的少数族裔申请人具备更大潜力的能够提升学生群体多元化的非少数族裔申请人。所以，非过度负担的先决条件仍然是在个人化评价中将种族作为附加因素。在这种情况下，申请人在竞争入学名额时没有因为自己"肤色不对或者姓氏错误"就被排除，他所具备的素质条件也以公平和竞争的方式得到考量，如此他就没有基础依据"平等保护条款"抱怨自己没有获得平等对待。所以，奥康纳认为，法学院即使在录取政策中考虑了种族因素，也并没有对非少数族裔申请人造成过度伤害。

5. 时效有限原则

当积极差别待遇录取政策以补救性理念为基础时，必须存在终止实施的逻辑终点。这不仅是国际上对该类政策的共同理解，也是联邦最高法院允许其在宪法规制范围内适度偏离平等保护原则，实现实质平等的前提。例如，联合国《消除一切形式种族歧视公约》（1965 年）第二条指出，"缔约国应于情况需要时在社会、经济、文化及其他方面，采取特别具体措施确保属于该国的若干种族团体或个人获得充分发展与保护，……此等措施于所定目的达成后，绝不得产生在不同种族团体间保持不平等或个别行使权利的后果"[1]。

布莱克门大法官在"巴基案"的个人意见中表示，"我个人最殷切的希望是，有一天积极差别待遇不再必要，而且真正成为过往历史的遗留物"[2]。尽管布莱克门期望美国最多在十年之内就可以前进到这一阶段，不过一想到四分之一世纪之前的"布朗案"，他就感叹这一希望是渺茫的。但是布莱克门指出，在经历了一个"过渡性不平等"（transitional inequality）历程之后，美国社会必将迈进到一个成熟的阶段，届时将不再需要积极差别待遇。奥康纳在"格鲁特案"中表示，"我们期望在 25 年后，将不再需要使用种族优待来促进今天所认可的利益"[3]。

---

① 联合国人权事务高级专员办事处，1965，《消除一切形式种族歧视公约》，https：//www. ohchr. org/CH/Issues/Documents/core_instruments/ICERD. pdf，最后访问日期：2020 年 6 月 6 日。

② *Grutter v. Bollinger*，539 U. S. 306（2003）

③ *Regents of the University of California v. Bakke*，438 U. S. 265（1978）

奥康纳援引"帕尔莫尔案",指出"第十四修正案的核心目的是要消除所有由政府基于种族因素施加的歧视"。① 她认为,积极差别待遇录取政策必须在时间上有所限制。这一要求所反映的理念,是无论使用种族分类促进多么迫切的目标,种族分类都具有潜在危险性,可能被用于超出实现利益所要求的范围。奥康纳认为,如果为种族优待铭刻一项永久化的辩护理由,将会触犯基本的平等保护原则。所以,就政府使用种族因素实施的所有行为必须有一个逻辑终点的要求而言,积极差别待遇录取政策也应遵循。奥康纳进一步指出,高等教育情景要满足这一时间限制要求,可以在制定积极差别待遇录取政策的时候就列入"日落条款"(sunset provision),并且开展周期性评价以确定为了实现学生群体多元化是否有必要继续使用种族优待。

公立大学实现学生群体多元化目标,是为了提高高等教育质量。与补救过往歧视的现有影响不同,以实现学生群体多元化目标来提高高等教育质量是长久议题。多元化理念可以延长这一逻辑终点,甚至可以就是否存在逻辑终点进行再讨论。应当指出的是,从补救性理念到多元化理念的逻辑迁移并不意味着两者是非此即彼的关系,正如波斯特(R. Post)所言,学生群体多元化目标本身就含有一种"准补救"(quasi – remedial)的理论价值。② 在少数族裔学业成就随着基础教育和中等教育机会增多和质量改善而逐步提高的情况下,公立大学可以在学生达到基本入学标准的情况下,无须降低录取标准就可以实现学生群体多元化目标。也如内桑森(N. Nathanson)所言,积极差别待遇录取政策的辩护理由,恰恰在于政策发挥作用,使得未来不再需要任何形式的种族优待。③ 只要积极差别待遇录取政策符合紧密缩限,并且政策实施严格契合其办学使命,那么公立大学理论上可以选择长期实施该录取政策。

---

① *Grutter v. Bollinger*, 539 U. S. 306 (2003)

② Post R. C. , "Fashioning the Legal Constitution: Culture, Courts, and Law," *Harvard Law Review* 117 (2003): 4.

③ Nathanson N. L. , Bartnik C. J. , "The Constitutionality of Preferential Treatment for Minority Applicants to Professional Schools," *Chicago Bar Record* 58 (1977): 282.

二　"费希尔案"：进一步规制实现学生群体多元化的手段

联邦最高法院在"格鲁特案"中的判决意见，使得公立大学在实施积极差别待遇录取政策时，抛弃了补救历史歧视的传统思维，转而将学生群体多元化作为录取政策的理由与目标。司法系统由此在该问题上达成共识，公立大学在很长一段时期内获得了充分的法律依据。不过，正如德沃金所言，"不幸的是，仍然毒化着美国的最恶劣的陈规陋习、怀疑、担心和仇恨，仍然是与肤色而不是阶层或文化联系在一起"。[①] 作为保守主义与自由主义重要的斗争场域之一，积极差别待遇录取政策的合法性仍然要面对随时而来的司法挑战。

1996 年的"霍普伍德案"导致第五巡回上诉法院司法管辖区内的公立大学停止实施积极差别待遇录取政策，包括得克萨斯州、路易斯安那州和密西西比州。随后，得克萨斯州几所主要公立大学的少数族裔入学人数出现明显下滑。为应对这一情况，得克萨斯州立法机构在 1997 年 5 月通过了 H. B. 588 法律，即"前 10% 法律"（Top Ten Percent Law），规定"如果该州公立或私立高中的申请人在提出入学申请之前两年内毕业，并且平均学分绩点达到所在高中毕业班级的前 10%，那么每一所提供普通学术教育的学校将录取该申请人成为本科生"。换言之，州公立大学系统中所有提供本科教育的学校将自动录取所有平均学分绩点排名进入所在高中毕业班级前 10% 的学生。同时，"前 10% 法律"规定，"学校依据本法录取申请人后，将审核申请人的学业记录以及学校认为适当的任何其他因素，以决定是否要求申请人针对本科阶段的学业做出额外准备，或者决定是否将申请人纳入一项在学保留项目以从中受益"。[②]

同时，得克萨斯大学在"霍普伍德案"之后开始实施新的本科录取政策，以申请人的"学业指数"（Academic Index，AI）和"个人成就指数"

---

① 〔美〕罗纳德·德沃金：《至上的美德：平等的理论与实践》，冯克利译，江苏人民出版社，2008，第 430 页。

② Holley D., Spencer D., "The Texas Ten Percent Plan," *Harvard Civil Rights – Civil Liberties Law Review* 34（1999）：245.

（Personal Achievement Index，PAI）为基础。学业指数是根据申请人的学术能力评估测试分数和高中学业表现组合计算得出。个人成就指数则是对申请材料的综合评价分数，评价因素包括申请人的短文、领导才能、工作经验、课外活动、社区服务，以及其他能够让录取委员会深入考察学生的背景特征。录取办公室在计算申请人的学业指数或者个人成就指数时，都不考虑种族因素。根据得克萨斯州立法机构的要求，学校从 1998 年开始实施"前 10% 法律"。从这时起，得克萨斯大学的录取政策实际包含了两个组成部分。学校首先根据该法律规定，自动录取符合前 10% 要求的申请人，然后采取综合考察学业指数和个人成就指数分数的方式，对未进入前 10% 的申请人进行录取，直到完成所有的录取名额。后来，"格鲁特案"允许公立大学在录取政策中考虑申请人的种族背景，间接推翻了"霍普伍德案"的判决。随后，得克萨斯大学经过为期一年的调查研究发现，当时的本科录取政策不能"为全校本科生带来源自学生群体多元化的教育利益"。为此，得克萨斯大学在 2004 年向董事会提交了一份关于在录取中恢复考虑申请人种族因素的提议，并获得批准。

从 2004 年开始，得克萨斯大学的本科录取政策实际包含了两个部分：根据州立法推行的"比例计划"和依据"格鲁特案"原则将种族作为附加考虑因素的"全面评价"。随着符合前 10% 要求的申请人越来越多，州立法机构不得不修订法律将这部分录取名额所占比例固定在 75% 以内。尽管法律名称未变，但随着申请人数的增加，申请人需要达到毕业班级的前 7%～8% 才能获得自动录取。对于剩余 25% 的录取名额，得克萨斯大学仍然沿用之前的依据学业指数和个人成就指数进行录取的方式，但"全面评价"的不同之处是将种族纳入个人成就指数的次级赋权因素。这时，个人成就指数由两个部分的评价分数组成。第一部分是审阅人在对申请人按要求提交的两篇短文进行评价后给出的平均分数；第二部分则是由另外一位审阅人在对申请人的全部材料进行评价后给出的分数，即"个人成就分数"（Personal Achievement Score，PAS）。审阅人在决定个人成就分数的时候，需要首先重新审阅两篇短文，然后对申请人提交的任何补充信息进行评估（包括推荐信、个人简历、一篇额外的选择性短文、写作样稿、艺术作品等），最后评估申请人的特质才能对校园学生群体的潜在贡献，考虑的因素包括申请人的领导才能、课外活动、获奖荣誉、社区服务，以及其他的"特殊境况"（special circumstances）。在这里，特殊境况包括了申请人家庭的社会经济地位、申请人学校的社会经济地位、申请人家庭承担的责任、申请人是否生活在单亲家庭、申请人个人学术能力评估测试或美国学院考试分数与所在学校整体分数的比较、申请人家庭所说的语言，以及申请人的种族。

原告学生费希尔（A. Fisher）在 2008 年提出入学申请，因未达到前 10% 要求，得克萨斯大学按照"全面评价"程序对其进行评价，并最终拒绝录取。她随后提起诉讼，称得克萨斯大学在录取程序中考虑种族因素的做法违反了"平等保护条款"。地区法院判决得克萨斯大学胜诉。第五巡回上诉法院认为，无论是学校如何界定学生群体多元化的迫切利益，还是学校如何实施紧密缩限的录取程序来实现这一目标，"格鲁特案"都要求法院对大学做出"实质性遵从"（substantial deference），因此最终维持地区法院判决。但是联邦最高法院经审理后认为，上诉法院给予得克萨斯大学过多的司法遵从，并未依照严格审查标准要求学校承担相应的举证责任，因此撤销判决发回重审。[①] 之后，上诉法院据此重审案件，采用严格审查标准重新审查学校的本科录取政策，仍然维持地区法院判决。最终，联邦最高法院在 2016 年判决，得克萨斯大学在本科录取中考虑种族因素的做法，依据"平等保护条款"是合法的。但是，相比"格鲁特案"不要求学校穷尽所有种族中立替代方案以实现教育利益的做法，联邦最高法院在该案中要求学校只能在可用并且可行的替代方案不能实现目标的情况下才能考虑种族因素。两案之间的明显不同正是"费希尔案"在替代方案原则这一问题上提高了紧密缩限的要求。[②]

"费希尔案"继续确认了积极差别待遇录取政策的合法地位，但是在公立大学寻找替代方案的问题上提出更高要求，进一步规制了学校实现学生群体多元化的手段。作为联邦最高法院在近些年审理的最后一起相关案件，

---

① *Fisher v. University of Texas*，570 U. S. 297（2013）
② *Fisher v. University of Texas*，579 U. S. _（2016）

"费希尔案"延续了"格鲁特案"的基本审查原则，在之后针对北卡罗来纳大学和哈佛大学积极差别待遇录取政策的诉讼中，这些原则成为地区法院形成判决推论的主要依据。从"德福尼斯案"到"费希尔案"，联邦最高法院在长达四十余年的司法审查道路上，不断厘清对积极差别待遇录取政策进行司法审查的标准和要件，也为洞察变迁背后的深层逻辑提供了基础。

第四章　积极差别待遇录取政策司法审查的变迁逻辑

第一节　审查标准：从中度审查标准升至严格审查标准

在美国高等教育的诸多问题中，种族问题一向是个最情绪化、最有分裂性的问题。① 作为联邦最高法院审理积极差别待遇录取政策的第一案，"巴基案"对这一问题的分析框架应当适用中度审查标准还是严格审查标准并没有达成多数意见。除了保守派大法官认为积极差别待遇录取政策当然违法之外，持支持态度的四位自由派大法官和鲍威尔在适用中度审查标准还是严格审查标准上也各执一词。尽管鲍威尔的个人意见在一定程度上巧妙弥合了分歧，其推翻医学院特别录取计划的部分意见得到了保守派大法官的支持，允许在录取程序中"附加"地考虑种族因素的部分意见也得到了自由派大法官的支持，但是这最终也未能统一司法审查标准。时隔25年之后，联邦最高法院才在"格鲁特案"和"格拉茨案"中再次审理积极差别待遇录取政策案件，这时大法官们已经统一了意见，对其适用严格审查标准，而这一严格审查标准也延续到了十余年之后的"费希尔案"。通过对前述判例的文本分析，我们发现联邦最高法院通过审理高等教育领域内外的积极差别待遇争议案件，逐步统一了司法审查标准。

在"巴基案"之后很多年，联邦最高法院对积极差别待遇的审查标准

---

①　〔美〕Philip G. Altbach, Robert O. Berdahl, and Patricia J. Gumport 等：《21 世纪美国高等教育——社会、政治、经济的挑战》，杨耕、周作宇主审，北京师范大学出版社，2005，第443 页。

因司法遵从而在中度审查和严格审查之间游离。在"富利洛夫案"中，联邦最高法院认为国会根据第十四修正案第五款规定，有权通过立法实施"平等保护条款"，因此应当对国会予以遵从。联邦最高法院在该案中没有明确指出究竟适用何种审查标准，只是认为国会为了实现补救目的享有广泛的裁量权，包括可以有限制地采用种族标准，因此适用了相当宽松的审查标准，最终判决支持国会。在"维根特案"中，联邦最高法院以相对多数意见判决指出，要在积极差别待遇政策的情景中证明种族分类合理性，必须满足两个条件：一是存在一个迫切的州目的，二是州为了实现该目的所选择的手段是紧密缩限的。尽管判决书中并未明确提及严格审查标准，但是这两个条件已经构成了严格审查要求。在"克罗森案"中，联邦最高法院指出"平等保护条款"原本的限制对象就是各州，以此为由将该案与"富利洛夫案"做出区分，认为对州和地方采取的积极差别待遇不应有司法遵从，因此适用严格审查标准。在"都市广播公司案"中，联邦最高法院将对国会的司法遵从进一步扩大到了依据国会立法而实施积极差别待遇的联邦政府及隶属机构，对其适用中度审查标准。最终在"阿达兰德案"中，联邦最高法院以多数意见判决，无论实施种族分类的是联邦、州还是地方的立法或行政部门，承审法院都必须依照严格审查标准进行审理。至此，联邦最高法院统一了所有领域不同形式的积极差别待遇的审查标准。

第二节 迫切利益：从补救历史歧视转向学生群体多元化

以实现何种目的来证明积极差别待遇录取政策的合理性，是布伦南和鲍威尔在"巴基案"中的分歧焦点。联邦最高法院并未判决所有的"可疑分类"皆是必然违宪的，其通过"麦克劳克林案"、"洛文案"和"格里格斯案"所确立的原则是："如果政府要证明一种可疑分类具有合理性，那么必须证明该分类的目的和利益是宪法所允许的且达到实质可观程度，而且使用这一分类方式是实现该目的或者捍卫该利益所必要的。"[①] 因此，无论

---

① *Regents of the University of California v. Bakke*, 438 U. S. 265 （1978）

是适用何种审查标准，法院都需要判断医学院实施特别录取计划是为了实现何种目的或者捍卫何种利益。医学院对实施特别录取计划提出四点辩护理由：第一，改善医学院教育和医疗行业中传统上未受照顾的少数族裔数量不足的状况；第二，削减社会歧视造成的影响；第三，增加在医疗服务水平不足的少数族裔社区中执业的医生数量；第四，获得源自一个种族多元化学生群体的教育利益。可以看出，前三点辩护理由的主旨均为补救历史歧视。

　　布伦南认为，既然适用中度审查标准，那么只要能够明确该政策是"一项重要且清晰的目的"，就可以作为辩护理由，而他认为医学院的录取行为是为了补救以往社会歧视造成的影响，这已经"足够重要"（sufficiently important）。① 在他看来，为了实现人人享有平等机会而积极地采取行动，是宪法赋予联邦和州的权力。当政府行为并非旨在贬低或者侮辱任何种族群体时，可以将种族因素纳入考虑，以改善过往种族偏见对少数族裔造成的弱势境况。他援引"麦克劳克林案"、"平林案"、"是松案"和"洛文案"，表示联邦最高法院认可的"高于一切的法定目的"可以作为种族分类的合理性辩护。在"麦克丹尼尔案"② 中，佐治亚州克拉克郡（Clarke）的教育委员会主动采纳了一项以种族为基础的入学派位计划，旨在废除种族隔离制度，但是佐治亚州最高法院以该计划并非"色盲"而判决其无效。联邦最高法院推翻了该判决，重申学区在履行义务过程中将双重学校制度转变为统一学校制度时，可以适当地将种族因素纳入考虑以修正入学格局。在"斯旺案"中，被告学区对促进学校中的种族融合持消极态度，一直拒绝在入学派位计划中考虑学生的种族因素。联邦最高法院否决了学区仅仅重新划定入学区域的方案，认为学区不可"抗衡于废除种族隔离的背景"，这样的补救措施只会对"实现'布朗案'的承诺产生制约作用"。③ 因此，布伦南认为，基于"巴基案"证据的合理基础可以得出这样的结论，即少数族裔学生代表性不足是长期顽固存在的实质问题，而过往歧视造成的不

① *Regents of the University of California v. Bakke*，438 U. S. 265（1978）

② *McDaniel v. Barresi*，402 U. S. 39（1971）

③ *Swann v. Charlotte‐Mecklenburg Board of Education*，402 U. S. 1（1971）

利因素正在阻碍少数族裔学生获得医学院的入学机会。

布伦南接下来分析没有被认定曾经实施种族歧视行为的公立学校，是否可以主动实施考虑种族因素的补救措施。首先，联邦最高法院从"格林案"开始确立的立场是，如果某一公立学校被认定曾经实施种族歧视行为，那么仅仅简单地终止其违法行为并开始实施种族中立的措施，并不意味着遵守了"平等保护条款"。在之后的"斯旺案"、"戴维斯案"① 和"麦克丹尼尔案"中，联邦最高法院重申，如果过往歧视行为产生的后果会影响甚至左右当前废除种族隔离制度的决定时，那么采用种族中立措施是不够的。其次，联邦最高法院授权联邦法院，如果认定学区存在种族隔离的政策措施，则可以签发要求学区废除种族隔离制度的命令，甚至要求学区在入学派位计划中以各种形式考虑种族因素。更为重要的是，联邦最高法院对"麦克丹尼尔案"的判决结果表明，即使司法部门未对歧视行为做出认定，学区也可以主动采纳考虑种族因素的派位入学计划，甚至明确规定在学区内的每一所学校中黑人和白人学生的比例，只要该计划目的是建立统一的学校制度。最后，布伦南认为，如果要求司法部门事前认定学校存在违反宪法或者法律的歧视行为，以此作为实施考虑种族因素补救措施的一种前提，那么只会适得其反，这会严重削弱学校主动遵守废除种族隔离法律的意愿。值得注意的一点是，尽管布伦南主张适用中度审查标准，但是他认为无论是被动还是主动考虑种族因素，只要能够创建统一的学校制度以彻底消除过往歧视的影响，都可以被视作一种"迫切的社会目标"（compelling social goal）。

不过，鲍威尔逐一否定了医学院提出的特别录取计划能够补救历史歧视的三点辩护理由。首先，他认为，如果医学院实施特别录取计划是为了增加少数族裔的数量，使他们的规模达到明确要求的比例，即只是因种族因素而对特定群体给予优待，那么这样的目的是联邦宪法所禁止的。联邦最高法院在"布朗案"中的立场已经表明，仅仅以种族因素为理由对任何群体的成员给予优待，本身就是歧视。

---

① *Davis v. School Commissioners of Mobile County*, 402 U. S. 33（1971）

其次，鲍威尔认为，如果能够辨识认定的确存在造成"失能"（disabling）影响的歧视行为，那么州在减少甚至在可行情况之下消除该影响的行为中当然具有一种正当性和实质性的利益，但是他认为所谓的"社会歧视"（societal discrimination）是一个缺乏针对性的"无定形"（amorphous）概念，很可能使补救措施无穷尽地溯及既往。即使联邦最高法院曾经要求学区在派位入学计划中主动考虑学生的种族因素，但鲍威尔仍然担心积极差别待遇录取政策可能对无辜个人造成负担。如果立法、行政或司法部门认定事前存在歧视行为且该行为违反法律，政府出于维护歧视行为受害群体成员的合法权利，可以实质性主张对受害群体成员给予优先对待，甚至在必要情形中牺牲他人权利。但在这种情况下，立法、行政或司法部门应对损害程度和补救措施进行界定，而且补救措施通常需要接受持续监督，把对其他能够同等竞争该利益机会的无辜个人造成的伤害降到最低。

最后，针对特别录取计划能够改善少数族裔社区医疗服务水平不高的主张，鲍威尔坦言，州在特定情况下提升公民医疗卫生保障的利益，也许足够迫切，可以支持政府使用可疑分类的行为，但是并没有证据表明特别录取计划是促进该利益所必要的。下级法院在审理时认为，即使通过特别录取计划获得入学机会的少数族裔学生的确表达过毕业后在弱势群体聚集社区执业的意愿，但是医学院无法保证这些学生真的会这样做。医学院最多可以推定部分少数族裔学生会将这样的意愿付诸实践，或者说他们相比白人学生而言在少数族裔社区执业的可能性更大。但是，下级法院指出，医学院完全可以采用更为可靠的种族中立方式，确定哪些学生是真正有志于解决少数族裔医疗服务水平不高问题的。例如，无论是哪个种族的申请人，只要在申请材料和面试环节中能够展现出对少数族裔等弱势群体问题的关心，并且将在类似社区中执业作为首要的职业发展目标，那么相比那些完全以种族身份和弱势状况为基础被选拔录取的申请人，他们为缓解医疗服务不足问题做出贡献的可能性要大得多。因此，鲍威尔认为，医学院无法举证说明为了解决这一问题就必须对特定少数族裔提供优待，医学院甚至不能证明特别录取计划可能对该问题产生任何显著影响。

鲍威尔在逐一反驳了医学院以补救社会歧视作为辩护理由的一系列主

张后，认可了医学院提出的学生群体多元化目标，并进一步认为源自学生群体多元化的教育利益构成一项迫切利益。尽管学术自由不是明确列举的一项宪法权利，但却是长期以来被视为第一修正案的特别关切问题。一所大学做出教育判断的自由也包括了选拔学生及构建学生群体的自由，所以，他认为学生群体多元化明显是宪法允许的大学追求的目标。鲍威尔指出，尽管学生群体多元化在本科教育阶段相比研究生教育及专业教育阶段能够发挥更大的作用，毕竟后者以提升专业能力为主，但是即使是在后一阶段，联邦最高法院的传统和经验也支持这样的观点，即多元化能够带来实质性的贡献。早在"斯韦特案"中，联邦最高法院对法学院的教育也做出非常相似的判断："法学院作为法律学习和实践的演练场地，如果脱离了法律与之展开互动的个人和组织，便不可能提供有效的教育。无论是学生还是曾经有过法律执业经验的个人，都不会选择在一个远离理念互动和观点交流的学术真空中学习，因为这些正是法律所关切的。"① 鲍威尔进一步援引"斯威齐案"中法兰克福特的意见，指出大学提供的最有益于思考、试验和创新的氛围是其自身事务，这种氛围对于高等教育质量至关重要，而学生群体多元化也被广泛认为可以帮助营造这一氛围。

可见，"巴基案"对于实施积极差别待遇录取政策要实现的目的或捍卫的利益形成了两种观点——补救历史歧视和学生群体多元化。即使布伦南适用中度审查标准，他也认为补救历史歧视是"迫切的"。在"巴基案"和"格鲁特案"中间的这段时期，联邦最高法院在审理其他领域的积极差别待遇案件时（除"都市广播公司案"外），无论适用何种审查标准，都认为补救历史歧视行为可以作为辩护积极差别待遇合理性的理由。例如，"富利洛夫案"中的"少数族裔商业公司"条款、"维根特案"中的优先解雇方案、"克罗森案"中的"少数族裔商业利用计划"、"阿达兰德案"中的分包补偿条款等，均是为了补偿少数族裔因为过往历史歧视和当前社会歧视，竞争能力较弱，发展机会不足而采取的措施。除了这些政府主动实施积极差别待遇政策引发诉讼的案件外，还有依据法院命令被动实施积极差别待遇

---

① *Sweatt v. Painter*，339 U. S. 629（1950）

政策引发的诉讼案件，例如，"克利夫兰案"、"钣金工人联合会案"和"帕拉迪斯案"。在这些案件中，政府及隶属机构均被法院认定事前存在违反宪法或法律的歧视行为，因此被要求实施积极差别待遇政策补救历史歧视影响。针对主动实施积极差别待遇政策补救历史歧视影响的做法，联邦最高法院确立的原则是要求用"有力的证据基础"证明使用种族分类进行补救是必要的。如果缺乏这样的证据基础，即使是主张补救历史歧视影响的积极差别待遇也不会得到联邦最高法院的支持，如"维根特案"。

在"格鲁特案"之前，联邦最高法院对于多元化是否可以构成积极差别待遇政策的辩护理由，仅在"都市广播公司案"中有所讨论。在该案中，联邦通信委员会主张广播电视节目的多元化是一项重要的政府目的，捍卫公众获得多元化观点和信息的权利是联邦通信委员会职责使命的组成部分。联邦最高法院援引"巴基案"中鲍威尔的意见，认为广播电视中观点和信息的多元化，"就像考虑种族因素的大学录取计划，能够预期学生群体多元化，促进一种积极的观念交流"。[①] 联邦最高法院认为，这种多元化的利益并不局限于因为联邦通信委员会实施积极差别待遇而获得机会进入广播电视行业的少数族裔群体，而会进一步扩散到收听广播和收看电视的听众、观众群体。由于联邦最高法院在该案中适用的是中度审查标准，尽管援引了鲍威尔的意见，但构成"重要"的政府目的的多元化是否构成"迫切"的政府目的仍然未有定论。

与其他领域的积极差别待遇相比，联邦最高法院对高等教育情景中的积极差别待遇录取政策的不同的辩护理由予以认可。继"阿达兰德案"统一司法审查标准后，联邦最高法院在"格鲁特案"中重申了鲍威尔的个人意见，认可"实现源自学生群体多元化的教育利益"是一项迫切利益，并延续至今。

第三节　紧密缩限：从较多学术遵从走向较少学术遵从

在司法审查中，无论法院适用何种标准，都要判断手段与目的的相关

---

① *Metro Broadcasting*, *Inc. v. FCC*, 497 U. S. 547（1990）

性。在中度审查标准下，相关性应当达到"实质相关"的程度；在严格审查标准下，相关性应当满足"必要且紧密缩限"（narrowly tailored）的要求。可见，更高审查强度意味着更高的相关性要求。伊利认为，所谓紧密缩限是指采用种族分类的手段在"契合"（fit）宪法所允许的目的时，相比现有的替代方案应当具有更高的准确度。① 库姆（M. Kumm）则指出，"必要"其实就内含了紧密缩限要求，因为任何手段如果没有做到紧密缩限就难以被视作"必要"手段。② 在"巴基案"中，布伦南和鲍威尔适用不同的审查标准，因此前者关注特别录取计划是否合理地使用种族因素，而后者关注是否以"精准缩限"（precisely tailored）的方式使用种族因素。

布伦南从两个方面论理特别录取计划合理地使用了种族因素，并且与补救历史歧视的重要目的有实质相关性。首先，布伦南认为特别录取计划保留的录取名额比例低于该州人口比例。他指出，特别录取计划是为了消除种族隔离对少数族裔的影响，使医学院能够录取到不同种族的学生。尽管白人申请人被特别录取计划排除在外，但是这样做的目的是为了减少常规录取计划下获得入学机会的白人申请人数量，从而使医学院录取的少数族裔申请人能够达到合理的比例，并且这个比例还低于指定受益的少数族裔群体在加州人口中的比例。其次，布伦南认为特别录取计划并未给巴基造成过度负担。在他看来，医学院因使用种族优待而拒绝录取巴基，对其造成的不利影响远不如"布朗案"中种族隔离对黑人学生造成的不利影响。和种族歧视不同，为了达成补救目的而使用的种族优待不会对某一白人造成无处不在的损害，例如他们因为自己的肤色而被当作二等公民来对待的可能性非常小。布伦南坦言，如此比较并非意味着积极差别待遇录取政策就无须证明自身合理性，但是它所造成的损害，与种族隔离时代政府大规模歧视行为导致少数族裔处于弱势境况所遭受的损害有明显的不同。

鲍威尔主张以"学生群体多元化"作为积极差别待遇录取政策的辩护

---

① Ely J. H. , "The Constitutionality of Reverse Racial Discrimination," *University of Chicago Law Review* 41 (1974): 723.

② Kumm M. , "Constitutional Rights as Principles: On the Structure and Domain of Constitutional Justice," *International Journal of Constitutional Law* 2 (2004): 574.

理由，但是他认为医学院主张的多元化并非真正的多元化。在他看来，学生群体的多元化，包含了一系列的条件与特征，种族是其中一项重要因素，但仅是单一因素。鲍威尔对比了哈佛大学本科录取计划中将种族作为"附加"因素考虑的方法，认为医学院特别录取计划的瑕疵在于仅仅关注到了种族多元化，因此它实际上会妨碍而非促进实现真正的学生群体多元化。同时，鲍威尔认为，即使学生群体多元化构成一项迫切利益，但是因为积极差别待遇录取政策触及个人种族背景，若无辜一方被要求承受以种族分类为基础苛刻的负担，那就要确保在实现这一迫切利益时采用了"精确缩限"的方式。但是，因为特别录取计划将少数族裔与其他申请人分开进行审核，在录取决定中对种族因素赋予过多权重，缺乏足够的灵活性，因此鲍威尔予以否定。

之后，联邦最高法院在"都市广播公司案"中基于司法遵从适用中度审查标准，但是在考察手段与目的的相关性时，又把相关性置于"实质相关"和"紧密缩限"之间来进行考察，这一要求高于布伦南在"巴基案"中判断种族因素是否被合理使用的分析。联邦最高法院认为，第一，联邦通信委员会在长期的研究中谨慎考虑了所有可能的替代方案，但是有证据表明种族中立手段不能充分实现广播电视节目多元化，因此决定在执照颁发中考虑种族因素；第二，联邦通信委员会实施这样的政策并非一蹴而就，而是在1960年、1971年和1978年开展了周期性的全面评估之后才予以采纳；第三，联邦通信委员会在考虑政策选择时否定了其他优待幅度更为明显的措施，例如所有的广播电视公司都为少数族裔保留特定数量的频道；第四，联邦通信委员会及国会在政策实施范围和时间上也做了适当限制，国会每次对该政策进行拨款立法之前都会进行重新评估；第五，联邦通信委员会没有在执照颁发中保留固定名额，其他群体成员仍然可以自由竞争其他数量众多的执照颁发机会，因此对其他群体成员仅造成轻度负担。

在考量积极差别待遇政策是否满足紧密缩限要求时，法院会权衡是否存在同样能够达到目的但是不考虑种族因素的替代性补救措施。在"克罗森案"中，联邦最高法院认为"少数族裔商业利用计划"并未做到"紧密缩限"的原因之一正是里士满市政当局没有考虑过以种族中立手段增加少

数族裔商业公司在市政建筑合同中的代表性。例如，里士满市政当局认为
少数族裔商业公司在市政建筑合同竞标程序中缺乏竞争力的原因之一是小
型公司缺乏充足资金，那么法院认为如果按照此主张，市政委员会针对小
型公司实施种族中立的资助计划也能帮助更多少数族裔商业公司竞标和中
标。需要注意的是，联邦最高法院在"帕拉迪斯案"中表示，在考量采取
种族因素的补救措施是否恰当时，法院关注的因素包括替代性补救措施的
效果。也正因为之前的多次补救措施均未产生预期效果，地区法院才会制
定看似激进的"1∶1晋升"比例原则。为此，奥康纳在"阿达兰德案"中
特别强调，严格审查并非"理论上严格，事实上致命"，政府仍然可以主动
采取措施应对客观存在的种族歧视。

与政府合同和公共就业领域不同，积极差别待遇录取政策是由大学制
定并实施，这就涉及司法审查对大学的学术遵从问题。联邦最高法院曾经
基于司法遵从对国会和联邦政府及其隶属机构实施的积极差别待遇政策适
用中度审查标准，在司法自由裁量权的范围内对联邦立法和行政部门表示
谦让与尊重。在长期的司法实践中，法院也形成了遵从的态度，在司法审
查中对大学基于学术判断做出的决定表示尊重和克制。[①] 在"巴基案"中，
鲍威尔在推论"学生群体多元化"时，援引第一修正案，认为大学可以基
于学术理由决定自身事务，这正是法院学术遵从的立场表现。在很多案件
中，法院都认识到大学学术环境有不同于其他场域的特质，包括科学研究、
人事决定、学生录取、学业评价、学术晋升等问题。[②] 法院对大学录取决定
这样的专业判断权进行司法审查，旨在保障个人宪法权利，只是对大学如
何"行使"专业判断权进行审查。[③]

虽然是"阿达兰德案"统一了对积极差别待遇政策适用严格审查标准
的做法，但是联邦最高法院在之后审视密歇根大学法学院的积极差别待遇

---

① Kaplin W. A., Lee B. A., *The Law of Higher Education* (San Francisco: John Wiley & Sons, 2014), p. 8.

② O'Neil R. M., "Academic Freedom and the Constitution," *Journal of College and University Law* 11 (1984): 275.

③ 程雁雷：《论司法审查对大学自治的有限介入》，《行政法学研究》2000年第2期，第33页。

录取政策是否做到紧密缩限时，仍然给予了相当的遵从。在该案中，奥康纳引入"紧密缩限"五项原则，进一步解释如何判断一项积极差别待遇录取政策是实现迫切利益所"必要的"。其中之一，是学校在实施积极差别待遇录取政策之前，应当善意考虑是否可以采用种族中立录取政策来实现学生群体多元化目标。奥康纳大法官认为，严格审查只要求学校"对同样能实现学校所追求的多元化目标的可行的种族中立替代方案，予以认真、善意的'考虑'（consideration）……并不要求穷尽每一种可能想到的种族中立替代方案"。① 因此，对于法学院认为不存在可行的种族中立替代方案的证言，她也给予实质采信，并未要求提供更多证据。在奥康纳的判决论理中，学术遵从是法学院录取政策最终获得联邦最高法院支持的关键。②

但是在"费希尔案"中，联邦最高法院进一步严格规范了紧密缩限的标准。肯尼迪大法官提出，严格审查要求大学"证明（demonstrate）其在诉诸种族分类之前，可用并且可行的种族中立替代方案均不足以（实现目标）"。《布莱克法律词典》对"证明"一词的定义是"以运作、推理或证据的方式展现或证实其价值或优点"，③ 这样的要求明显高于"考虑"二字。可见，对于积极差别待遇录取政策是否合宪，肯尼迪对大学提出了更高的举证责任。换言之，联邦最高法院现在更为关注的是大学为了实现学生群体多元化的目标，是否曾经论证甚至实施种族中立替代方案。

第四节　变迁脉络：对历史性、特殊性与现实性的探究④

毋庸置疑，美国大学与联邦最高法院在这一逻辑变迁的历史图景中均发挥了重要作用。在这一变迁中，重要的是，将积极差别待遇录取政

---

① *Grutter v. Bollinger*，539 U. S. 306（2003）
② Stoner E. N. ，"Judicial Deference to Educational Judgment：Justice O'Connor's Opinion in Grutter Reapplies Longstanding Principles，as Show by Rulings Involving College Students in the Eighteen Months before Grutter，" *Journal of College and University Law* 30（2003）：583.
③ Garner B. A. ，*Black's Law Dictionary*（5*th*）（St. Paul：West Publishing，1979），p. 389.
④ 申素平、王俊：《从补救到多元：美国高等教育促进入学机会平等的理念变迁》，《高等教育研究》2018 年第 11 期，第 97 页。

策的合法性基础，从以往的补救性理念转向了多元化理念。当然，逻辑变迁与理念转变并非凭借任何一方的一己之力达到的，而是高等教育与司法审查博弈的结果。要深度观察理念变迁的动因，必须将其置于美国经济、政治、社会发展的历史性、特殊性和现实性交织的复杂脉络中来考察，只有这样才能捕捉到那些初始触发、持续推动其变迁并且在变迁进程中产生显著影响的因素。

一 社会舆论与政治博弈：道德、法律争议的历史性

补救性理念形成于民权运动背景之下，政府以此为基础从禁止歧视原则转向补救优待原则。在联邦政府最初制定面向少数族裔实施积极差别待遇的政策后不久，约翰逊总统就意识到少数族裔所面对的是几个世纪以来"充满仇恨与绝望的漫长岁月"，尽管他们也要同其他人一样依靠自身努力迈进机会的大门，但是他们"无法独自做到这一点"。① 当联邦政府提出在机会竞争中对少数族裔给予优先对待时，这一主张不仅得到了立法和司法分支的支持，也获得了美国社会的理解。当时的主流观点是，鉴于美国在历史上曾经实施了错误的种族奴役和歧视制度，所以在法律上要求对少数族裔进行补救具备道德合理性。但是这种理解是以当时美国经济的快速发展为背景的，宽松经济所孕育的自由政治主张和福利国家构想为积极差别待遇政策的实施创造了良好氛围。也正是在这样的背景下，约翰逊总统才能提出"伟大社会"全面改革计划，甚至宣布"无条件地向美国的贫困开战"。但随着美国经济在 20 世纪 70 年代步入萧条，就业与教育机会竞争逐渐激烈，白人对积极差别待遇政策的反感态度日渐明显。调查显示，从 1970 年到 1977 年，白人中认为黑人在就业、教育和住房等方面遭遇歧视的比例从 76% 下降至不足 33%。美国社会对积极差别待遇政策的立场一直跟随经济发展态势起伏，这种相关性模式一直延续到今日。以民主党为主的自由派和以共和党为主的保守派，在种族问题上也一直针锋相对。

① Johnson L. B., *Public Papers of the Presidents of the United States: Lyndon B. Johnson, 1965* (Washington D. C.: Government Printing Office, 1966), pp. 635 – 640.

当白人突然发现曾经理所当然对自己敞开的机会大门转向了少数族裔一方时，保守派很快就在公共媒体中抛出"逆向歧视"的概念。在 20 世纪 90 年代初，保守主义在美国国内政治中重新占据支配地位，共和党反对将中产阶级所得切分给贫困和弱势人群，主张减少联邦政府在福利政策上的干预。这种政治博弈甚至影响了看似最为独立的司法分支，从民众投票选举总统到总统提名大法官候选人，再到国会对大法官候选人进行表决，都影响了联邦最高法院九名大法官的司法立场。

积极差别待遇录取政策在道德与法律两个层面均引发激烈争议，争议本质上是美国社会对如何解决历史歧视所累积的顽固社会矛盾而产生的分歧。少数族裔长期陷落在美国经济社会的最底层，被排斥在主流社会之外。如果没有积极差别待遇录取政策，他们在入学机会竞争中只能获得形式和理论上的平等，而不是实质与结果上的平等。但同样数量的入学机会，多录取一个少数族裔学生，势必就会少录取一个白人学生。在道德层面，因为少数族裔在历史上遭遇过种种不公平对待，所以美国民众认可他们应当获得补偿，以弥补群体之间巨大的发展差距并增强其竞争力。但就不同群体中的具体个人而言，他们既不是历史歧视的施害者，也不是历史歧视的受害者。他们在当下的机会竞争中与少数族裔并没有明确的救济关系，也难以构成直接的对等补偿关系。如果仅仅因为种族因素就采用一种让少数族裔学生受益的方式对高等教育资源进行再分配，引导更多资源流向少数族裔，那么补救性理念自然会引发争议。在法律层面，联邦宪法"平等保护条款"明确规定"任何州……不得……拒绝给予法律的平等保护"，但是如何解释该条款就成为法律上是否允许在入学机会中给予少数族裔优先对待的关键。保守派倡导依据宪法制定者的原初意图或者宪法文本的原初含义来解释宪法，称宪法是"色盲"的，强调任何人在机会竞争过程中都应当接受种族中立的评价方式，这才是获得平等保护的宪法权利。而自由派在认可法律稳定性的同时更将其视作一个整体，认为法律应当反映不同情况下对稳定性和可预见性的不同价值取向，并主张，法律解释是否正确，不在于法官们是在法律文本之中寻找法律还是在文本之上发明法律，而是取决于是否遵循正义、公平和正当法律程序的原则。无论秉持何种立场，两派都旨在解决种族矛盾，实现机会平等，只不过就是否实施优先对待以达成该目标存在截然相反的看法。表面上，以多元化理念来证明积极差别待遇录取政策的合法性，相比针对历史错误的补救性理念而言是更加"顺耳愉快"的辩护理由，更容易被社会大众所接受。但从根本上说，这一措辞变化顺应了后民权时代的要求，在回应社会质疑和诉讼冲击的同时，也能继续为少数族裔之外其他弱势群体提供平等入学机会。

二　司法审查与学术遵从：高等教育情境的特殊性

美国联邦最高法院依据学生诉讼请求已经多次对积极差别待遇录取政策进行司法审查，鲍威尔大法官提出的学生群体多元化辩护理由实质是在学术遵从的基础上对大学在宪法规制范围内适度偏离平等保护原则的尊重与保护。冷战后，美国法院的基本立场是保护大学自治，一方面，法院阻止其他政府组织不适当地干扰大学内部事务，特别是与知识相关的议题。另一方面，法院遵循学术避让原则，避免对大学造成过度的司法监督压力。[1] 法院出于对大学学术判断的尊重，在司法遵从的概念之下形成学术遵从原则。正如鲍威尔在"巴基案"中所言，构建对于学生而言"最有益于思考、试验和创新的氛围"是大学自治的事务，因此"基于学术理由……录取谁来学习"也是大学自治事务之一。在他看来，"国家的未来取决于通过广泛接触理念交流而培养出来的领导者"，大学通过积极差别待遇录取政策构建多元化的学生群体，能够让每一名身在其中的学生，都能"在众多言辞观点中探寻真理"。[2] 以高等教育质量为基础，鲍威尔构造了积极差别待遇录取政策与学生群体多元化的法理关联性。

司法审查标准和举证责任要求使得经济市场中的积极差别待遇难以为继，而高等教育情境的特殊性使得积极差别待遇录取政策在多元化理念和学术遵从的庇护下仍有发展的可能性。通过审理政府合同与公共就业领域的一系列相关案件，联邦最高法院不仅明确了对涉及积极差别待遇的案件

---

[1]　Edwards H. T. , Nordin V. D. , *Higher Education and the Law* (Cambridge: Harvard University Press, 1979), p. 14.

[2]　*Regents of the University of California v. Bakke*, 438 U. S. 265 (1978)

适用严格审查标准，并且重申，如果要以补救历史歧视作为辩护理由，必须给出"有力的证据基础"。但是，严格审查是一种"理论上严格，事实上致命"的标准，它在时过境迁之后仍然要大学提交曾经实施种族歧视的证据、过往歧视仍然对目标群体造成损害的证据，明确区分学校自身歧视行为与社会一般歧视行为并衡量损害程度，以及积极差别待遇受益个人必须精准面向目标群体等，这种要求如此之高的举证责任几乎是学校无法履行的。因此，有学者强调，要举证说明积极差别待遇录取政策的合理性，一定要对高等教育和经济市场两个不同情境进行区分。

三　政策效果与迫切利益：提升教育质量的现实性

积极差别待遇录取政策的确能够增加少数族裔学生的入学机会，但政策实施效果不应止步于此，更应当以此为基础形成能够让每一名学生从中受益的教育政策。在政策实施初期，美国高等教育很快就见证了白人大学中黑人学生入学规模的大幅度增长。联邦教育部在"巴基案"后要求申请和接受联邦经费的公私立大学实施积极差别待遇录取政策，增加少数族裔入学人数。鲍恩和博克的研究发现，在少数选拔性大学 1989 年的录取程序中，整体上白人学生和黑人学生的录取概率分别是 25% 和 42%，在学术能力评估测试的特定分数组段中，录取概率的差异更为明显。例如，在 1250 ～ 1299 分数组段中，白人学生的录取概率是 24%，而黑人学生的录取概率达到 75%。[①] 截至 2015 年的数据显示，大学是否实施积极差别待遇录取政策对于黑人和拉美裔学生的入学机会仍然会产生显著影响。[②] 在"格鲁特案"之前，大学一般基于补救性理念实施积极差别待遇录取政策，因此，以学生群体"种族可识别度"结果为导向，采用种种方式降低录取门槛，扩大少数族裔学生入学规模。无论在有限的入学规模中仅面向特定少数族裔群

---

① Bowen W. G. , Bok D. , *The Shape of the River：Long – Term Consequences of Considering Race in College and University Admissions* (Princeton：Princeton University Press, 1998）. p. 27.

② Ashkenas J. , Park H. , Pearce A. , "Even with Affirmative Action, Blacks and Hispanics are More Underrepresented at Top Colleges than 35 Years Ago," https：//www. nytimes. com/interac-tive/2017/08/24/us/affirmative – action. html, last accessed：2020 – 07 – 20.

体保留固定录取名额的"配额制",还是对不同族裔学生进行分类评价适用不同标准的"双轨制",或者是仅凭特定族裔身份就可自动获得额外分数的"加分制",这些形式粗糙的录取程序在司法审查中均被法院推翻。在鲍威尔大法官看来,学生群体多元化所产生的迫切利益并非补救历史歧视,而是提高高等教育质量。所以,他强调多元化理念并非仅关注学生群体种族多元化,而是将种族因素作为录取程序中考虑的"附加"因素,根据每一名学生的情况考虑所有与多元化相关的因素。奥康纳大法官则进一步强调这种教育利益必须是"非假定""实质""真实"的。在她看来,积极差别待遇录取政策所形成的教育利益之所以重要并且值得肯定,是因为当学生群体最大限度地来自不同背景时,课堂讨论会更具活力、更加生动、更富启发性和趣味性。

在美国高等教育过去半个世纪的发展中,多元化理念从简单的教育价值判断逐步演变成在法理层面支持特定录取政策的辩护理由和在政策层面提升高等教育质量的规范措辞这样一种相互交织的复杂概念,这也诠释了高等教育发展回应社会需求和促进社会改革的方式。鲍威尔大法官在判决意见中采纳了时任普林斯顿大学校长鲍恩的观点,提出以多元化理念作为积极差别待遇录取政策的辩护理由,试图弥合自由派与保守派大法官们的分歧,以维持积极差别待遇录取政策的合宪性。但在当时看来,这种教育利益产生于来自不同背景的学生在非正式场合的"偶然随意的接触"之中,很难预知什么时候会发生、如何发生,甚至是否真正发生。面对日益扩大的全球化市场,美国商界逐渐重视将雇员多元化的现实转变为持续发展的潜在优势,将多元化作为企业文化和商业成长的重要标志,这对大学教育提出了更高的质量要求。与此同时,学界围绕学生群体多元化产生教育利益的形成机制、效果呈现、制度设计进行研究,使得原本在法理上抽象的多元化概念不断具体化。这使得联邦最高法院在"格鲁特案"中有充足的证据基础,判定大学可以"通过有目的、有意识的设计安排来产生这种教育利益"。[①] 在美国,联邦最高法院不仅是法律纠纷的解决者,更是公共事

---

① *Grutter v. Bollinger*, 539 U. S. 306(2003)

务的决策者和社会民众的教育者。① 众多大学在"格鲁特案"后名正言顺地
在录取程序中落实多元化理念，并进一步将该理论推进至大学治理、教师
聘任、课堂教学等环节，力图形成实质性的教育利益并使学生在入校就读
过程中真正获益。

① Van Geel T. , *Understanding Supreme Court Opinions* (New York：Routledge，2016)，pp. 3 – 4.

第五章　司法审查对积极差别待遇录取政策的规制和引导

第一节　历史视角：对得克萨斯大学的分析[①]

美国公立大学在不同历史阶段所实施的积极差别待遇录取政策对于如何向少数族裔学生提供受教育机会，如何分配社会成员赖以生存与发展的教育资源产生了重要影响。持续不断地追求教育平等，是贯穿美国教育法的基本原理和根本精神。[②]"费希尔案"在 2016 年落下帷幕，在可预见的未来，该判决在很大程度上将主导美国公立大学积极差别待遇录取政策的走向。但是，该政策的现实状态是在垂直历史关系中演进的结果。大学作为一种特殊的社会机构，基本性质在于它是一种历史的存在。[③] 若能借助适当案例，使研究焦点针对当前和过往事件，则更有助于在历史展开的过程中从"怎么样"和"为什么"的问题视角观察司法审查是如何规制积极差别待遇录取政策的。

为了更为充分地回答这些问题，笔者选择适当的公立大学作为"嵌入性分析单位"[④]，从历史视角的案例研究来分析和回答。选择得克萨斯大学[⑤]

---

① 申素平、王俊：《美国公立高校少数族裔学生录取政策的历史演进与思考——以德克萨斯大学为例》，《华中师范大学学报》（人文社会科学版）2018 年第 3 期，第 182 页。
② 许庆豫、朱永新：《美国教育法规基本精神评介》，《教育研究》2006 年第 7 期，第 84 页。
③ 张斌贤：《关于大学史研究的基本构想》，《北京大学教育评论》2005 年第 3 期，第 13 页。
④ 〔美〕罗伯特·K. 殷：《案例研究：设计与方法》，周海涛主译，李永贤、张蘅参译，重庆大学出版社，2004，第 27 页。
⑤ 得克萨斯大学系统（University of Texas System）目前拥有 8 所分校大学和 6 所医学中心，位于州府的奥斯汀分校因创建时间最早而被冠以"得克萨斯大学"之名，下文中"得克萨斯大学"均指"得克萨斯大学奥斯汀分校"。

作为嵌入性分析单位，是基于三个方面的考虑。首先，得克萨斯州从 19 世纪 30 年代中后期开始以立法形式推行种族隔离制度①，其对废除种族隔离制度的态度经历了从消极抵制到主动支持的转变。而这个曾经的种族隔离制度合法州，如今是全美少数族裔聚居州之一。2010 年美国人口普查结果显示，得克萨斯州人口规模仅次于加利福尼亚州，少数族裔人口比例达到 54.7%，高于全美 36.3% 的平均水平。② 其次，得克萨斯大学作为州公立大学系统旗舰，是典型的美国公立大学之一。学校下设 18 个学院，在校生人数超过 5 万人，是美国学生规模较大的综合性大学之一。最后，得克萨斯大学在历史上曾经先后三次因涉及少数族裔学生的录取政策被诉至法院，"斯韦特案"、"霍普伍德案"和"费希尔案"都产生了重大影响。得克萨斯大学实施过种族隔离的录取政策，实施积极差别待遇录取政策的做法被法院判决禁止过，也被法院判决支持过。这些都让得克萨斯大学成为最能聚合重大环境事件的首选"嵌入性分析单位"。

在美国高等教育种族隔离历史中，得克萨斯州也具有特殊的代表性。华盛顿大学、加州大学戴维斯分校、密歇根大学位于北部州和西部州，尽管这些公立大学在历史上少数族裔学生同样存在代表性不足问题，但是所在州历史上都没有实施"法律上"的种族隔离制度。正如奥康纳在"格鲁特案"中所言，"在根据平等保护条款审查基于种族因素的政府行为时，情景是有关紧要的"。③ 在 1876 年之前，得克萨斯州高等教育基本由 8 所私立学院（6 所白人学院和 2 所黑人学院）提供。之后，州政府逐渐意识到高等教育发展中的公共责任，开始逐步创建和扩大公立大学系统，但是州政府履行公共责任的目标主要是面向白人学生，基本忽视了黑人学生接受高等教育的需求。到 1946 年，州政府建立的 18 所公立大学中，仅有 1 所质量不高的学校专门录取黑人学生。因为州政府对黑人大学的投入严重不足，而且黑人高等教育的主要使命也并非培养黑人学生进入主流社会，所以州对

---

① Glasrud B. A., "Jim Crow's Emergence in Texas," *American Studies* 15 (1974)：47.

② Humes K., Jones N. A., Ramirez R. R., "Overview of Race and Hispanic origin," https：//www. census. gov/prod/cen2010/briefs/c2010br - 02. pdf, last accessed：2020 - 07 - 20.

③ *Grutter v. Bollinger*, 539 U. S. 306 （2003）

专业和课程的设置有诸多限制。这导致白人学生可以在州内不同大学接受不同领域的专业教育，而黑人学生基本没有这样的机会。当时，5 所公立大学和 2 所私立大学为白人学生提供工程类课程，1 所公立大学和 1 所私立大学为白人学生提供医学类课程，但是黑人学生要么没有入学机会，要么只能到其他州去接受这样的专业教育。在得克萨斯州内，黑人学生只能获得教师培训、护理教育和神学这一类的专业训练，正规的专业教育几乎无从谈起。[①]

在对历史档案、学术文献、司法判决、媒体报道进行文本分析的基础上，本书以关键事件与判决为标志，将得克萨斯大学涉及少数族裔学生的录取政策划分为五个演进阶段，并试图从政策演进与法律论理的角度阐述每个阶段的脉络与特征，以此管窥司法审查对录取政策的规制。

一 1950 年至 1954 年：隔离然而平等原则下的限制录取政策

依据州立法，得克萨斯大学自 1881 年建校起就推行种族隔离政策，拒绝录取黑人学生。当时，《得克萨斯州宪法》（1876 年）第 7 条第 7 款规定："（州）应为白人儿童和有色儿童提供隔离学校，并且为双方提供无差别教育及设施。"之后，《得克萨斯州民事制定法修正案》（1925 年）第 2900 条进一步规定："白人儿童不得进入为有色儿童提供的学校就读，同样有色儿童不得进入为白人儿童提供的学校就读。"[②] 正是因为得克萨斯州在公立学校中推行"法律上"的种族隔离，所以得克萨斯大学在建校后近 70 年的历史中一直是一所白人大学。在"布朗案"之前，得克萨斯大学一直采用最低录取标准。从任何一所获得得克萨斯大学认证的高中毕业的学生都能顺利申请本科并入学，法学院等专业学院和研究生院也仅要求申请人具备本科学位。所以，种族因素基本上是当时得克萨斯大学拒绝申请人的唯一原因。

1950 年的"斯韦特案"[③] 使这一状况发生了改变。联邦最高法院在坚

---

① Bullock H. A., "Negro Higher and Professional Education in Texas," *Journal of Negro Education*, 17（1948）: 373.

② Scanlan L. C., "Hopwood v. Texas: A Backward Look at Affirmative Action in Education," *New York University Law Review* 71（1996）: 1580.

③ *Sweatt v. Painter*, 339 U. S. 629（1950）

持"隔离然而平等"原则的同时，严格解释"平等"二字，在"斯韦特案"中为黑人学生叩开了得克萨斯大学的校门。该案中，黑人学生斯韦特于1946年向得克萨斯大学法学院提交入学申请，而当时得克萨斯州唯一一所黑人大学——"普雷里维尤大学"尚未设立法学院。依据之前"盖恩斯案"判决所确立的"各州应在管辖范围内为黑人学生提供与白人学生'实质平等'（substantially equal）的法律教育"原则，得克萨斯大学法学院应当录取斯韦特。① 在被法学院以州法律禁止录取黑人学生为由拒绝后，斯韦特在全国有色人种协进会的帮助下向联邦地区法院提起诉讼。诉讼期间，得克萨斯州迅速通过立法创建"得克萨斯州立黑人大学"，并在该校设立临时法学院以录取斯韦特。但是，斯韦特拒绝到该法学院就读，并最终上诉至联邦最高法院。联邦最高法院发现，无论是从教师数量、学生规模、课程多样性、专业化程度、图书馆规模及法律实践机会等哪个方面进行比较，得克萨斯大学法学院都更胜一筹。更为重要的是，联邦最高法院认为得克萨斯大学法学院具备更多虽不能客观衡量但却造就一所法学院伟大之处的特质，包括教师学术声誉、学院管理经验、校友地位影响、专业社会威望等。最终，联邦最高法院在1950年判决得克萨斯大学法学院录取斯韦特。

尽管得克萨斯大学在"斯韦特案"后开始录取黑人学生，但仅限于专业教育及研究生教育阶段，实际上对少数族裔学生实施的是一种"隔离然而平等"原则下的限制录取政策。得克萨斯州此间设立两所黑人大学的目的，是为黑人学生提供与白人学生所谓"实质平等"的高等教育，从而维持公立大学系统种族隔离现状。在"斯韦特案"判决一年后，普雷里维尤大学与得克萨斯州立黑人大学在州政府安排下与得克萨斯大学合作，开始在艺术、科学、教育和商业领域提供授予本科和硕士学位的课程计划，并且在药学、法学两个领域发展面向黑人学生的专业学位课程计划。如此，得克萨斯大学就能以黑人大学已经有相同的研究生和专业教育课程为由最

---

① Goldstone D. , "Heman Sweatt and the Racial Integration of the University of Texas School of Law ," *Journal of Blacks in Higher Education* , 54（2006）: 88.

大限度地拒绝录取黑人学生。但当时，南方州的公立黑人学校和白人学校之间，根本没有任何平等可言。① 因为缺乏充足的财政投入，这两所黑人大学勉强可以设置与得克萨斯大学相同的本科专业及课程，但无力提供同等质量的研究生教育及专业教育。在"隔离然而平等"原则仍然有效的情况下，得克萨斯大学仅在法学院、医学院等专业教育及研究生教育阶段开始录取黑人学生，在本科教育阶段仍然禁止录取。虽然"斯韦特案"没有真正推翻"隔离然而平等"原则，但促使联邦最高法院在美国的平等历程上往前迈出了坚实一步——距离"布朗案"废除种族隔离制度仅有"一步之遥"。②

二 1955 年至 1967 年：种族中立形式平等但意在排斥的录取政策

1954 年，联邦最高法院在"布朗 I 案"中判决"隔离的教育设施本身就是不平等的"，后在 1955 年"布朗 II 案"③ 中进一步裁定各州政府应承担责任，推动公立学校种族融合，并要求联邦法院监督，确保各州政府以"十分审慎的速度"（all deliberate speed）合理启动种族融合进程。当时，一些州把"审慎"解读为"缓慢"（slow），以此作为继续在公立学校中实施种族隔离的借口④。位于州府的奥斯汀独立学区（Austin Independent School District）在"布朗案"之前就建立了隔离的黑人学校和墨西哥裔学校，当"布朗案"判决要求推进学校种族融合时，学区绕过白人学校，让在黑人学校和墨西哥裔学校的学生相互转学。之后，学区试图通过诉讼继续维持种族隔离制度，尽管两次上诉至联邦最高法院但最终均以败诉告终。但是这种拖延策略使得学区一直到 1979 年才开始真正废除公立学校中的种

---

① 任东来、胡晓进：《在宪政的舞台上——美国最高法院的历史轨迹》，中国法制出版社，2007，第 290 页。

② Campbell R. B., *Gone to Texas: A History of the Lone Star State* (New York: Oxford University Press, 2003), p. 424.

③ *Brown v. Board of Education of Topeka*, 349 U. S. 294 (1955)

④ Ogletree C. J., *All Deliberate Speed: Reflections on the First Half Century of Brown v. Board of Education* (New York: W. W. Norton & Company, 2004), p. 10.

族隔离制度，这距离"布朗案"已经过去四分之一个世纪。① 得克萨斯州更是对种族融合予以"大规模抵制"（massive resistance）②，如州立法机构拖延到1969年才废除前述种族隔离法律条款③。

"布朗案"虽然吹响了结束种族隔离制度的号角，却并非标志种族隔离制度在美国教育中的消亡。④ 1955年得克萨斯大学董事会不得不决定于次年开始在本科教育阶段录取黑人学生，但对州拨款经费的依赖影响了管理层废除种族隔离制度的动力。得克萨斯大学因为录取少数族裔学生而失去了州立法机构中部分议员的支持，有议员公开宣称投票反对拨款是"因为学校中有黑人本科生"。黑人女音乐家康拉德（B. Conrad）在得克萨斯大学就读期间曾经参加学校1957年音乐剧选拔，其时正值当时的拨款听证会，有议员对校长威尔逊（L. Wilson）表示演员阵容中出现黑人歌手会导致很糟糕的公众影响。威尔逊最终要求康拉德退出音乐剧表演，尽管他称该决定是"为她的安全考虑"，避免得克萨斯大学成为"种族融合问题两派极端主义者的战场"。⑤ 同时，学校以州财政拨款不足难以应对可能出现的入学人数增加的状况为由，结束了宽松的"开放式"录取政策，开始实施"入学限制计划"（enrollment restriction plan），该计划要求所有申请人在标准化测试中达到特定要求。标准化测试看似种族中立，平等对待所有申请人，但是动机并非如此，甚至连学生参加标准化测试的考场都是种族隔离的。⑥ 由于得克萨斯州在基础教育和中等教育阶段长期实施种族隔离制度，黑人学生在标准化测试中的整体表现显著低于白人学生。得克萨斯大学通过在录取标准中引入对黑人学生不利的标准化测试，可以在不违反种族融合法律的

---

① Scanlan L. C., "Hopwood v. Texas: A Backward Look at Affirmative Action in Education," *New York University Law Review* 71 (1996): 1580.

② Shabazz A., *Advancing Democracy: African Americans and the Struggle for Access and Equity in Higher Education in Texas* (Chapel Hill: University of North Carolina Press, 2004), p. 142.

③ Dettmer D., *The Texas Book Two: More Profiles, History, and Reminiscences of the University* (Austin: University of Texas Press, 2012), p. 110.

④ 张冉：《布朗诉教育委员会案的微观分析》，《全球教育展望》2012年第3期，第39页。

⑤ Kuhlman M., "Direct Action at the University of Texas during the Civil Rights Movement, 1960 – 1965," *Southwestern Historical Quarterly* 98 (1995): 550.

⑥ McCaslin R. B., "Steadfast in His Intent: John W. Hargis and the Integration of the University of Texas at Austin," *The Southwestern Historical Quarterly* 95 (1991): 20.

前提下尽量减少黑人学生入学人数，[①] 因此它对少数族裔学生实施的是一种看似种族中立但意在排斥的录取政策。

与此同时，校园中积重难返的种族主义也使黑人学生对得克萨斯大学避之不及。斯韦特本人在得克萨斯大学短暂就读期间曾经遭受严重的种族骚扰和生命威胁，种族主义者曾经在法学院外场地上燃烧巨大的十字架以示警告，也以口头和信件方式威胁他的生命安全，甚至损坏他居住的房屋玻璃，最终斯韦特因"生理和心理上疲惫不堪"而不得不退学。[②] 尽管学校在 1956 年录取了 104 名黑人学生，但校内"不成文的政策"（unwritten policy）却禁止黑人学生参与公开的戏剧演出、仪仗乐队、体育竞赛，甚至在学生餐厅、宿舍、课堂中继续维持种族隔离制度。[③] 例如，以黑人和墨西哥裔为代表的少数族裔学生无法参加校内社团组织，也不能和白人学生住在同一宿舍中。校园中"事实上"的种族隔离，使当时就读的黑人学生们感到"孤独和不悦"[④]，也使得说服子女避免申请得克萨斯大学成为黑人社区家长的普遍做法。申请意愿持续走低，使得克萨斯大学黑人学生入学人数停滞不前，与其他州平稳推进种族融合的白人大学形成鲜明对比。即使是最早开始录取黑人的得克萨斯大学法学院，从 1950 年到 1968 年平均每年录取的黑人学生也仅有 1.9 人。[⑤] 可见，得克萨斯大学在这一阶段实施的看似公平的种族中立录取政策，实际上对黑人学生产生了明显的排斥效果。

三 1968 年至 1996 年：以结果为导向的积极差别待遇录取政策

随着美国民权运动在 20 世纪 60 年代初达到高潮，得克萨斯大学迫于

① Goldstone D. N. , *Integrating the 40 Acres: The Fifty – Year Struggle for Racial Equality at the University of Texas* (Athens: University of Georgia Press, 2006), p. 41.

② Lavergne G. M. , *Before Brown: Heman Marion Sweatt, Thurgood Marshall, and the Long Road to Justice* (Austin: University of Texas Press, 2010), pp. 280 – 282.

③ Duren A. M. , *Overcoming: A History of Black Integration at the University of Texas at Austin* (Austin: University of Texas Press, 1979), p. 5.

④ Goldstone D. N. , *Integrating the 40 Acres: The Fifty – Year Struggle for Racial Equality at the University of Texas* (Athens: University of Georgia Press, 2006), p. 46.

⑤ Jones D. L. , "Sweatt Case and the Development of Legal Education for Negroes in Texas," *Texas Law Review* 47 (1969): 677.

外界社会与政治压力开始在录取政策中引入积极差别待遇。学校最初是以设立特别录取计划的方式增加以黑人为主的少数族裔学生入学人数，例如本科录取中的"有条件录取计划"（Provisional Admissions Program，PAP）和"教育机会项目"（Program for Educational Opportunity，PEO），以及法学院录取中的法律教育机会委员会，但都仅持续了短暂时间。董事会在1962年批准实施有条件录取计划，录取那些未能满足录取要求的学生，其中包括代表性不足的少数族裔学生。这个计划允许他们在夏季注册，如果能够在大学环境中展现出发展潜力并且在特定课程中的学业表现令人满意，那么待到秋季时就能够符合录取资格。但是有条件录取计划在实施中引发了外界批评，认为这个计划是针对来自中产阶级背景的学生，而非处于经济和教育弱势境况的学生。参加计划的学生在夏季要完成高强度的12学时课程，所以管理人员不鼓励学生在参加计划期间做兼职工作，但是通常情况下学生又不能获得学校额外的经济资助，这使得低收入家庭的学生难以承担夏季课程的费用，这反而限制了这部分学生参加有条件录取计划。得克萨斯大学在注意到这个问题后，在有条件录取计划基础上推出了教育机会项目。教育机会项目在推荐和面试的基础上有条件地录取那些标准化测试分数未达要求，但具备发展潜力的教育、文化和经济弱势学生，并为学生提供个人咨询、学业辅导、学费、食宿及书籍等一系列支持，这些学生中包括黑人和墨西哥裔学生。如果他们表现优异，按照计划会为他们提供常规的录取机会。虽然教师委员会决定进一步增加教育机会项目录取人数，但学校董事会成员之间出现意见分歧，随后学校董事会决定取消该项目。尽管董事会主席欧文（F. Erwin）宣称取消教育机会项目的原因是学校不应当将州拨款经费用于录取本没有机会接受高等教育的学生，他在州立法机构听证会上表示，"我们拒绝了数以千计的来自爱尔兰、苏格兰、南斯拉夫及其他国家地区的后裔"，因为他们没有达到学校的录取标准，"同时我们却有意地录取同样未能达到标准的黑人和墨西哥裔学生"。不过，很多人认为，欧文取消教育机会项目的真实原因是董事会成员们不希望看到校园中出现太多少数族裔学生，也担心种族融合措施会引发大学支持者的不满。[1] 法律教育机会委员会也遭遇了类似的情况。在院长基顿（W. Keeton）的倡导下，法学院开始关注少数族裔学生代表性不足问题，尝试通过多种方式增加入学人数。法学院从1968年开始参与法律教育机会委员会，在夏季为少数族裔学生提供法律辅导培训，并录取那些表现优秀的学生。尽管法律教育机会委员会在增加少数族裔学生数量方面发挥了积极作用，并且得到大多数教师的支持，但法学院最终因董事会干预在1971年退出法律教育机会委员会。时任校长斯珀尔（S. Spurr）一直对法律教育机会委员会持有批评意见，认为"得克萨斯大学的录取程序不应基于种族、肤色、性别、宗教或者国别出身而给予歧视……任何人都不应当因为这些因素而被优待或者被歧视"。[2]次年，法学院仅录取了6名墨西哥裔学生，未能录取到黑人学生。此外，在基顿院长的倡议和支持下，法学院副院长鲁德（M. Ruud）带领多名教师和学生组成"从少数族裔群体中招收少数族裔学生的生师委员会"（Student – Faculty Committee on Recruiting Minority Students from Minority Groups），走进少数族裔学生聚集的社区和学校，改善法学院不受欢迎的负面形象，鼓励和指导有志从事法律工作的本科生申请法学院。[3]

除了各种形式的特别录取计划，得克萨斯大学还尝试通过奖学金打破少数族裔学生入学面临的经济障碍。黑人和墨西哥裔学生多来自低收入家庭，一些少数族裔学生因接受高等教育而背负沉重的经济负担。得克萨斯大学在1968年第一次将奖学金授予贫困家庭学生后很快发现，奖学金或许可以吸引更多符合条件的少数族裔学生，于是管理层开始寻求公共经费支持来建立少数族裔奖学金，学校为了纪念"斯韦特案"判决25周年而建立的"四分之一世纪基金"（The Quarter – Century Fund）就是其中之一。法学院还和企业联合设立"少数族裔企业奖学金计划"（The Minority Corporate

[1] Goldstone D. N. , *Integrating the 40 Acres: The Fifty – Year Struggle for Racial Equality at the University of Texas* (Athens: University of Georgia Press, 2006), p. 147.

[2] Barrera L. L. , "Minorities and the University of Texas School of Law (1950 – 1980)," *Texas Hispanic Journal of Law and Policy* 4 (1998): 99.

[3] Barrera L. L. , "Minorities and the University of Texas School of Law (1950 – 1980)," *Texas Hispanic Journal of Law and Policy* 4 (1998): 99.

Scholarship Program），为法学院二年级和三年级的黑人、墨西哥裔学生提供资助，合作企业甚至还为少数族裔学生提供到其法务部门从事文书工作的机会。学校还拓展了原本只向一年级本科生提供奖学金的"成就学者计划"（Achievement Scholar Program），开始面向那些"尽管面临经济、地理、种族或教育环境困难，但是仍然表现出卓业学业和领导力潜力的学生"，使符合条件的黑人和墨西哥裔学生也能有机会进入得克萨斯大学学习。[①]

因为州公立大学系统中种族融合进展缓慢，得克萨斯州在联邦政府的强力介入下开始推行以结果为导向的录取政策，增加少数族裔入学人数。联邦民权办公室从1969年开始落实《民权法》第六章，要求各州制定详细计划，消除公立大学系统中种族隔离制度及影响。[②] 各州为获得联邦经费，不得不向联邦提交废除学校种族隔离制度的计划。[③] 当联邦最高法院尚未对"巴基案"做出判决时，联邦民权办公室从1978年2月开始对得克萨斯州公立大学系统展开民权审查。1980年，联邦民权办公室判定得克萨斯州未能消除公立大学系统中种族双重制度的遗留问题。联邦民权办公室在与得克萨斯州进行了长达30个月的谈判后，明确要求得克萨斯州确定具体数字目标和循序实施时间表，以实现黑人与白人学生相同的入学率。州总检察长怀特建议州政府采纳一项主动实施的行动计划，提升公立大学系统多元化，避免联邦政府下令强制推进废除种族隔离制度的进程。根据要求，得克萨斯州提交了"得克萨斯州高等教育平等教育机会计划"（Texas Equal Education Opportunity Plan for Higher Education，简称"得克萨斯计划"）。但是，得克萨斯州在计划中以整个州而非每一所学校为基础设定增加少数族裔入学人数目标，并且没有明确目标达成日期，所以该计划被联邦民权办公室驳回。在哥伦比亚特区法院威胁对得克萨斯州实施强制令之后，联邦民权办公室对得克萨斯州提出"37条建议措施"，其中之一是学校重新评估录取标准，

---

① Duren A. M., *Overcoming: A History of Black Integration at the University of Texas at Austin*（University of Texas Press, 1979），p. 32.

② Stefkovich J. A., Leas T., "A Legal History of Desegregation in Higher Education," *The Journal of Negro Education* 63（1994）：406.

③ 薛二勇：《美国促进教育公平发展的政策体系——基于法律演化的视角》，《高等教育研究》2010年第4期，第97页。

"录取那些具备学业成功潜力但不一定满足所有传统录取要求的少数族裔学生"。[1] 依据建议修订通过联邦民权办公室审核的"得克萨斯计划"从 1983 年开始实施，在 1988 年计划临近到期时，得克萨斯州经过初步的自我评估后发现仍未实现计划目标。例如，计划目标是在五年内增加 2432 名黑人和 3190 名拉美裔本科生，240 名黑人和 463 名拉美裔研究生，同时在传统的白人大学中增加录取共 100 名黑人和拉美裔学生。但是，目标实现进度远低于预期，1985 年得克萨斯大学黑人本科生仅比 1978 年增加了 100 多人，同期拉美裔本科生仅增加了 13 人。为避免联邦政府进一步干预，得克萨斯州主动宣布继续实施第二期"得克萨斯计划"。

由于达到同等录取标准的少数族裔学生人数严重不足，[2] 得克萨斯大学为实现少数族裔学生入学人数目标，不得不在录取程序中有针对性地降低要求。法学院在 20 世纪 60 年代初制定的录取要求是本科学术能力评估测试达到 2.2 分并通过法学院入学考试。随着申请人数不断增加，法学院从 1965 年开始将反映学生学业表现的主要评价结果换算为得克萨斯指数，设立录取分数线，这个阶段的积极差别待遇录取政策主要面向"经济和文化上发展不足的群体"。法学院自动录取那些得克萨斯指数超过基准线的申请人，然后由录取委员会对得克萨斯指数低于基准线的申请人进行评价。这一录取政策被一直使用到 20 世纪 60 年代后期，当时已经有足够多的申请人能够达到基准线要求，数量超出了录取名额，所以法学院就没有必要继续审核那些得克萨斯指数没有达到基准线的申请人。法学院对录取程序进行了调整，将自动录取基准线变为"假定录取"，同时使用"假定拒绝"基准线，即申请人如果得克萨斯指数低于该基准线就被自动淘汰。但是，不断推高的录取标准对少数族裔学生的不利影响越来越明显，所以法学院配合法律教育机会委员会，有针对性地录取表现优秀的少数族裔学生。

在退出法律教育机会委员会之后，法学院或多或少地会在录取程序中

① Laycock D., "The Broader Case for Affirmative Action: Desegregation, Academic Excellence, and Future Leadership," *Tulane Law Review* 78 (2004): 1767.

② Hook S., Todorovich M., "The Tyranny of Reverse Discrimination," *Change: The Magazine of Higher Learning* 7 (1975): 42.

公开考虑种族因素，在常规录取委员会之外设立"教育弱势申请人委员会"（Committee for Educationally Disadvantaged Applicants），确保少数族裔及其他弱势处境学生在录取程序中获得充分考虑。[①] 但是，这部分申请人和常规录取委员会审阅评价的申请人是单独分开的。尽管教育弱势申请人委员会在录取程序中不分种族背景审阅所有弱势背景申请人的材料，但是主要的目标仍然是增加法学院中少数族裔学生数量。1977 年，这个委员会审阅了 500 多份申请材料，其中白人学生约为 100 人，最终录取了 68 名少数族裔学生和 3 名白人学生。由此看来，常规录取委员会对其他申请人采用不同的程序。由于申请人数量众多，常规录取委员会不能对每一份申请进行个人化评价，所以法学院设立了三类制度来缩小常规录取委员会需要重点审阅的申请人范围。三类制度中的第一类是"管理录取"（administrative admission），得克萨斯指数高于特定基准线的申请人进入这一类，被自动录取；第三类是"假定拒绝"，得克萨斯指数低于特定基准线的申请人进入这一类，被自动淘汰，但是如果录取工作人员发现应进一步考虑某一申请人的材料，则可以将其提交给常规录取委员会；中间的第二类是"裁量区域"，常规录取委员会对进入这一类的申请人及从"假定拒绝"中筛选出的申请人进行重点审核。

在 1978 年"巴基案"判决后，法学院也重新对积极差别待遇录取政策进行了评估，认为尽管没有采用联邦最高法院所否定的录取配额，但是使用两个录取委员会分开评价申请人的方式仍然存在瑕疵。所以，时任院长史密斯（E. Smith）在保留录取三类制度的同时，要求录取程序中只能有一个统一的录取委员会，但是要求在设定"管理录取"和"假定拒绝"基准线时，要确保有更多能够充分获得个人化评价的申请人进入评价程序。之后，基准线的设置原则变为在合理数量范围内让更多的申请人进入"裁量区域"，然后将这些申请人按比例依次递减分为六个组，按照既定比例对每个组中的申请人进行录取，录取比例也从第一个组到最后一个组依次递减。

---

① Aldave B. B., "Affirmative Action: Reminiscences, Reflections and Ruminations," *Southern University Law Review* 23（1995）: 121.

在这种情况下，除了很少的少数族裔申请人出现在得克萨斯指数偏高的组中，大部分的少数族裔申请人集中在得克萨斯指数偏低的组中。每一组的申请材料不分种族背景由录取委员会的三名成员进行审阅，每个成员根据每一组的录取名额掌握特定数量的投票权。所以，录取委员会的每一名成员都有完全的裁量权来决定对审阅的每一份申请材料是否实施及在多大程度上实施积极差别待遇录取政策。不过，录取委员会发现这样的程序存在两个问题。第一，非少数族裔申请人受到积极差别待遇录取政策的影响程度，取决于其申请材料被分到哪一组；第二，少数族裔申请人得到积极差别待遇录取政策的支持基于的是委员会成员个人的偏好，而不是录取委员会整体给出的合理性解释。所以，法学院很快就放弃了这种分组投票的录取程序。

1980 年，法学院改设"完全录取委员会"和"少数族裔子委员会"，分别对非少数族裔学生和少数族裔学生进行审核，并由子委员会提交少数族裔建议录取名单。在录取过程中，完全录取委员会负责对所有非少数族裔申请人材料进行审阅；少数族裔子委员会对所有未进入"假定录取"的少数族裔申请人材料进行审阅，在某一特定节点向完全录取委员会提交一份关于少数族裔申请状况的总结报告，并且推荐适合录取的少数族裔申请人名单。但是，完全录取委员会仍须在比较被推荐录取的少数族裔申请人和待录取的非少数族裔申请人后，就少数族裔子委员会的推荐名单进行逐一投票。在 20 世纪 80 年代早期，委员会成员会耗费大量时间就是否录取特定申请人而展开激烈的争论，焦点就是个别少数族裔申请人是否满足法学院最低录取标准，能否达到法学院的学业要求。法学院最初确定的目标是在入学新生中分别有 10% 的黑人学生和 10% 的墨西哥裔学生，1983 年的入学情况非常接近这个目标，其中黑人学生达到 9.3%（47 人），墨西哥裔学生达到 10%（51 人）。但是，因为黑人学生的本科学术能力评估测试和法学院入学考试分数整体上低于墨西哥裔学生，所以实现录取 10% 的黑人学生的目标的难度更大，很多时候原本为黑人学生设定的比例会转给墨西哥裔学生。尽管法学院对外宣称录取了更多少数族裔学生，但是黑人与墨西哥裔学生之间存在很大差异。在法学院 1986 年的入学新生中，黑人学生仅占 4.4% （24 人），墨西哥裔学生却达到了 31.1% （71 人）。①

随着申请人整体质量的逐渐提高，争论焦点转移到个别少数族裔申请人是否能在法学院的学业中获得成功这一问题上，即是否应更多地录取学业能力接近白人学生的少数族裔申请人。为了提高效率，完全录取委员会在 1991 年 4 月授权少数族裔子委员会审阅少数族裔申请材料，要求子委员会推荐足够的候选人，以确保入学新生中有 5% 的黑人和 10% 的墨西哥裔学生。到了这个时候，完全录取委员会已经不再对候选人名单进行激烈讨论和逐一投票，基本视推荐的候选人为最终结果并按照名单发放录取通知。尽管两个委员会在录取程序中有沟通交流，但是少数族裔子委员会实质上已经获得授权来决定录取哪些少数族裔申请人，这和"巴基案"中医学院的录取程序非常相似。

这种以结果为导向的积极差别待遇录取政策引发了"霍普伍德案"，并最终导致得克萨斯大学被禁止在录取程序中考虑学生的种族因素。该案争议焦点是法学院在 1992 年的录取程序中依据得克萨斯指数将申请人划分为"假定录取"、"裁量区域"和"假定拒绝"三类，并针对黑人和墨西哥裔学生设定了不同于非少数族裔学生的分数线，目的是使他们获得更多录取机会。当年，霍普伍德等四名白人学生在向法学院提出入学申请并被拒绝录取后，向联邦法院提起诉讼。最终联邦第五巡回上诉法院判决法学院录取程序违宪，禁止实施积极差别待遇录取政策。之后，法学院修改了录取程序，撤销单独的少数族裔录取子委员会，所有的申请材料都由一个委员会进行审阅。虽然该案判决仅在第五巡回上诉法院所管辖的三个州内具有判例约束力，但由于与联邦最高法院在"巴基案"中的判决原则不符，该判决成为禁止个别州在公共领域实施积极差别待遇政策的导火索，在美国高等教育界和司法界均引发极大争议。

四　1997 年至 2004 年：种族中立形式平等但意在吸纳的录取政策

为在"霍普伍德案"后既遵循上诉法院判决结果，又保持州公立大学

---

① Graglia L. A. , " Hopwood v. Texas: Racial Preferences in Higher Education Upheld and Endorsed," *Journal of Legal Education* 45 （1995）: 79.

系统中少数族裔的入学人数，得克萨斯州以立法形式通过自动录取的"比例计划"，开始了对少数族裔学生实施种族中立但意在吸纳的录取政策。"巴基案"在根本上维持了积极差别待遇录取政策的合宪性，虽然诉讼风波之后少数族裔学生规模的发展在20世纪80年代初经历了短暂停滞，但是从20世纪80年代中期开始又重拾上升势头。从1986年到1994年，美国黑人学生入学率增加了30%，黑人学生获得学士学位和硕士学位的人数分别增加了34%和40%。[①] 在20世纪90年代中后期，得克萨斯州的黑人和拉美裔人口比例接近50%，为该州的社会、经济和文化发展做出重要贡献。在这一背景下，得克萨斯州实施旨在促进高等教育多元化的录取政策，对于州的发展具有重要影响。当时，得克萨斯大学已经成为积极差别待遇录取政策的坚定支持者，校长伯达尔（R. Berdahl）称学校之所以坚持，是因为"作为一所旗舰大学，我们一直要培养州和国家的领导者"。[②] 但是"霍普伍德案"之后，得克萨斯大学的少数族裔入学人数应声下降，1997年黑人学生在入学新生中的比例从1996年的4.1%下降至2.7%，拉美裔学生比例从14.5%下降至12.6%。[③] 联邦民权办公室继续要求得克萨斯大学采取积极措施扩大黑人和拉美裔学生规模。1997年，州政府表示将继续支持"得克萨斯计划"，并制定了"2000年入学与平等计划"（Access and Equity 2000），旨在完善公立大学系统，增加少数族裔接受高等教育的机会。于是州立法机关能迅速通过"前10%法律"，正是利用了得克萨斯州人口和学区分布中种族隔离现象仍然突出的社会现实，该法律最终目的是确保有更多符合条件的少数族裔学生能够进入公立大学。[④] 尽管这样的录取政策也未能让得克萨斯大学少数族裔学生规模恢复到"霍普伍德案"之前的水平，但是的确

① Welch S., Gruhl J., *Affirmative Action and Minority Enrollments in Medical and Law Schools* (Ann Arbor: University of Michigan Press, 1998), p. 143.

② Scott F. J., Kibler W. L., "A Case Study: The Effects of the Hopwood Decision on Student Affairs," *New Directions for Student Services* 83 (1998): 57.

③ Torres G., "Grutter v. Bollinger/Gratz v. Bollinger: View from a Limestone Ledge," *Columbia Law Review* 103 (2003): 1596.

④ Fitzpatrick B. T., "Strict Scrutiny of Facially Race-Neutral State Action and the Texas Ten Percent Plan," *Baylor Law Review* 53 (2001): 289.

起到了一定缓和作用，如黑人学生的比例恢复并保持在 4% 的水平。从立法目的来看，"前 10% 法律"是得克萨斯州在"霍普伍德案"后对积极差别待遇录取政策的配套改革与调整，而非完全绝对的颠覆。①

对于"比例计划"以外的录取名额，得克萨斯大学也开始在录取程序中考虑种族因素之外但与之密切关联的替代因素（proxy）。"霍普伍德案"后，学校在保留原有的依据学生高中班级排名及标准化测试分数进行换算的学业指数标准的同时，引入个人成就指数。这是对申请人进行全面考察而决定的分数计算方式，目的是在学业指数之外综合考量学生素质。尽管个人成就指数不再考虑种族因素，但是很多与种族因素关联度高的特殊情况仍然会影响到少数族裔学生，比如家庭社会经济地位、在家庭中使用英语以外的语言等。在不适用"比例计划"的研究生教育与专业教育阶段，使用替代因素也成为增加少数族裔学生入学人数的重要策略。例如，在得克萨斯州部分拉美裔人口比例超过 80% 的城市，法学院为这里的本科学校提供资助，设立法律预科项目，提高本地学生录取机会。② 虽然此类项目只能投放少量录取名额，但在无法考虑种族因素的情况下，对于增加少数族裔入学人数仍然发挥了积极作用。

此外，得克萨斯大学还采取了一系列种族中立招生措施，吸引少数族裔学生申请入学。首先，学校面向弱势群体学生设置奖学金计划并不断加大投入。得克萨斯大学从 1997 年开始设置"长角牛机会奖学金"（Longhorn Opportunity Scholarship），主要面向该州低收入家庭学生聚集的高中毕业生。"第一代奖学金"（First Generation Scholarship）则为家庭中第一位能够申请大学的高中毕业生提供资助。其次，学校面向少数族裔聚居城市设立录取中心并加强招生宣传。得克萨斯大学在达拉斯（Dallas）、圣安东尼奥（San Antonio）、哈灵根（Harlingen）三座城市设置区域性录取中心。学校一方面安排招生人员密切联系各高中的辅导员，面向学生宣传得克萨斯大学招生

---

① 周海涛：《美国公立大学录取政策变革：百分比计划》，《清华大学教育研究》2007 年第 6 期，第 89 页。

② Laycock D. , "The Broader Case for Affirmative Action: Desegregation, Academic Excellence, and Future Leadership," *Tulane Law Review* 78（2004）: 1767.

政策与资助机制，另一方面则邀请有意申请的学生及父母到得克萨斯大学校园参观。此外，随着"前10%法律"带来的非洲裔学生数量的增加，学校在管理上设置了"多元化与社群参与部门"（Division of Diversity and Community Engagement），并且在新近成立的文理学院中设立非洲与非洲裔流散研究系（Department of African and African Diaspora Studies），承诺面向黑人学生提供奖学金。学校试图通过这些方法改善校园中的负面种族氛围，提升在少数族裔社群中的声誉和影响。

五　2005年至今：以过程为导向的积极差别待遇录取政策

2003年，在涉及密歇根大学的"格鲁特案"中，联邦最高法院遵循"巴基案"所确立的司法原则，判决积极差别待遇录取政策合宪。[①] 得克萨斯大学随后授权各院系就少数族裔学生是否达到具有合理代表性的"临界规模"，以及是否有必要在录取程序中重新考虑种族因素等展开调查研究。校长福克纳（L. Faulkner）在2004年建立"种族尊重与公平特别小组"（Task Force on Racial Respect and Fairness），并在2005年专门聘任一名负责机会平等与多元化事务的副教务长。有研究表明，在实施种族中立的"比例计划"后，得克萨斯大学的种族融合与多元状况并未得到充分改善。[②] 对2002年的课程进行的统计调查发现，在由5～24名学生选课组成的课堂中，仅有1名或者没有黑人学生的课堂占90%，仅有1名或者没有拉美裔学生的课堂占43%。[③] 在对学生的访谈调查中也发现，少数族裔学生普遍表示在校园中"感觉孤立和孤独"。[④] 经过为期一年的调查后，得克萨斯大学决定

① Asbury B. D., "The Fisher Oral Argument: Why Affirmative Action Might Endure," *Stanford Journal of Civil Rights & Civil Liberties* 9 (2013): 107.

② Long M. C., "Affirmative Action and Its Alternatives in Public Universities: What Do We Know?," *Public Administration Review* 67 (2007): 315.

③ UT News, "The University of Texas at Austin Proposes Inclusion of Race as a Factor in Admissions Process," https: //news. utexas. edu/2003/11/24/the – university – of – texas – at – austin – proposes – inclusion – of – race – as – a – factor – in – admissions – process/, last accessed: 2019 – 11 – 19.

④ Robinson K. J., "Fisher's Cautionary Tale and the Urgent Need for Equal Access to an Excellent Education," *Harvard Law Review* 130 (2016): 185.

在 2005 年秋季入学申请中重新实施积极差别待遇录取政策。

　　新的积极差别待遇录取政策不再以提高少数族裔录取人数的结果为导向，而是以过程为导向，将种族因素仅仅作为全面评价学生的附加因素。在依据州法律继续实施"比例计划"的同时，得克萨斯大学将学业指数和个人成就指数重新整合为"全面评价"（holistic review）程序，并在个人成就指数中设置个人成就分数标准。个人成就分数主要体现学生的领导力素质、课外活动、奖励荣誉、工作经验、对高中学校或者社区的服务，以及学生所处的"特殊境况"，即学生家庭的社会经济地位、学生就读学校的社会经济地位、学生所承担的家庭责任、学生是否生活在单亲家庭、学生在家庭中是否说英语以外的语言、学生的学术能力评估测试或美国学院考试分数与就读高中整体分数水平的比较，以及学生的种族身份。由此可见，种族因素在全面评价程序中仅占有非常有限的权重，不足以单凭种族因素就决定是否录取少数族裔学生。通过"费希尔案"的判决，新的积极差别待遇录取政策得到了联邦最高法院的支持。

第二节　现实视角：对政策受益群体的反思

一　学生分类：将更多弱势境况学生纳入受益群体范围[1]

　　得克萨斯大学在"费希尔案"第一次庭审辩论中表示，为了实现已被联邦最高法院允许的学生群体多元化目标，学校有意录取黑人和拉美裔成功职业人士的子女，理由是这些学生能够成为"推动跨种族理解，打破种族成见的纽带"。[2] 保守派大法官阿利托（S. Alito）在判决书的反对意见中对此予以强烈驳斥，称创设积极差别待遇录取政策的目的是帮助弱势学生，而如此判决结果只会令该政策"失去控制"，使少数族裔群体的部分优势阶

---

① 申素平、王俊：《美国公立高校积极差别待遇录取政策反思》，《教育研究》2017 年第 9 期，第 140 页。

② Ohlendorf P. C., Laycock D., Garre G. G., et al., "Brief of Respondents University of Texas at Austin, et al. filed," http://sblog. s3. amazonaws. com/wp - content/uploads/2012/08/11 - 345bs. pdf, last accessed: 2019 - 11 - 19.

层从中受益。[①] 阿利托的观点再次引出积极差别待遇录取政策备受争议的"奶油层"（creamy layer）问题。

（一）"奶油层"概念的引入与再界定

积极差别待遇的根本目标是要解决经济社会不平等问题。[②] 对于政策所指弱势群体是否真正从中受益，他们能否改善自身经济社会状况，也是学者对于积极差别待遇政策效果的关注点。索厄尔（T. Sowell）在研究了包括美国在内的多国社会政策之后认为，尽管积极差别待遇均以补偿弱势群体和改变他们经济社会状况为目标，但他们并非最大的政策受益者，有受益者的经济社会状况甚至高于本国平均水平。[③] 尽管斯特巴（J. Sterba）认为索厄尔的观点过于偏激，并从积极差别待遇在美国的发展历程与表现形式两个方面进行拓展研究，得出了不同的结论，但是他也主张应当制定一种能够更好地服务于弱势群体的社会政策。[④] 自产生以来，积极差别待遇录取政策所遭遇的质疑之一正是该类政策实际上帮助了那些并不需要帮助的少数族裔学生进入美国知名高校，例如黑人医生的子女借此政策进入斯坦福大学或者哈佛大学。[⑤] 在 20 世纪七八十年代，积极差别待遇在教育、就业和合同领域引发一系列诉讼，司法审查对政策完善形成倒逼压力。

"奶油层"概念最初产生于印度"保留权政策"（reservation policy）语境，后来作为一种改善政策效果的手段被学者引入对美国积极差别待遇的探讨。依据宪法，印度中央及各邦政府对由表列种姓、表列部族和其他落后阶层组成的弱势群体实施保留权政策，为三大群体在就业和入学方面保

---

① *Fisher v. University of Texas*，570 U. S. 297（2013）

② Brown G. K.，Langer A.，"Does Affirmative Action Work: Lessons from around the World," *Foreign Affairs* 94（2015）: 49.

③ Sowell T.，*Affirmative Action around the World: An Empirical Study*（New Haven: Yale University Press，2004），p. 12.

④ Sterba J. P.，"Completing Thomas Sowell's Study of Affirmative Action and then Drawing Different Conclusions," *Stanford Law Review* 57（2004）: 657.

⑤ Delgado R.，"1998 Hugo L. Black Lecture: Ten Arguments against Affirmative Action – How Valid," *Alabama Law Review* 50（1998）: 135.

留一定比例的名额。① 与美国相比，积极差别待遇政策在印度的实施中具有不同的表现形式，也引发了哪些人应当享受保留权政策优待的争论，催生了"奶油层"概念，指的是"其他落后阶层"中相对富裕且受过良好教育的成员。在 1993 年的"梭哈尼案"② 中，印度最高法院在判决中强调，"其他落后阶层"的成员身份只是推定个人可能需要保留权政策的优待帮助，但中央和地方政府需引入"奶油层"检验原则，即对个人进行以收入为主的经济状况调查，避免其从保留权政策中受益。

从司法审查的角度来看，印度保留权政策的理念以补偿正义和分配正义为基础，而美国积极差别待遇政策的理念则以补救性和多元化为基础，两者存在不同③。面对当时积极差别待遇在美国所遭遇的政策质疑和司法挑战，有学者在比较后认为"奶油层"检验原则可为本土的改革提供借鉴与思路。例如，坎宁安（C. Cunningham）等人认为，就以积极差别待遇确保平等机会原则而言，印度与美国在完善政策设计实施、明确界定受益群体、评估改进政策效果等方面具有共同的政策改革需求。④ 概念再界定，是在不同国别政策语境下比较和探讨相似问题解决路径的必要前提。在印度，其他落后阶层主要是未进入表列种姓和表列部族的社会与教育弱势群体，其受益群体的界定包含了宗教、民族、社会、文化、教育等诸多因素⑤，与美国积极差别待遇受益群体以种族因素作为单一界定因素有所不同。因此，在美国积极差别待遇录取政策的语境中，"奶油层"是指该政策所确定受益的少数族裔群体中，在经济社会条件方面具备相对优势，通过自身条件和家庭支持能够获得适当高等教育入学机会的成员。简言之，他们仅有少数族裔之名，但无弱势状况之实。

① 安双宏：《印度高等教育优待弱势群体保留权政策研究》，《比较教育研究》2016 年第 4 期，第 38 页。

② *Indra Sawhney v. Union of India*, A. I. R. 1993 S. C. 477

③ Tushnet M. , "United States: Supreme Court Rules on Affirmative Action," *International Journal of Constitutional Law* 2 (2004): 158.

④ Cunningham C. D. , Menon M. , "Race, Class, Caste …? Rethinking Affirmative Action," *Michigan Law Review* 97 (1999): 1296.

⑤ Ramaiah A. , "Identifying Other Backward Classes," *Economic and Political Weekly* 27 (1992): 1203.

（二）积极差别待遇录取政策中"奶油层"产生的原因

对于曾经在美国历史上遭受种族隔离与歧视的少数族裔而言，积极差别待遇录取政策的确帮助他们获得了更多接受优质高等教育的机会，但是"奶油层"问题也成为不可回避的争议。对该政策持支持态度的鲍恩和博克认为，美国大学成功地利用考虑种族因素的录取政策，促进了对于每个人而言都很重要的教育目标的实现。但是他们也发现，在知名大学的黑人学生中，有86%来自中等及上等阶层。[①] 笔者认为，其原因大致可以归纳为以下三个方面。

1. 对少数族裔的官方分类掩饰内部差异化矛盾

最初在公共就业和政府合同中推行积极差别待遇时，美国政府通过建立"官方少数族裔"分类来确定受益群体。依据1964年《民权法》创建的"平等雇佣机会委员会"（Equal Employment Opportunity Commission）在制作用于雇佣档案记录的平等雇佣机会一类（Equal Employment Opportunity – 1，EEO – 1）调查表时，将少数族裔雇员分为黑人、拉美裔、印第安裔、亚裔四个类别。如此设计分类的初衷是为了快速确定哪些地区和行业存在明显的种族歧视，以便委员会在权力管辖范围内调动资源予以有效应对，这也成为政府实施积极差别待遇的分类基础。[②] 1977年，《公共事业雇佣法》要求将总额40亿美元立法拨款中的10%用于为少数族裔所有的企业，并且将受益群体确定为黑人、西班牙语裔、东方裔、印第安裔、爱斯基摩裔和阿留申裔六个类别。当时，种族身份与社会经济弱势地位之间的确存在高度的一致性，所以这样的种族分类的确有利于美国联邦政府有效推动民权运动。这种套用"官方少数族裔"的政策范式也被公立大学沿用，但是公立大学在确定积极差别待遇录取政策受益群体时往往缺乏对校园中学生群体的调查与分析。例如，在"巴基案"中，医学院就直接将"EEO – 1"调查表的四个少数族裔类别确定为受益群体。这也使得联邦最高法院质疑为何在常规程序已

---

① Bowen W. G., Bok D., *The Shape of the River: Long – Term Consequences of Considering Race in College and University Admissions* (Princeton: Princeton University Press, 1998), p. 341.

② Skrentny J. D., "Inventing Race," *Public Interest* 146 (2002): 97.

经录取相当数量亚裔学生的前提下，医学院仍然将他们作为受益群体。

美国联邦政府对少数族裔的分类旨在"官僚便利"（bureaucratic con-venience）[①]，不能充分体现同一少数族裔内部成员的差异化。造成内部差异化的因素之一是地区差异。索厄尔（T. Sowell）观察到，从 20 世纪七八十年代开始，同一少数族裔在不同地区的收入差异甚至比任一少数族裔与全美平均水平的收入差异更为显著。例如，当时纽约州黑人家庭的平均收入是密西西比州黑人家庭的两倍多，底特律墨西哥裔家庭的收入比得克萨斯州拉雷多（Laredo）等市区的墨西哥裔家庭至少高出一倍，居住在芝加哥、底特律或者纽约的印第安裔收入比住在保留地的印第安裔多出一倍。[②] 造成内部差异化的因素之二是历史差异。在林肯总统签署《解放奴隶宣言》之前，美国就已经有 50 多万自由黑人，他们有自己的历史、文化和价值标准，他们的后代也有别于其他黑人，而且在适应社会转型发展过程中更具优势，往往成为各个领域的领跑者。[③] 同时，新近移民也使内部差异化更加复杂。即使同属"黑人"分类，积极差别待遇录取政策的受益者更多是来自非洲和西印度群岛的黑人移民及子女，而非最初预期的黑奴后裔。[④] 有学者主张在确定积极差别待遇受益群体时，应综合考虑地区和历史差异以进一步细分。例如劳里（G. Loury）就主张真正需要积极差别待遇的黑人，是那些曾经居住在美国南方农村地区、后迁至北方城市但居住于贫困社区的黑奴后裔。[⑤] 帕特森（O. Patterson）则认为，来自非洲、加勒比海和其他地区的非裔第一代移民，波多黎各裔之外的拉美裔，20 世纪 20 年代后中国移民后裔，都不应当纳入受益群体。[⑥]

① La Noue G. R. , Sullivan J. C. , "Deconstructing the Affirmative Action Categories," *American Be-havioral Scientist* 41（1998）: 913.

② Sowell T. , *Ethnic America: A History*（New York: Basic Books, 1981）, p. 11.

③ Sowell T. , *Ethnic America: A History*（New York: Basic Books, 1981）, p. 195.

④ Rimer S. , Arenson K. W. , "Top Colleges Take More Blacks, but Which Ones?" http: //www. ny-times. com/2004/06/24/us/top – colleges – take – more – blacks – but – which – ones. html? _r = 0, last accessed: 2019 – 11 – 19.

⑤ Loury G. C. , "The Hard Questions: Double Talk," *New Republic* 217（1997）: 23.

⑥ Patterson O. , *The Ordeal of Integration: Progress and Resentment in America's Racial Crisis*（Washington, D. C. : Civitas/Counterpoint, 1997）, p. 193.

2. 追求学生群体多元化过程中过度关注种族身份

积极差别待遇录取政策在美国高等教育的出现与发展，得益于大学的管理者和专业组织对其的认可与推广，但高等教育共同体在追求实现学生群体多元化目标时，过度关注多元化中的种族维度。例如，美国法学院协会和美国律师协会在推动大学法律教育方面发挥着重要作用，曾经在20世纪60年代末期联合全美主要法学院启动法律教育机会委员会项目，增加少数族裔在法律教育和执业中的代表性。各法学院申请加入美国法学院协会需要满足的条件之一是"通过公平与非歧视程序构建学生群体多元化"。时至今日，两大专业组织仍然对积极差别待遇录取政策持积极态度。《美国法学院协会章程》第六条第3款规定："成员学院应当在……学生申请、录取及毕业事宜中为所有人提供接受法律教育的平等机会，不得以种族、肤色、宗教、国别出身、性别、年龄或身心障碍予以歧视或者隔离。"同时规定"成员学院应当追求具备一个在种族、肤色和性别方面多元的教师、管理者和学生群体。成员学院可以寻求额外的积极差别待遇目标"。[1] 承担法学院法律教育认证工作的美国律师协会，则通过认证标准鼓励法学院录取更多符合条件的少数族裔学生。例如，"第206条标准"要求法学院"通过具体行动，充分地为代表性不足群体特别是少数族裔群体成员提供法律学习和职业准入的机会，以证明其致力于促进多元与融合，也具有一个在性别、种族和民族方面多元的学生群体"。[2]

在这一背景下，大学普遍将"种族可识别性"作为促进学生群体多元化的主要维度，而对学生的家庭背景及收入关注不足。在"德夫尼斯案"和"巴基案"中，华盛顿大学法学院和加利福尼亚大学医学院均面向特定少数族裔申请人预先保留了录取名额，实施单独审核程序。在"霍普伍德案"中，得克萨斯大学法学院为了实现入学新生中有5%的黑人学生和10%的墨西哥裔学生的目标，对他们适用较低的录取标准。这种"形式相对粗

---

① The Association of American Law Schools, "Bylaws of the Association of American Law Schools," http://www.aals.org/about/handbook/bylaws/, last accessed: 2019 – 11 – 19.

② American Bar Association, "2019 – 2020 Standards and Rules of Procedure for Approval of Law Schools," https://www.americanbar.org/groups/legal_education/resources/standards/, 2019 – 11 – 19.

糙"的做法，也是积极差别待遇录取政策在早期阶段招致强烈反对意见的主要原因。① 相关实证研究表明，过度关注种族因素反而会对少数族裔群体中的弱势阶层成员的入学机会造成不利影响。鲍恩等人对13所精英大学所做的研究发现，如果申请人是黑人、拉美裔或者印第安裔等代表性不足的少数族裔学生，获得录取的机会可以提升27.7%。但如果申请人是家中第一代大学生，录取机会仅能增加4.1%，而如果申请人的家庭收入在全国家庭收入分布中处于后四分之一段，获得录取的机会反而会减少1%。② 卡内瓦莱（A. Carnevale）等人以全美入学竞争激烈的146所大学为样本，分析以种族为基础的录取政策和以学业表现和测试分数为基础的常规录取政策对不同群体入学机会的影响。他们发现，积极差别待遇录取政策相比后者将黑人与拉美裔学生的代表性增至三倍，但是略微降低了工人与贫困阶层学生的代表性。③

3. 相对优势成员的学业成就更符合录取要求

在联邦政府大力推进积极差别待遇的过程中，少数族裔中的相对优势成员能够获得更多机会来改善社会经济地位。积极差别待遇产生之初秉持禁止歧视原则，但是在约翰逊总统倡导下逐步转变为补偿优待原则。劳里最早提出"社会资本"（social capital）概念来探讨种族之间不平等问题，以此弥补新古典经济学过度重视"人力资本"的理论局限。他认为，如果要对种族之间的收入差异进行谨慎分析，必须考虑家庭经济地位和社会关系两个因素对个人成就的影响。无论是黑人家庭还是白人家庭，在对个人进行人力资本投入时，聚合家庭经济地位和社会关系两个因素的社会资本在这个过程中始终产生影响。④ 少数族裔中的优势成员凭借代际传递或者自

①　Dworkin R. , *Sovereign Virtue*: *The Theory and Practice of Equality* （Cambridge: Harvard University Press, 2002）, p. 404.

②　Bowen W. G. , Kurzweil M. , Tobias M. , *Equity and Excellence in American Higher Education* （Charlottesville: University of Virginia Press, 2005）, p. 105.

③　Carnevale A. P. , Rose S. , "Socioeconomic Status, Race/Ethnicity, and Selective College Admissions," in Kahlenberg R. D. , eds. , *America's Untapped Resource*: *Low - Income Students in Higher Education* （Washington, D. C. : Century Foundation, 2004）, p. 101.

④　Loury G. , "A Dynamic Theory of Racial Income Differences," in Wallace P. A. , LaMond A. M. eds. , *Women*, *Minorities*, *and Employment Discrimination* （Lexington: Lexington Books, 1977）, p. 153.

身努力，通过稳定职业、家庭收入、学校教育等途径发展出比较竞争优势。无论是在禁止歧视原则下不考虑种族因素进行择优选拔，还是补偿优待原则下考虑种族因素并兼顾个人价值，这些优势成员都能从积极差别待遇录取政策中受益更多，获得更具社会价值的发展机会，包括知名大学入学机会、更高薪酬职业岗位等。[①] 例如，随着政治改革推动经济结构调整，一些黑人就充分利用积极差别待遇在就业与教育领域带来的新机会，凭借收入改善实现社会流动。[②]

面对积极差别待遇录取政策，少数族裔中的优势成员更符合大学录取要求。吉尼尔（L. Guinier）在研究中发现，精英大学积极差别待遇录取政策的受益者，多为少数族裔移民或中上阶层的子女，他们和中上阶层的白人学生一样，曾经进入预备学校接受良好的中等教育。[③] 尽管美国大学并没有统一的录取标准，但是以课程难度、平均成绩、标准化测试为主的学业成就仍然是重要的录取参考因素。在早期的积极差别待遇录取政策中，学校通过配额、双轨、加分等各种形式降低录取门槛，增加少数族裔学生录取数量，主要原因是少数族裔学生在标准化测试中的整体表现弱于白人学生。这种情况随着教育机会增多和教育质量提高得到改善，但是少数族裔中学业成就进步更为明显的仍然是优势成员。里尔登（S. Reardon）提取和汇总了美国 19 项具有代表性的全国调查研究数据，分析后发现从 1943 年到 2001 年，低收入家庭与高收入家庭子女学业成就差距呈现显著扩大趋势，但黑人家庭与白人家庭子女学业成就差距却呈现缩小趋势。这表明，与种族身份相比，家庭收入与学生学业成就具有更高相关性。[④] 虽然这样的录

---

① Wilson W. J. , *The Truly Disadvantaged: The Inner City, the Underclass, and Public Policy* (Chicago: University of Chicago Press, 2012), pp. 146 – 147.

② Ginwright S. A. , "Classed Out: The Challenges of Social Class in Black Community Change," *Social Problems* 49 (2002): 544.

③ Guinier L. , *The Tyranny of the Meritocracy: Democratizing Higher Education in America* (Boston: Beacon Press, 2016), p. 23.

④ Reardon S. F. , "The Widening Academic Achievement Gap between the Rich and the Poor: New Evidence and Possible Explanations," in Duncan G. J. , Murnane R. , eds. , *Whither Opportunity? Rising Inequality, Schools, and Children's Life Chances* (New York: Russell Sage Foundation, 2011), p. 91.

取结果的确也能扩大大学中少数族裔学生规模，但偏离了积极差别待遇录取政策旨在解决教育领域入学机会不平等，提高弱势群体经济社会地位的初衷。

"奶油层"的存在使得积极差别待遇录取政策难以全面充分地惠及少数族裔中的弱势成员，导致迟迟不能达到政策的预期效果。特定少数族裔成员从积极差别待遇录取政策中受益，并非只是体现在某一特定成员在该政策下获得高等教育入学机会。更为重要的是，这些成员在接受高等教育并进入各行各业后社会地位不断提高，这除了向所在少数族裔的其他成员传递外部收益外，还以"倍数效应"（multiplier effect）的方式整体改善这一少数族裔的社会经济状况。① 毕业于知名大学的少数族裔成员能够成为青年榜样，纠正外界偏见，提供专业支持，通过这些方式帮助其他成员乃至整个群体。少数族裔优势阶层与弱势阶层虽然在宗教、传统与文化方面具有诸多共性，但在经济与社会方面有明显的分化现象。例如，卡诺努瓦（M. Carnoy）在20世纪90年代的研究观察中就发现，中等阶层黑人在经济和社会上更加脱离于贫困黑人。② 本杰明（L. Benjamin）在之后的研究中指出，黑人中等阶层与贫困阶层正演变成为两个关系紧张的社会群体。③ 应当说，相比"奶油层"而言，同一少数族裔中弱势成员的地位的提高能够产生更为明显的"倍数效应"。"奶油层"在积极差别待遇录取政策中过多受益，减少了其他弱势成员从中受益的机会，降低了政策预期效果，这也是积极差别待遇录取政策自诞生半个世纪以来仍然未能充分实现政策目标的原因之一。

二　迫切利益：促使学生群体多元化产生真正教育利益

积极差别待遇以政策保障促进社会经济发展并且使每一名社会成员都

---

① Brest P. , Oshige M. , "Affirmative Action for Whom?" *Stanford Law Review* 47（1995）：855.

② Carnoy M. , *Faded Dreams：The Politics and Economics of Race in America*（Cambridge：Cambridge University Press，1996），p. 22.

③ Benjamin L. , *The Black Elite：Still Facing the Color Line in the Twenty‑First Century*（Lanham：Rowman & Littlefield，2005），p. 133.

能从中受益。在高等教育领域，它是应对入学机会不平等问题的措施，也体现了追求教育公平的美好愿景。如果积极差别待遇以补救历史歧视作为辩护理由，那么必然存在一个结束实施的逻辑终点，这是国际上对该类政策的理解。联合国《消除一切形式种族歧视公约》（1965 年）第二条指出："缔约国应于情况需要时在社会、经济、文化及其他方面，采取特别具体措施确保属于各该国的若干种族团体或个人获得充分发展与保护，以期保证此等团体与个人完全并同等享受人权及基本自由，此等措施于所定目的达成后，绝不得产生在不同种族团体间保持不平等或个别行使权利的后果。"① 联合国《消除对妇女一切形式歧视公约》（1979 年）第四条指出："缔约各国为加速实现男女事实上的平等而采取的暂行特别措施，不得视为本公约所指的歧视，亦不得因此导致维持不平等的标准或分别的标准。这些措施应在男女机会和待遇平等的目的达到之后，停止采用。"② 在很长一段时间，美国联邦最高法院都认为只有明确说明积极差别待遇存在逻辑终点，才能确保适度偏离平等对待所有种族群体原则的做法是临时为之，最终服务于实现实质平等这个目标。

当积极差别待遇录取政策的辩护理由已经明确从补救历史歧视转向学生群体多元化时，是否仍然存在逻辑终点及如何确定逻辑终点都成为可以探讨的问题。美国联邦最高法院确认积极差别待遇录取政策合宪的条件之一，是认可"源自学生群体多元化的教育利益"构成一项迫切利益。"多元化是我们这个时代的伟大主题"③，让每一名学生在就读期间最大限度地获得教育利益，促进学业发展与能力提升，是大学践行办学使命的首要任务。所以，只要联邦最高法院不推翻该辩护理由，并且公立大学在实践中做到紧密缩限，那么在理论上是可以长期实施该政策的。但在美国的社会经济背景中，以种族因素对学生进行分类自然会引发"可疑分类"的诉讼风险。

---

① 联合国人权事务高级专员办事处，1965，《消除一切形式种族歧视公约》，https：//www. ohchr. org/CH/Issues/Documents/core_instruments/ICERD. pdf，最后访问日期：2020 年 6 月 6 日。
② 联合国人权事务高级专员办事处，1979，《消除对妇女一切形式歧视公约》，https：//www. ohchr. org/Documents/Publications/FactSheet22ch. pdf，最后访问日期：2020 年 6 月 6 日。
③ Macedo S., *Diversity and Distrust: Civic Education in a Multicultural Democracy* (Cambridge: Harvard University Press, 2009), x.

同时，学生群体多元化本身就具有"准补救"的价值。尽管少数种族身份和弱势群体境况之间存在高度相关性，但是社会经济弱势地位也可能是非种族因素造成的，例如家庭变故、经济贫困、地理偏远等因素，这些因素相互交叠呈现出"交叉性"（intersectionality）特征。① 多元化在今天包含了种族、文化、宗教、语言、性别、阶层、年龄等一系列因素，这些因素在学生发展过程中复合交错会形成不同的能力素养和阅历视角。一个更为理想的情形是，积极差别待遇录取政策通过考虑非种族因素仍然可以构建一个多元化的学生群体。正如奥康纳所言，积极差别待遇录取政策辩护理由所面临的严峻考验，正是"它在彻底消除任何种族优待必要性时的效能"。② 尽管肯尼迪在"费希尔案"中未曾提及公立大学何时应当停止积极差别待遇录取政策，但是在实践中，公立大学仍需谨记，种族优待在宪法规制之下并非长久之计，需要采取定期评估来决定是否有必要继续通过该政策实现学生群体多元化。

（一）临界规模：形成教育利益的必要前提

在公立大学中，学生群体多元化产生的教育利益不能局限于价值理想和理论研究，它在司法审查的视野中必须是真实有效的。在"巴基案"中，鲍威尔认为学生群体多元化能够营造有益于思考、实验与创造的氛围，这对于高等教育质量来说至关重要。在经历了"格鲁特案"和"费希尔案"后，这一主张仍然是证明积极差别待遇录取政策合宪地位的辩护理由。在"格鲁特案"中，密歇根大学法学院主张学生群体多元化能够改善学习效果，帮助学生做好充分准备，适应日益多元的社会环境，顺利成为法律职业人员。在"费希尔案"中，得克萨斯大学也表示希望凭借学生群体多元化创造一个良好的学术环境，带来思想交流和文化碰撞，使学生掌握成为未来领袖所需要的能力。鉴于"源自学生群体多元化的教育利益"属于学术判断，联邦最高法院并未阐释学生群体应当体现哪些多元化维度，仅要

---

① Bagilhole B. , *Understanding Equal Opportunities and Diversity：The Social Differentiations and Intersections of Inequality*（Bristol：Policy Press, 2009）, p. 138.

② *Grutter v. Bollinger*, 539 U. S. 306（2003）

求大学将种族作为附加因素对学生进行全面评价，但对该教育利益是否真实有效仍然保持关切。在"都市广播公司案"中，奥康纳在反对意见中特别强调，如果广播观点多元化所带来的迫切利益"过于笼统、过于空泛、过于无关"，那么以此为目标采用种族分类是毫无法律基础的。[1] 在"格鲁特案"判决书中，奥康纳大法官则使用"非假定""实质""真实"来描述这样的教育利益。[2]

录取达到"临界规模"的少数族裔学生是学生群体多元化产生教育利益的必要前提。在"格鲁特案中"，密歇根大学法学院针对校园中代表性不足的少数族裔学生实施积极差别待遇录取政策，试图通过全面评价方式录取达到"临界规模"的少数族裔学生。密歇根大学将其解释为"有意义的数字"（meaningful numbers）或者"有意义的代表"（meaningful representation）。[3] 但是，密歇根大学并未从具体明确的数量或者比例角度来界定"临界规模"的概念，而是从实现学生群体多元化、旨在产生实质重要的教育利益角度予以界定。奥康纳接受了法学院的证词主张，但悬而未决的问题是，大学如何判断少数族裔学生已经达到了"临界规模"。显然，这是一个难以界定的概念。如果从定量的角度界定，那么学校将录取少数族裔学生的数量或者比例设定成的任何固定值，均构成宪法所禁止的种族配额。而如果从定性的角度界定，那么是否实现"临界规模"甚至是否实现教育利益的判断权掌握在学校手中，法院难以从司法审查的角度对学校是否必须考虑种族因素进行谨慎裁定。伦奎斯特大法官曾在"格鲁特案"的反对意见中尖锐地指出，"扯下所谓'临界规模'的面纱，法学院的录取政策就是赤裸裸地想要实现种族平衡"。[4]

"临界规模"一词源自自然科学领域，是指"触发和维持核裂变连锁反应并进而引发爆炸所需要的可裂变的钚元素或铀元素的最低精准数量"。[5]

---

[1]　*Metro Broadcasting，Inc. v. FCC*，497 U. S. 547（1990）

[2]　*Grutter v. Bollinger*，539 U. S. 306（2003）

[3]　*Grutter v. Bollinger*，539 U. S. 306（2003）

[4]　*Grutter v. Bollinger*，539 U. S. 306（2003）

[5]　Schelling T. C.，"Hockey Helmets, Concealed Weapons, and Daylight Saving: A Study of Binary Choices with Externalities," *Journal of Conflict Resolution* 17（1973）：381.

在社会科学领域，阿迪斯（A. Addis）认为临界规模是用于理解相对突然的社会变化过程及这些变化即将产生的临界点。在他看来，个人行为受到他人实际选择或者期望选择的影响，而"临界规模"概念正是基于这样的假定，它不仅是行为开始转变的起始点，也是集体行为所体现的公共特征。①艾森伯格（M. Eisenberg）则从"倾覆点"（tipping point）的角度来理解"临界规模"，认为当社会行动能否成功取决于是否形成"临界规模"时，就会出现这样的现象：会有足够多的行为人因为行动成功而加入，也会有足够多的行为人因为行动失败而退出。如果足够多的行为人加入，行动就会出现"向内倾覆"（tipping－in）效应；如果足够多的行为人退出，行动就会出现"向外倾覆"（tipping－out）效应。②正如"费希尔案"明确表示的，用于证明积极差别待遇录取政策合理性的迫切利益，不是特定数量少数族裔学生的利益，而是实现"源自学生群体多元化的教育利益"，它包括加强跨种族理解、帮助打破种族成见、使得学生能够更好地理解不同种族人群、做好准备迎接一个劳动人口日益多元化的社会环境。不同群体在同质化和异质化背景中会表现出显著不同的心理态度和行为趋势，正如阿迪斯所言，个人受到他人选择的影响，所以影响越密集越直接，态度和行为产生转变并引发变化的强度和效应就会越显著。谢林（T. Schelling）在研究美国街区中种族隔离或融合进程时发现，如果以白人为主的街区中已经有一定比例的黑人居住，那么其他黑人更有可能迁入该街区，但是如果该街区中黑人比例超出一定范围，白人也更有可能迁出该街区。③当然谢林所研究的街区与大学明显存在自由迁徙和竞争申请之间的不同，但是向内倾覆和向外倾覆的效应毫无疑问地会对不同群体产生影响。这在一定程度上也表明，要在公立大学中实现源自学生群体多元化的教育利益，少数族裔学生群体达到"临界规模"是必要前提。所以，肯尼迪表示，"临界规模"对

①　Addis A. , "The Concept of Critical Mass in Legal Discourse," *Cardozo Law Review* 29 (2007)：97.

②　Eisenberg M. A. , "Corporate Law and Social Norms," *Columbia Law Review* 99 (1999)：1253.

③　Schelling T. C. , *Micromotives and Macrobehavior* (New York：W. W. Norton & Company, 2006), pp. 101－102.

于实现这些教育利益而言发挥的是工具性（instrumental）作用，而不应将其视作纯粹的数字去理解。尽管他并未完全解决"临界规模"概念存在的争议①，但是明确从定性的角度理解该问题，本身就为大学绕开种族配额两难境地，继续实施积极差别待遇录取政策留下了充足空间。②

（二）课堂教学：形成教育利益的关键环节

尽管不应从纯粹数字的角度理解"临界规模"，但是它在校园中客观上表现为一定规模的少数族裔学生。随着校园中种族多元化的发展，不同背景学生之间进行互动的可能性也会增加。③ 这也很好地解释了为什么多元化校园能够为学生提供更多跨越种族和文化界限的学习体验。既然积极差别待遇录取政策已经实现了"临界规模"第一步，那么公立大学就需要真正利用该工具充分实现教育利益。古林等人将学生群体多元化逐层递进解析为结构多元化、非正式互动多元化和课堂多元化三重含义。④ 结构多元化是指学生群体中少数族裔的规模，而非正式互动多元化和课堂多元化指学生在多元化不同场合中发生的实际体验。录取政策自然能够促进结构多元化，并进而增加发生非正式互动多元化的可能性，通过学校在学生宿舍、社团组织、体育活动中有意识的支持措施，这种可能性还会被进一步放大。现在，无论是学界、大学还是法院，都充分认识到了课堂多元化的重要性。得克萨斯大学在研究是否重新实施积极差别待遇录取政策时，在课程统计中发现由 5 名以上学生组成的本科课程班级中，至少 52% 的课堂中没有黑人学生，27% 的课堂中仅有 1 名黑人学生⑤，这一研究发现作为决策支持证据也得到

---

① Joshi Y., "Bakke to the Future: Affirmative Action after Fisher," https://www.stanfordlawreview.org/online/bakke-to-the-future/, last accessed: 2019-11-19.

② 申素平、王俊：《美国公立高校积极差别待遇录取政策司法审查的新动向——以"费希尔案"为基础的考察》，《高等教育研究》2017 年第 2 期，第 95 页。

③ Chang M. J., "Does Racial Diversity Matter? The Educational Impact of a Racially Diverse Undergraduate Population," *Journal of College Student Development* 40（1999）：377.

④ Gurin P., Dey E., Hurtado S., et al., "Diversity and Higher Education: Theory and Impact on Educational Outcomes," *Harvard Educational Review* 72（2002）：330.

⑤ UT News, "The University of Texas at Austin Proposes Inclusion of Race as a Factor in Admissions Process," https://news.utexas.edu/2003/11/24/the-university-of-texas-at-austin-proposes-inclusion-of-race-as-a-factor-in-admissions-process/, last accessed: 2019-11-19.

了联邦最高法院的采信。这表明学校对多元化的关注逐渐转移到课堂这一正式场合，试图通过增加课堂多元化，促进学生能够从不同视角增强课堂讨论的开放性与参与性，提升学习效果。法院在认可课堂多元化是实现教育利益的最重要场合的同时，也在密切关注能否及如何产生真实有效的教育利益。

应当说，要真正实现源自学生群体多元化的教育利益，公立大学还有很长的道路要走。正如马塞多（S. Macedo）所言："关于多元化的探讨……提醒我们，对所有人承诺的自由与平等仍然在进步的道路上：仅仅是部分地实现了，也仅仅是部分地理解了。"① 不同种族群体学生进入大学时，在很多社会热议的敏感问题上持有不同的观点和立场，例如死刑存废、医疗保障、言论自由、社会歧视等。② 在课堂正式环境中，每一位学生都处于平等地位，一旦这些观点和立场在课堂讨论中适当地发生碰撞，就会产生如鲍威尔所言的"积极的思想交流"，从而形成他所期望的"最有益于思考、试验和创新的氛围"。不过，即使课堂中出现了少数族裔学生，如果教师在使用教学内容和教学方法时未能从多元化视角进行考虑和设计，甚至在授课过程中流露出对少数族裔群体微妙的负面评价和玩笑，也无法产生课堂多元化的预期效果。从学界研究的角度来看，积极差别待遇录取政策对于真正实现多元化的教育利益只能产生有限的直接作用，一些录取政策之外的因素会产生更明显的影响。例如，赫尔塔多（S. Hurtado）在一项调查中通过控制学科背景变量发现，女性教师相比男性教师更愿意采用合作式学习、体验式学习或者实地调查这样的教学方法，在部分或者大多数课程的考核中也倾向采用分组项目的方式。女性教师也更提倡学生在课程中阅读与种族、性别问题相关的材料。同时，黑人和拉美裔教师使用合作式学习的方式的意愿最高，印第安裔教师更青睐体验式学习和实地调查，亚裔教师则更愿意采用课堂授课方式。对比课程内容，69% 的非洲裔教师要求学生在课程中阅读有关种族问题的内

---

① Macedo S. , *Diversity and Distrust*：*Civic Education in a Multicultural Democracy* (Cambridge：Harvard University Press, 2009), p. 3.

② Chang M. J. , "Racial Differences in Viewpoints about Contemporary Issues among Entering College Students：Fact or Fiction?," *Journal of Student Affairs Research and Practice* 40 (2003): 55.

容，而仅有23%的亚裔教师提出这样的要求。[1] 这也意味着，公立大学在实施积极差别待遇录取政策时，还要同时关注教师队伍、教学内容、教学方法等影响因素，而这些因素或许会产生更重要的作用。

三　紧密缩限：常态监测、周期评估、动态调整三者结合

（一）顶层设计、多维着力：建设和改善多元化校园氛围

公立大学通过学生群体多元化实现真正的教育利益，必须将其置于构建和改进校园氛围的顶层设计之下。赫尔塔多[2]和米伦姆（J. Milem）[3] 等人认为，大学必须有意识、有目的地构建和改善校园氛围，才能实现这样的教育利益。从外部来看，州和联邦层级的政府管理、立法动议、司法判决等来自官方正式的外部力量对校园氛围会产生持续影响，例如学生资助政策会影响不同群体学生到校注册的意愿，州政府推进何种学生录取政策会影响学生群体的多元化程度，司法判决会引导学校在相关问题上的态度与措施，而立法拨款对公立大学系统中不同学校的资助意向和指导原则也会产生影响。同时，发生在更大环境范围中的社会历史事件也会刺激校园氛围中对不同问题的讨论甚至后续所采取的措施。例如，2013 年白人警察暴力执法在全美引发"黑人生命也重要"（Black Lives Matter）的示威运动，对公立大学校园氛围产生了深刻影响。从内部来看，赫尔塔多和米伦姆等人认为这项工作的着力点体现在多元化视角下构建和改进校园氛围理论框架的五个维度上，分别是历史遗产维度、组织结构维度、多元构成维度、心理认知维度和行为模式维度（见图 5 - 1）。

---

① Hurtado S., "Linking Diversity and Educational Purpose: How Diversity Affects the Classroom Environment and Student Development," in Orfield G., eds., *Diversity Challenged: Evidence on the Impact of Affirmative Action* (Cambridge: Harvard Education Publishing Group, 2001), p. 187.

② Hurtado S., Milem J., Clayton - Pedersen A., et al., *Enacting Diverse Learning Environments: Improving the Climate for Racial/Ethnic Diversity in Higher Education* (Washington, D. C.: ERIC, 1999), pp. 55 - 68.

③ Milem J. F., Chang M. J., Antonio A. L., *Making Diversity Work on Campus: A Research - Based Perspective* (Washington, D. C.: Association American Colleges and Universities, 2005), pp. 13 - 30.

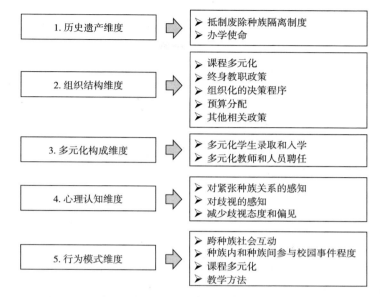

图 5 - 1 多元化视角下构建和改进校园氛围的理论框架

资料来源：参见 Hurtado S.，Milem J.，Clayton - Pedersen A.，et al.，*Enacting Diverse Learning Environments：Improving the Climate for Racial/Ethnic Diversity in Higher Education*（Washington D. C.：ERIC，1999），p. 4；Milem J. F.，Chang M. J.，Antonio A. L.，*Making Diversity Work on Campus：A Research - Based Perspective*（Washington D. C.：Association American Colleges and Universities，2005），p. 18。

1. 历史遗产维度

在美国，除了历史上的黑人大学之外，多数公立大学实施种族排斥的历史都比种族融合的历史长。在一些校园中，这种种族隔离的历史遗产仍然在影响着人们对校园氛围中多元化的态度，甚至仍然存在种族主义和敌视少数族裔的立场。因此，公立大学的管理者们充分认识学校曾经的负面历史，并致力于实施能够促进跨种族接触和互动的政策，不仅能够改进校园氛围，还能够向学生乃至社会传递积极的信号。如今，公立大学常常会以纪念种族隔离时代标志性事件和人物的方式来正视历史和反思现状。例如，弗吉尼亚大学就以学校 1950 年录取的第一位黑人学生斯旺森（G. Swanson）的名义举行纪念研讨活动，探讨种族融合，营造尊重多元化的校园氛围。① 亚拉巴马大

---

① Williamson E.，"UVA，Law School Commemorate University's First Black Student，Gregory Swanson，" https：//www. news. virginia. edu/content/uva - law - school - commemorate - universitys - first - black - student - gregory - swanson，last accessed：2019 - 11 - 19.

学纪念法学院录取第一批黑人学生而举行了45周年活动，邀请社会各界代表参加，以纪念致辞的方式探讨如何应对当前种族关系引发的新挑战。[1] 南卡罗来纳大学在学校网站上制作了"废除种族隔离制度50周年"专题网页，以此回顾和纪念学校始于1963年的废除种族隔离制度进程。[2] 这些例子表明，公立大学的管理者们认识到历史上学校在种族问题上的错误行为，不仅以实际行动补救历史歧视造成的影响，而且主动实施多元化政策营造彼此包容相互尊重的校园氛围。

2. 组织结构维度

从公立大学的组织结构维度来审视多元化视角下的校园氛围，实质是指审视学校在日常管理中渗透多元化理念的做法。例如，学校鼓励各个院系设置课程体系时增加从学科专业角度看待多元化问题的课程，同时学校也可以邀请教师专门开设以此专题为主的一系列课程，涉及种族、性别、宗教信仰、政治立场、身心障碍等热议问题；学校在相关问题的决策程序中，充分考虑不同群体的利益诉求，利益相关者在程序中有话语权；学校要求教师聘任委员会积极寻找并且充分考虑来自不同背景的候选人；[3] 教师晋升政策鼓励教师在课堂中采用多元化的教学方法、关注学生多元化需求、采纳多元化的教学内容等。

3. 多元构成维度

构成多元化是指校园中不同群体在数量或者比例上呈现的代表性，各种促进校园构成多元化的政策能够展现学校管理者将多元化视为优先事务的态度。在本质上，赫尔塔多和米伦姆等人提出的构成多元化与古林等人解析学生群体三重多元化时提出的结构多元化是相同的，只不过前者在校

---

[1] UA News Center, "UA Law School to Commemorate 45th Anniversary of First African – American Graduates," https://www.ua.edu/news/2017/03/ua – law – school – to – commemorate – 45th – anniversary – of – first – african – american – graduates/, last accessed: 2019 – 11 – 19.

[2] University of South Carolina, "50th Anniversary of Desegregation," http://www.sc.edu/desegregation/, last accessed: 2019 – 11 – 19.

[3] 史密斯（D. Smith）等人的研究表明，除非学校有意采取政策要求教师聘任委员依据步骤严肃地考虑不同种族背景的候选人，一旦聘任委员会成员呈现同质化现象，他们对不同种族背景候选人认真予以充分考虑的意愿和可能性都偏低。参见：Smith D. G., Turner C. S., Osei – Kofi N., et al., "Interrupting the Usual: Successful Strategies for Hiring Diverse Faculty," *The Journal of Higher Education* 75 (2004): 133。

园氛围整体框架下更多地考虑学生、教师、工作人员等，而后者侧重关注学生。构成多元化是校园中不同种族群体规模大小的直观体现，因此大多数管理者在考虑改进多元化学校氛围，促进形成教育利益时也会首先考虑到这一维度。但是，相关政策措施不能只停留在扩大构成多元化、增加不同群体"临界规模"的阶段。既然"费希尔案"指出，少数族裔学生的"临界规模"对于实现这些教育利益而言发挥的是工具性作用，那么学校在制定和实施积极差别待遇录取政策时，就应该明确多大程度的多元化才是足够在校园氛围中实现教育利益的。同时，学校在教师聘任和晋升政策中，也需考虑少数族裔教师是否达到"临界规模"，因为多元化的教师队伍对于实现教育利益同样发挥着重要的支撑作用。所以，扩大群体构成的多元化是实现教育利益和提高教育质量的第一步，但是不能将多元化视为目的本身，而应将其视作可以借助适当措施通过学生群体多元化实现教育目标的教育过程。同时，学校管理者也应清醒地认识到，学生群体多元化同时也会带来冲突挑战。不同群体在有限的校园空间中接触，相比校园外的社会环境而言，产生矛盾和冲突的概率也在增加，这也反过来提醒管理者需要多维度思考多元化问题。

4. 心理认知维度

在校园氛围的理论框架中，心理认知维度是指个人对于不同群体之间关系的认识、对于大学在多元化问题上态度和行为的认识、对于校园中歧视行为和矛盾冲突的感知，以及对于不同群体成员持有的态度。来自不同种族背景的管理者、学生、教师、工作人员对校园氛围的心理认知存在明显差异。赫尔塔多等人认为，个人的背景特征及在大学组织中所处的位置，都会影响他们在学校中的体验经历，以及他们如何看待学校的办学使命和校园氛围。[①] 所以，管理者不仅需要充分了解学校组织中身处不同位置的个人对于校园氛围的心理认知，也需要从这些心理认知的差异中寻找问题症结和解决方案。心理认知是环境的产物，不仅会

---

① Hurtado S., Clayton-Pedersen A. R., Allen W. R., et al., "Enhancing Campus Climates for Racial/ethnic Diversity: Educational Policy and Practice," *The Review of Higher Education* 21 (1998): 279.

影响个人在环境中做出是否互动的决定，也会影响互动结果产生积极或负面效应。① 因此，及时充分地了解不同群体的学生在不同问题和现象上的心理认知情况，能够为学校调整相关政策提供决策依据，例如得克萨斯大学就在校园调查中发现少数族裔学生普遍感觉被孤立和孤独。

5. 行为模式维度

行为模式是指校园环境中社会互动的状态，包括不同种族背景的个人之间展开互动的性质及互动关系的质量。前述心理认知会影响个人行为模式，因此在校园氛围不理想的环境中，少数族裔反而会主动形成种族隔离。不仅可能出现少数族裔与多数族裔倒退至事实上的隔离，甚至不同少数族裔之间还会出现"小团体"（clustering）的隔离。这种自我隔离无论在正式场合（例如课堂小组讨论）还是非正式场合（例如学生餐厅、体育活动、社团组织等）中并不少见。除了无意识的自我隔离外，也有学生因为原有跨种族互动意愿受挫而进行的有意识的自我隔离。② 不同群体的行为模式不仅会彼此影响，而且会进一步加重心理认知，形成循环累积效应。例如，少数族裔学生和白人学生就对彼此的行为模式持有不同的看法。卢（C. Loo）等人发现，少数族裔学生将校园中"小团体"视作寻求彼此文化支持的一种手段，因为他们在校园乃至更大的社会环境中无法充分获得这样的支持，而白人学生则倾向于把这种"小团体"当作校园种族隔离或孤立的一种负面例子。③ 当然，这种"自我隔离"现象并非完全一无是处。维拉尔潘多（O. Villalpando）对墨西哥裔学生的研究表明，相同种族背景的少数族裔学生在彼此的社会互动中会增强致力于改善本群体经济社会地位的意愿，例如对本群体的社会责任意识，在职业选择中愿意考虑服务本群体的工作，也更愿意在毕业后投身本群体的社区服务

---

① Berger J. B., Milem J. F., "The Role of Student Involvement and Perceptions of Integration in a Causal Model of Student Persistence," *Research in Higher Education* 40 (1999): 641.

② Buttny R., Discursive Constructions of Racial Boundaries and Self - Segregation on Campus," *Journal of Language and Social Psychology* 18 (1999): 247.

③ Loo C. M., Rolison G., "Alienation of Ethnic Minority Students at a Predominantly White University," *The Journal of Higher Education* 57 (1986): 58.

工作等。① 但是，在多元化视角下的校园氛围中，自我隔离弊大于利，它不仅偏离了高等教育价值理念，而且不利于学生充分利用学习和互动的机会获得教育利益。从校园氛围的角度来看，缺少跨种族接触互动会影响学生看待不同背景群体成员的观点，也影响他们对学校管理者实施多元化促进项目的支持态度和参与意愿，进而影响他们在就读期间的教育结果。对于公立大学的管理者而言，他们应当认识到同一群体内部和不同群体之间的接触互动并不是彼此排斥的，学校更应关注的是社会互动下行为模式的质量。如果学校能够有意识地让不同种族背景的学生有机会以常规化、结构性的方式进行互动，那他们能够在重要教育结果上获得明显提升。

（二）常态监测、周期评估：发现问题症结，提供政策依据

从司法审查举证责任的角度来看，常态监测不仅能够帮助学校决定是否实施积极差别待遇录取政策，而且能在政策实施之后跟踪效果，并根据周期性调查数据进行评估。"费希尔案"判决结果并不意味着公立大学可以一劳永逸地随意实施积极差别待遇录取政策，而是要求学校在面对质疑时能够给出解释理由。所以，要回答是否实施政策、确定何种政策目标、实现程度如何这些问题，需要将涉及政策设计与实施过程的相关数据纳入常态监测范围，其中包括量化统计和质性调查。量化统计，分为本地人口结构统计和校内学生数据分析。美国公立大学录取的学生以本州居民为主，因此学校需要对本州人口的种族、经济、社会等结构进行统计，特别是从这些角度关注高中学生的毕业率和申请率。同时，学校对不同群体的入学率、在学率、毕业率也要进行统计，特别是对通过积极差别待遇录取政策入学的学生进行对比统计。质性调查，主要是学校就校园氛围、课堂环境、学习体验等问题对学生和教师进行调查访谈，特别关注学生群体多元化是否及如何对学习效果产生积极影响。

近年来，美国公立大学在学校治理中越来越多地使用全员调查数据来生成分析报告，为制定和实施战略规划和政策规则提供决策依据，周

---

① Villalpando O., "Self-segregation or Self-preservation? A Critical Race Theory and Latina/o Critical Theory Analysis of a Study of Chicana/o College Students," *Qualitative Studies in Education* 16 (2003): 619.

期性开展的 "校园氛围调查"（campus climate survery）也是其中一种措施。密苏里大学、威斯康星大学、佐治亚大学[①]等公立大学均开展了类似的全员调查。[②] 这种校园氛围调查被视作积极差别待遇录取政策常态监测的一部分，也是量化统计和质性调查的结合，学校可以通过这样的调查发现问题症结并反思是否对录取政策做出调整。马萨诸塞大学阿默斯特分校（以下简称马萨诸塞大学）是马萨诸塞州公立大学系统的旗舰，学校最初在1972 年开始实施积极差别待遇录取政策，后受 "霍普伍德案" 影响而暂停实施该政策，在 2004 年又重新实施该政策，并致力于促进校园多元化。[③]学校在 2016 年 11 月开展了为期两个月的校园氛围调查，并发布了调查报告。[④] 本节以此为例分析多元化视角下的常态监测的主要内容与潜在问题。

马萨诸塞大学在 2016 年在校生规模为 25709 人，教师为 1752 人，其他行政工作人员为 5620 人。学校邀请所有学生、教师和行政工作人员参加校园氛围调查。其中，本科生和研究生的反馈率为 38% 和 39%，教师的反馈率最高，为 61%，其他行政工作人员的反馈率为 49%。实际参与调查的共有 13702 人，其中学生有 9907 人。调查问题之一是对学校的归属感。调查从学生自身体验、接触和互动中探究校园氛围中可能存在的问题，例如学

---

① 参见 University of Missouri – Columbia, "Campus Climate Research Study," https: //diversity. missouri. edu/wp – content/uploads/2018/07/2016 – MU – CCS – Full. pdf, last accessed: 2019 – 11 – 19; University of Wisconsin – Madison, "Campus Cliamate Survey," https: //diversity. wisc. edu/climate/survey/, last accessed: 2019 – 11 – 19; University of Georgia, "Campus Climate Research Study," http: //diversity. uga. edu/uploads/documents/UGA – campus – climate – 2016 – full – report. pdf, last accessed: 2019 – 11 – 19。

② 随着美国高等教育日益重视多元化，"校园氛围调查" 作为一项重要的治理工具和决策手段，近年来日益受到重视，斯坦福大学、芝加哥大学、康奈尔大学等私立大学也有相似的治理实践。参见 Office of the Provost, "Stanford Campus Climate Survey," https: //provost. stanford. edu/stanford – campus – climate – survey/, last accessed: 2019 – 11 – 19; University of Chicago, "Climate Survey," http: //climatesurvey. uchicago. edu/, last accessed: 2019 – 11 – 19; Cornell University, "Assessing Campus Climate," https: //diversity. cornell. edu/reports – and – data/assessing – campus – climate, last accessed: 2018 – 02 – 14。

③ Okoli C. C., *The Evolvement of Affirmative Action Policies at the University of Massachusetts Amherst a Public Flagship Academic Institution* (Ph. D. diss., Northeastern University, 2016), pp. 66 – 106.

④ University of Massachusetts Amherst, "Campus Climate Survey: Abridged Report," http: //issuu. com/uofmassachusettsamherst/docs/17 – 633_climate_survey_abridged_repo? e = 24352215/47926357, last accessed: 2019 – 11 – 19.

生在校园中是否感觉受到欢迎、是否感觉安全、是否获得支持，学校氛围是否友好、学校是否多元全纳、学生是否协作尊重，以及社群意识是否强烈等。从调查结果来看，不同种族群体学生的评价存在很大差异。例如，白人和亚裔学生普遍认为校园是多元化的，但是黑人和拉美裔学生则普遍认为校园多元化不足。还有超过一半的黑人学生和三分之一的拉美裔学生对校园中的种族关系不满意。

调查问题之二是是否在校园中遭遇不公正对待。调查并没有将"不公正对待"局限在传统调查中的骚扰和歧视，而是让学生自主判断因为何种因素遭遇了何种频率的不公正对待，这些因素包括年龄、性别、国别出身、语言、宗教信仰、种族、社会经济阶层背景等12项。调查结果仍然是黑人学生认为在校园中遭遇不公正对待的频率最高，其中30%的黑人本科生称"有时"遭遇不公正对待，10%的黑人本科生称"经常"遭遇不公正对待；而超过一半的黑人研究生称遭遇不公正对待，其中的四分之一称"经常"遭遇不公正对待。

调查问题之三是对课堂氛围的感受。主要询问学生两个问题：学生是否因为社会身份的某一方面因素（指前述12项之一）而在课堂中保持沉默，授课教师是否因为学生社会身份的某一方面因素而对其做出负面评价或借此开玩笑。调查结果显示，所有学生遇到第一种情况的频率要高于第二种情况。超过20%的学生表示他们有时会因为个人社会身份而在课堂中保持沉默，超过10%的学生称在课堂上遭遇了教师的成见，至少教师有时会做出负面评价或开玩笑。如果从学生的种族背景加以分析，会发现黑人和拉美裔学生遇到两种情况的频率更高。在第一种情况中，29%的黑人本科生称"有时"保持沉默，14%称"经常"；同时22%的拉美裔本科生称"有时"，7%称"经常"。21%的黑人研究生称"有时"，14%称"经常"，另有21%的拉美裔研究生称"有时"。在第二种情况中，分别有13%的黑人本科生和10%的拉美裔本科生表示"有时"在课堂中感受到教师的偏见，研究生中则分别有21%的黑人学生和21%的拉美裔学生"有时"会感受到教师的偏见。

在2016年实施该调查时，马萨诸塞大学以黑人和拉美裔为主的少数族裔比例在本科生中达到 15%，在研究生中达到 16%。① 面对调查结果发现的问题，学校接下来需要评估的问题有以下几个。第一，当前的少数族裔学生规模是否达到能够产生教育利益的临界规模。学校需要跟进对少数族裔学生的调查，如果学生确普遍表达出了在校园中感受到了孤独和被隔离，那么学校接下来需要在各个层面逐一分析学生群体的结构多元化，例如正式课堂、学生宿舍、各个院系，确认少数族裔学生是否在不同的情景中具备合理充分的代表性，他们的规模是否能够体现本州高等教育适龄人口的种族构成。如果最后结论是校园中少数族裔学生规模不足，那么学校应当首先考虑采用种族中立的手段。例如，在招生宣传阶段的外联活动中重点面向少数族裔学生集中的高中进行宣讲，充分介绍奖学金等资助政策，提高少数族裔学生申请意愿，同时通过各种方式为少数族裔学生提供学业辅导，增强他们的竞争能力。当采用多种种族中立手段仍然无法提高少数族裔学生比例时，学校才能考虑在录取程序中进一步扩大对种族因素的考虑。第二，如果学校认为少数族裔学生规模已经有了合理的代表性，那么要考虑的问题就是"临界规模"未能产生预期的教育利益的，是否需要调整完善相关支持措施。学生群体结构多元化是产生教育利益的必要非充分条件。既然少数族裔学生对校园中种族关系不满，那么学校需要考虑是否存在潜移默化的种族歧视和矛盾，是否需要建立类似种族对话、冲突协商、意见表达等机制让各方有机会表达和听取不同的看法，是否可以在学生宿舍、课外活动、社团组织等非正式场合提供更多常态化的跨种族互动机会。既然少数族裔学生反映了在课堂中有因为种族因素而在课堂讨论中保持沉默的情况或遭到教师有意无意地负面评价与玩笑的情况，那么学校需要对课堂教学的内容、方法和态度予以改进，考虑是否以正式方式在尊重学术自由的基础上向教师提出多元化课堂教学的指导原则，是否在课程体系中设置更多关于多元化问题的课程并要求学生修满一定学分。

　　对马萨诸塞大学校园氛围调查结果的分析和问题跟进步骤的推测，意

---

① University of Massachusetts Amherst, "Diversity Matters: Data," https://www.umass.edu/diversity/data-policies, last accessed: 2019-11-19.

图说明公立大学在实施积极差别待遇录取政策时应当做到言之有据，行有所依。"费希尔案"进一步强化了举证责任，但是判决仍然对公立大学实现其主张的教育目标的做法给予学术遵从。公立大学在通过常态监测发现问题、分析问题和解决问题的过程中，每一步的决定都应该是基于学术理由的教育判断。学术理由可以是基于公立大学长期教育实践的丰富经验，也可以是基于学者针对问题而进行的定量研究结论。公立大学可基于教育判断，实施积极差别待遇录取政策，实现"源自学生群体多元化的教育利益"目标。但面对司法诉讼风险，学校需围绕录取政策开展常态监测和周期评估，以资料和数据佐证政策实施动机与过程的合理性。这不仅有利于学校在诉讼中按照举证责任要求，做出"有理由、有原则的解释"，更有益于学校不断完善积极差别待遇录取政策的实施细则。

（三）动态调整、细化精准：定期评估改进政策的实施效果

积极差别待遇录取政策没有固定模式可以遵循，公立大学需要依据自身情况和办学使命进行动态调整。在"费希尔案"中，肯尼迪坦言得克萨斯大学包含"比例计划"和"全面评价"的录取政策是"自成一类的"（sui generis）。这也意味着公立大学不能依靠同样的方式实施积极差别待遇录取政策。从判决书的论理过程来看，肯尼迪非常看重得克萨斯大学是否及如何开展校内研究、分析学生数据、进行访谈调查、拓展招生活动等，并且看重学校如何依据其确定的教育目标对录取政策进行周期评估并做出动态调整。动态调整的目的是持续做到录取政策与教育利益之间紧密缩限，使得两者在司法审查给予有限学术遵从的情况下尽可能彼此契合。在历史上，积极差别待遇录取政策曾经有过配额制、双轨制、加分制等各种粗糙的表现形式，只有通过动态调整才能不断使录取政策规范细化，才能始终把对种族因素的考虑限定在适当且必需的范围内。

所谓细化精准，指政策细化和受益群体精准，这也是积极差别待遇录取政策在实施中应当不断追求的改进目标。只有政策细化，才能应对诉讼质疑和实现教育利益，同时只有受益群体精准，才能提高政策效果和避免不当受益。联邦最高法院在一系列的判决中已经表明，公立大学必须对所

有申请人进行个人化的全面评价，种族因素在录取程序中只能作为附加因素而非决定因素。用奥尼尔的话来说，就是种族因素仅限于打破天平上两位条件资格大致相当申请人所处的平衡状态。附加地考虑种族因素，在本科录取和研究生录取中结合客观和主观标准体系，都可以有不同的表现形式。只要不造成事实上的配额效果，原则上是可以获得法院支持的。同时，政策细化还包括在常态监测结果基础上制定配套支持措施，例如，针对少数族裔弱势阶层学生学业能力发展不足的情况，提供有针对性的课程辅导和学业咨询；针对他们家庭经济条件较差的情况，制定有效的奖贷资助政策。这些针对学生入学后提供的配套支持措施，虽然不属于录取政策的部分，但有利于少数族裔学生充分利用积极差别待遇录取政策所赋予他们的教育机会，帮助他们在学业发展中获得成功。

公立大学采用何种标准选择和界定受益群体，是积极差别待遇录取政策面对司法审查首先要回答的问题。如果学校为该政策所采取的种族分类包含了与所主张目的无关的人或行为，则该分类过于广泛；如果所采取的种族分类未能包含与所主张目的相关的人或行为，则分类过于狭窄。[1] 前述"奶油层"问题正是围绕标准选择和界定引发的争议。公立大学中少数族裔优势阶层学生数量增加，的确也能够促进学生群体多元化，为不同种族及背景学生之间发生互动提供更多可能性。但这更多体现的是结构多元化，这是学生群体多元化作为一种资源和条件，在高等教育场域中帮助大学实现其教育目标的必要非充分条件。在任何少数族裔群体中，都会有成员与白人学生具有同样的举止、经历、倾向和志向。[2] 少数族裔优势阶层学生在基础教育和中等教育阶段进入以白人学生为主的学校，他们在进入大学后也更倾向于和与之处于相近阶层和背景的学生展开互动。因此，公立大学需要关注通过积极差别待遇录取政策入学的学生，关注他们能否提高校园中不同种族群体学生互动的频率和质量，特别是在课堂之外的学生宿舍，校园活动，

---

① 〔美〕阿兰·艾德斯、克里斯托弗·N. 梅：《美国宪法个人权利案例与解析》，项焱译，商务印书馆，2014，第254页。
② Posner R. A.，"The DeFunis Case and the Constitutionality of Preferential Treatment of Racial Minorities," *The Supreme Court Review*, 1 (1974): 1.

社会活动中的非正式交流、讨论与互动中。[1]

　　鉴于积极差别待遇录取政策未能充分惠及真正的弱势群体成员，美国学界出现了以"阶层"取代"种族"作为积极差别待遇录取政策实施标准的呼声。卡伦贝格（R. Kahlenberg）[2]、马拉默德（D. Malamud）[3]、桑德（R. Sander）[4] 等人认为，以社会经济地位为核心的阶层因素能够更为全面地捕捉不同种族群体的弱势成员，社会经济融合相比种族融合能够更好地促进社会公平。不过，法伦（R. Fallon）的观点更能从政策改进的视角来看待问题本质。他认为，无论以何标准制定积极差别待遇相关政策，关注焦点都应当是如何通过精心设计使其成为更加有效的公共政策，同时解决因经济贫困和种族歧视导致的弱势状况。[5] 在未来可预见的时期内，"费希尔案"使得积极差别待遇录取政策仍然以种族因素作为基础，但旨在更为精准界定受益群体的改革也势在必行。公立大学需要从两个方面进行考虑。

　　一方面，在分类选择的基础上细化界定标准。积极差别待遇的根本目标是要解决经济社会不平等问题，即使录取政策的辩护理由是学生群体多元化，但仍然具有"准补救"的价值。因此在分类选择受益群体时，参照国家或者地区平均水平（例如受教育程度、家庭收入、职业状况等），以群体社会经济弱势现状的最显著特征作为分类选择标准。弱势现状的最显著特征为系统性和顽固性。所谓系统性，是指该群体在经济社会发展的整个系统环境中，由于遭遇制度偏见或歧视，基于非能力特征被排斥给予平等机会和待遇，因而发展不足或滞后而在经济社会中处于弱势地位。所谓顽固性，是指在缺乏社会政策有效干预的情况下，该群体难以通过自身努力

①　Gurin P., Dey E., Hurtado S., et al., "Diversity and Higher Education: Theory and Impact on Educational Outcomes," *Harvard Educational Review* 72（2002）: 330.

②　Kahlenberg R. D., "Class – Based Affirmative Action," *California Law Review* 84（1996）: 1037.

③　Malamud D. C., "Class – Based Affirmative Action: Lessons and Caveats," *Texas Law Review*, 74（1995）: 1847.

④　Sander R. H., "Experimenting with Class – Based Affirmative Action," *Journal of legal education*, 47（1997）: 472.

⑤　Fallon R. H., "Affirmative Action Based on Economic Disadvantage," *UCLA Law Review* 43（1996）: 1913.

充分改善或摆脱弱势现状，制约后代获得学业及职业发展的可能性，导致该群体弱势现状延续甚至恶化。因此，分类选择积极差别待遇受益群体，需要考虑本地情境中弱势模式的最显著特征，可将目光放在少数族裔聚居地区、偏远农村地区、集中贫困地区等。公立大学在实施积极差别待遇录取政策时，主要是以本州人口及高中毕业生中的种族构成情况为参照，以"代表性不足"问题来反映特定少数族裔学生因经济社会弱势地位导致入学竞争不足的现状，并以种族因素作为录取政策分类选择受益群体的基础。但是，分类选择往往会"模糊类别之中的重要差异"①，因此需要进一步细化界定标准。细化方式有两种选择，一是选择更为明确的二级分类，例如夏威夷大学的积极差别待遇录取政策就将亚裔中的亚洲太平洋岛裔学生纳入受益群体②。二是建立更为具体的二级标准，将父母职业、家庭收入、居住地区、就读高中等用于界定经济社会弱势的常用指标纳入考虑范围。在常态监测的基础上，如果分类选择基础上的任一或者全部界定标准对于精确筛选受益群体已经部分或者完全失效，那么就要考虑是否需要纳入新的指标甚至对分类选择进行重新设置。

另一方面，在全面评价的基础上复核受益资格。学生在填报入学申请表格时，通常以"选项打钩"的方式对种族身份进行自我认定。学校在分类选择的基础上细化界定标准，推定受益群体的学生处于弱势地位，需要纳入积极差别待遇录取政策给予优待帮助。但是，这是"可反驳的推定"（rebuttable presumption），即可以被证据否定的推定。这就要求学校更为详细地审核申请材料，确认学生是否为少数族裔群体中的弱势阶层。在"费希尔案"中，得克萨斯大学在考虑学生所处的"特殊境况"时，录取工作人员会着重阅读提交的申请短文，对与种族身份和弱势状况相关的情况进行确认。除了在受益群体中最大限度地排除"奶油层"，公立大学审核申请材料还能够过滤另外两种情况下的学生。一种是学生为从申请学校的积极

① La Noue G. R. , Sullivan J. C. , "Deconstructing the Affirmative Action Categories," *American Behavioral Scientist* 41 （1998）: 913.

② Pager S. A. , "Antisubordination of Whom – What India's Answer Tells Us about the Meaning of Equality in Affirmative Action," *UC Davis Law Review* 41 （2007）: 289.

差别待遇录取政策中受益而虚假主张相应种族身份，即蓄意身份造假①，另一种是学生家族谱系是跨种族通婚，学生的确有少数族裔血统（如 1/32 黑人血统或者 1/64 拉美裔血统）但不足以以此认定其为少数族裔身份②。所以，公立大学只有在录取过程中复核少数族裔学生受益资格，才能修正分类选择和界定标准可能存在的不精准的情况，从而保持以种族群体作为显著弱势特征的有效性和公平性。

四　学业支持：降低错配效应对受益学生的负向影响③

在积极差别待遇录取政策的发展过程中，还有一个如影随形的争论焦点——"错配效应"（mismatch effect）。错配效应是指受益学生在学业基础未达到常规录取标准的情况下，凭借优先对待进入选拔度较高的一流大学，相比其他学生，该学生与学校的教学要求之间存在明显差距，这对受益学生入学后的学业发展会产生不同程度的影响。"错配效应"概念包括产生错配结果与生成正负向影响两层逻辑意涵。

在选拔过程中以优先对待方式柔性降低录取标准，自然会在学生与学校之间产生错配的结果。录取标准是大学依据自身教育质量及教学要求，对学生学业基础设置的初始基准，它反映了一所大学的入学选拔度。根据美国大学入学制度，学校会以学生标准化测试分数及高中成绩为基础，筛选大学申请对象。大学在录取程序中也将这些视为主要考虑因素，因为这是能够直观呈现学生学业基础和学习能力的可测量指标。同时，一流大学也认为，课外活动、社会服务、克服生活逆境实现学业上进等不可测量指标也是重要的参考因素。若以可测量指标代表单个学生的学业基础，以所

---

① Yang T. , "Choice and Fraud in Racial Identification: The Dilemma of Policing Race in Affirmative Action, the Census, and a Color–Blind Society," *Michigan Journal of Race & Law* 11 （2005）: 367.

② Thomas E. C. , "Racial Classification and the Flawed Pursuit of Diversity: How Phantom Minorities Threaten Critical Mass Justification in Higher Education," *Brigham Young University Law Review*, 3 （2007）: 813.

③ 王俊：《美国一流大学积极差别待遇招生政策的"错配"之争及其反思》，《现代大学教育》2020 年第 5 期，第 61 页。

有入学学生的平均线代表学校教育质量及教学要求，学生与学校之间会处于一个大致匹配的范围。即使是那些低于平均线的学生，录取工作人员也是在对其进行综合评价后，结合实际经验预判其能够满足学业要求并顺利毕业，才会予以录取。所以，那些原本不会被一流大学录取的少数族裔学生，在积极差别待遇录取政策的帮助下获得了入学机会，他们的学业基础自然会向下偏离，超出匹配范围。

对受益学生而言，错配结果在他们的学业发展过程中会不同程度地生成正向或负向影响。一种观点认为，错配结果生成更多正向影响，利于少数族裔学生学业发展。持这一立场的论者认为，一流大学的教学内容更难、教学进度更快，对学生学业要求的标准也更高，同时这些学校拥有更丰富的教育资源、更优秀的师生群体和更积极的学习氛围。凯恩（T. Kane）认为，选拔度较高的学校意味着拥有更高的毕业率和职业收入，而且不同群体间毕业率差异也会更小，不能以错配为由对积极差别待遇录取政策进行"恶意曲解"。[①]鲍恩与博克在研究中也发现，尽管不同 SAT 分数段中黑人学生的学业表现和毕业率都弱于白人学生，但是学校选拔度和毕业率仍然表现出了正相关性，因此充分肯定积极差别待遇录取政策对少数族裔学生产生的长期影响。[②]鲍恩在后续研究中指出，选拔度较高的大学中少数族裔学生的确会面临更大的学业挑战与压力，学业表现总体相对偏弱，但毕业率仍然高于在选拔度较低的普通大学就读的朋辈群体。[③] 可以看出，持这一观点的学者侧重高等教育的"进"与"出"，偏重于强调结果而非过程。在他们看来，既然少数族裔学生能够进入更好的大学，并且能够获得更高的毕业率，那就足以证明积极差别待遇录取政策达到了预期成效。

另一种观点则认为，错配结果生成更多负向影响，对少数族裔学生造

① Kane T. J. , "Racial and Ethnic Preferences in College Admissions," in Jencks C. , Phillips M. , eds. , *The Black - White Test Score Gap* (Washington D. C. : Brookings Institution Press, 1998), p. 431.

② Bowen W. G. , Bok D. , *The Shape of the River: Long - Term Consequences of Considering Race in College and University Admissions* (Princeton: Princeton University Press, 1998), pp. 59 - 61.

③ Bowen W. G. , Chingos M. M. , McPherson M. S. , *Crossing the Finish Line: Completing College at America's Public Universities* (Princeton: Princeton University Press, 2009), pp. 207 - 210.

成伤害。持这一立场的论者认为，少数族裔学生学业基础差距会导致他们面临过高学业压力，甚至会因学业表现不佳而产生气馁情绪，降低学习能动性，进而使得学业相对弱势演变为绝对弱势。长久来看，这反而不利于他们的就业前景和社会流动。萨默斯（C. Summers）坦言，就学生个体而言，未达到常规录取标准的少数族裔学生凭借迁移效应进入选拔度更高的学校，并不意味着他们就一定能获得更好的教育。[①] 当时大学间争相效仿，也让积极差别待遇录取政策成为评判一所大学社会正义价值理念的标准。斯坦福大学胡佛研究所教授索厄尔（T. Sowell）认为，积极差别待遇录取政策导致整个高等教育系统出现了学生与学校之间的"系统性错配"，认为这很可能导致受益学生陷入学业困境。[②] 瑟斯特罗姆（S. Thernstrom）更直接将黑人学生过高的本科退学率归咎于积极差别待遇录取政策。[③] 当然，这些学者并非一概而论地持反对态度，而是提醒学校在实施积极差别待遇录取政策过程中需要警惕以种族因素降低录取标准可能导致的潜在的学业风险。

持负向影响观点立场的论者在讨论"错配假设"时还嵌入了一个反拟（counterfactual）假设，即如果受益于积极差别待遇录取政策的少数族裔学生没有进入一流大学，而是进入选拔度较低但与之学业基础相匹配的普通大学，那么他们会有更好的学业表现和发展前景。持这一观点的论者尝试运用各种复杂实证研究方法与模型，将积极差别待遇录取政策从诸多可能影响学业表现的因素中剥离出来，单独测量其影响并力图证明这一假设。在联邦最高法院于 2003 年并审"格拉茨案"与"格鲁特案"并做出截然相反的判决结果后，加州大学洛杉矶分校法学院教授桑德（R. Sander）发表以全美法学院为研究对象的研究结论，探讨这些法学院长期实施积极差别待遇录取政策对少数族裔学生造成的影响，坚称自己发现了充分的实证证据，能够验证错配假设。他以 1991 年进入法学院就读的学生样本为基础，

① Summers C. W., "Preferential Admissions: An Unreal Solution to a Real Problem," *University of Toledo Law Review* 2 (1970): 377.

② Sowell T., "The Plight of Black Students in the United States," *Daedalus* 103 (1974): 179.

③ Thernstrom S., Thernstrom A., *America in Black and White: One Nation, Indivisible* (New York: Touchstone, 1997), p. 406.

分析指出少数族裔学生在学业基础方面的差距导致他们在课堂学习中面临过高学业压力，甚至因为学业表现不佳而产生气馁情绪，甚至放弃努力，这使得学业相对弱势累加演变为绝对弱势。这不仅提高了退学率，还降低了律师资格考试通过率。结合 2000 年律师资格考试的数据，桑德进一步指出，少数族裔学生学业表现不佳会对职业前景造成负面影响，甚至会抵消名校背景带来的光环效应。桑德的研究结论之所以引发学界普遍关注，是因为他假设全美法学院从 2001 年开始停止实施积极差别待遇录取政策，并测算出这会造成黑人学生入学规模减小 14.1%，但同时黑人学生在律师资格考试中的通过率反而会提高 7.9%。①

与过往研究相比，桑德在研究方法上设计了更为复杂精细的回归分析模型，因此他坚信研究发现充分验证了错配假设，也主张只有停止积极差别待遇录取政策，让少数族裔学生回到与之学业基础匹配的法学院，才能让他们真正在学业上获得成功。不过这一观点很快引来了质疑的声音。历史上，一流法学院是酝酿和实行积极差别待遇录取政策的先行者，期望借此扩大少数族裔学生入学规模，增加他们在执业律师中的代表性，为他们学业发展和社会流动提供第二次机会。而桑德的研究似乎表明，法学院的这些努力不仅没有产生预期的积极效果，反而给原本应当从中受益的少数族裔学生带来了损害。尽管法学界的学者普遍认可该研究的价值，认为其能敦促大家真正关注少数族裔学生在法学院中学业表现不足的问题并寻找解决策略，但同时也针锋相对地予以质疑和批判。

（一）对研究假设的批判

桑德的研究假设是，受益于积极差别待遇录取政策的少数族裔学生因错配进入了选拔度较高的法学院，他们如果最初进入选拔度较低的法学院就读，那么就会取得更好的学业成绩，通过律师资格考试的机会也更大。验证这一反拟（counterfactual）假设的困难在于，如果学生已经

---

① Sander R. H., "A Systemic Analysis of Affirmative Action in American Law Schools," *Stanford Law Review* 57 (2004): 367.

进入一所法学院就读，就难以观察其在另一所法学院的学业表现。无论
设计何种验证方法都会影响研究结论的可靠性，即使同时采用学校选拔
度和学生群体间的交叉比较，也难以得出准确的预测结论。① 所以，耶
鲁大学法学院教授霍（D. Ho）认为，如此验证并不符合因果推断的基本原
则。② 学业表现和律师资格考试通过率会受到多方面因素的影响，但桑
德将这一复杂机制简单化，他在回归分析中以入学成绩和学业表现作为
预测律师资格考试通过率的主要变量。耶鲁大学法学院另一位教授艾尔
斯（I. Ayres）认为，如此推断自然会显著放大积极差别待遇录取政策
的潜在风险。③ 在不同的法学院中，种族关系、校园氛围和刻板成见等因
素会对学生学业表现造成不同程度的影响，尽管桑德认识到的确存在这样
的问题，但他认为这些因素在分析中是可以被忽略的。密歇根大学法学院
教授钱伯斯（D. Chambers）表示这样的立场值得商榷，不应简单地将学业
表现不足视为入学成绩差距直接造成的结果。④

（二）对论证过程的批判

桑德以实证分析递进式验证错配假设，但其他学者认为他在处理数据
时出现"一系列的统计错误、疏漏和难以置信的推测"⑤，导致每一步骤的
论证都缺乏充分的证据支持。霍就直接批评他"盲目使用复杂的统计步
骤……得出荒唐的结论"⑥。斯坦福大学法学院教授多伯（M. Dauber）认为

---

① Rothstein J. , Yoon A. H. , "Affirmative Action in Law School Admissions: What Do Racial Pref-
erences Do?," *University of Chicago Law Review* 75 (2008): 649.

② Ho D. E. , "Why Affirmative Action does not Cause Black Students to Fail the Bar," *Yale Law Re-
view* 114 (2005): 1997.

③ Ayres I. , Brooks R. , "Does Affirmative Action Reduce the Number of Black Lawyers," *Stanford
Law Review* 57 (2005): 1807.

④ Chambers D. L. , Clydesdale T. T. , Kidder W. C. , et al. , "The Real Impact of Eliminating Af-
firmative Action in American Law Schools: An Empirical Critique of Richard Sander's Study,"
Stanford Law Review 57 (2005): 1855.

⑤ Chambers D. L. , Clydesdale T. T. , Kidder W. C. , et al. , "The Real Impact of Eliminating Af-
firmative Action in American Law Schools: An Empirical Critique of Richard Sander's Study,"
Stanford Law Review 57 (2005): 1855.

⑥ Ho D. E. , "Why Affirmative Action Does not Cause Black Students to Fail the Bar," *Yale Law Re-
view* 114 (2005): 1997.

他在处理数据时缺乏严谨性，产生很多未经证实的困惑。例如，桑德在处理部分黑人律师数据缺失值时，假定他们与白人律师具有完全相同的就业机会，于是采用白人律师数据来插补。[①] 再如，桑德推测法律职业对黑人学生的吸引力是不可替代的，所以停止积极差别待遇录取政策只会减少原本就不会被法学院录取的学生数量。但钱伯斯认为这一推测过于乐观，很多黑人学生对就读于法学院并非心怀迫切意愿，所以一旦停止积极差别待遇录取政策他们可能会选择其他类型的专业教育和职业道路。[②] 对论证过程的质疑自然会削弱研究结论的信度，不同的论证过程甚至会得出不同的研究结论。艾尔斯采用不同的分析模型重新检验数据，发现结束积极差别待遇录取政策不会增加黑人律师数量，反而会减少 12.7%。[③] 而钱伯斯的预测结果则是黑人学生入学规模会缩小 40%～50%，通过律师资格考试的会减少30%～40%。[④]

（三）对观点立场的批判

桑德认为入学成绩和学业表现对律师资格考试和职业前景产生线性累加影响，这是将积极差别待遇录取政策置于狭窄视野中予以审视的结论。职业声誉与薪酬诚然是学生努力奋斗进入一流法学院的直接动机，但并非法律教育的全部价值。哈佛大学法学院教授威尔金斯（D. Wilkins）认为，多数族裔主导的精英群体社交网络对少数族裔学生具有天然的排他性，而一流法律教育所传递的价值与理念使少数族裔拥有了向上流动的垫脚石，帮助他们冲破历史歧视屏障。[⑤] 早期受益于积极差别待遇录取政策的少数族

① Dauber M. L. , "The Big Muddy," *Stanford Law Review* 57 (2005): 1899.

② Chambers D. L. , Clydesdale T. T. , Kidder W. C. , et al. , "The Real Impact of Eliminating Affirmative Action in American Law Schools: An Empirical Critique of Richard Sander's Study," *Stanford Law Review* 57 (2005): 1855.

③ Ayres I. , Brooks R. , "Does Affirmative Action Reduce the Number of Black Lawyers," *Stanford Law Review* 57 (2005): 1807.

④ Chambers D. L. , Clydesdale T. T. , Kidder W. C. , et al. , "The Real Impact of Eliminating Affirmative Action in American Law Schools: An Empirical Critique of Richard Sander's Study," *Stanford Law Review* 57 (2005): 1855.

⑤ Wilkins D. B. , A Systematic Response to Systemic Disadvantage: A Response to Sander," *Stanford Law Review* 57 (2005): 1915.

裔学生实现了社会流动，成为美国第一批少数族裔中产阶层，这对于少数族裔群体在后民权时代的经济与政治崛起发挥了重要作用。一项对密歇根大学法学院的跟踪研究发现，少数族裔学生毕业后投身公益律师志愿服务和为少数族裔群体提供法律支援的比例显著高于白人学生。[1] 同时，亦有学者认为桑德对学业成功的界定略显狭隘。匹兹堡大学法学院教授罗德里戈（R. Delgado）就指出，即使少数学生未能成为执业律师或者甚至未能完成法律教育，他们仍然可以运用所学的法律知识去从事其他行业的工作。[2]

应当承认的是，尽管桑德的研究备受批评，但他也揭示了一个不可回避的现实，即不同种族群体在学业表现中持续地存在明显差距。这是美国整个教育系统中长期存在的问题，法学院亦不例外。在同一所法学院中，即使具有相同入学成绩的学生在学业发展过程中也出现了种族差距。[3] 积极差别待遇录取政策从最初引入到不断发展，与美国社会的经济、人口、文化的演变同步发生。通过对主要研究的梳理也可以发现，不同数据、不同情境和不同方法都会产生不同甚至矛盾的观点。学界多年以来的学术争论也未能取得基本共识。[4] 这种混沌状态反而让社会与民众对积极差别待遇录取政策产生了怀疑与误解，甚至影响到了联邦最高法院部分大法官的态度。在审理"费希尔案"时，联邦最高法院保守派大法官斯卡利亚（A. Scalia）在庭审辩论时就表示，少数族裔学生在"较慢轨"（slower track）大学会有更好的学业表现。[5]

作为一项临时性治理工具，积极差别待遇录取政策自身隐含潜在风险。尽管它已经具备了充分的合法性基础，但仍有必要理性审视"错配效应"

---

① Lempert R. O., Chambers D. L., Adams T. K., "Michigan's Minority Graduates in Practice: The River Runs through Law School," *Law & Social Inquiry* 25 (2000): 395.

② Delgado R., "Rodrigo's Riposte: The Mismatch Theory of Law School Admissions," *Syracuse Law Review* 57 (2007): 637.

③ Kidder W. C., "Does the LSAT Mirror or Magnify Racial and Ethnic Differences in Educational Attainment: A Study of Equally Achieving Elite College Students," *California Law Review* 89 (2001): 1055.

④ Kidder W. C., Onwuachi-Willig A., "Still Hazy after All These Years: The Data and Theory behind Mismatch," *Texas Law Review* 92 (2014): 895.

⑤ Gillespie A., Brown M., "The Effects of Contextual Priming on Attitudes toward College Admissions," *Journal of Race & Policy* 12 (2016): 99.

可能生成负向影响的机理，这样才能以政策改进提高效能，稳固合理性基础。积极差别待遇录取政策打破了高等教育优质资源分配中的阶层壁垒，不应以对"错配效应"的理性探讨而否定政策必要性。美国高等教育发展历程表明，如果没有积极差别待遇录取政策，一流大学将会长期陷入事实上的种族隔离，少数族裔学生也难以获得实质平等的入学机会。少数族裔群体从中受益，不仅体现在特定学生以个体身份进入一流大学接受优质教育，而且体现在他们完成学业并进入各行各业后，随着个人社会经济地位的提高而帮助群体内其他成员并进发展，进而改善整个群体的状况。[①] 这构成了积极差别待遇录取政策的正当性基础。诚然，受益学生群体的学业基础整体而言弱于非受益学生群体，在入学后面对高强度的学业要求，不可避免会出现个别学生学习困难的现象。"整体的不完善与不规则，总是强于虽然在某个部分具有极大的精确性，但是在其他方面的功能却被完全忽视。"[②] 美国学界围绕"错配效应"展开争论，可鉴戒之处在于，积极差别待遇录取政策需不断完善，特别是要逐步提升实施规则的规范性和精细化，避免为片面追求机会实质平等的结果而突破对入学成绩的底线要求。同时，不应以政策实施中无意安排的客观结果打破政策逻辑自身的稳定性。

公立大学通过积极差别待遇录取政策实现入学机会实质平等，但仍需重视和提高受益学生入学后的学业发展能力。罗尔斯（J. Rawls）在其"作为公平的正义"理论中提出两个正义原则，积极差别待遇录取政策实质平等的核心理念契合了其中第二个正义原则，即"社会和经济的不平等应这样安排，使它们……适合于最少受惠者的最大利益"。一流大学入学机会作为"一种不够广泛的自由"，须以面向全体学生的常规录取标准确立"由所有人分享的完整自由体系"，以此体现机会平等原则，即自由的优先性。在此基础之上，一流大学施以差别原则，实施积极差别待遇招生政策，对历史上高等教育优质资源分配受惠最少的少数族裔学生予以补偿，使得"一

---

① Brest P., Oshige M., "Affirmative action for Whom?," *Stanford Law Review* 47（1995）：855.
② 〔英〕埃德蒙·柏克：《法国大革命反思录》，冯丽译，江西人民出版社，2015，第 99 页。

种机会的不平等必须扩展那些机会较少者的机会"。[1]

　　森（A. Sen）与罗尔斯都深切关注社会弱势群体，但是他批判了罗尔斯"作为公平的正义"理论。森认为，自由不同于实现自由的手段，也不同于实现自由的程度。为此，他将个人有可能实现的、各种可能的功能性活动组合称为"可行能力"（capability），认为这才是个人选择有理由珍视的生活的实质自由。[2] 在森看来，无论以何种原则分配权力、自由、机会的社会基本善，只有在现实的行为层面拥有平等的"可行能力"，才能实现实质自由。受益于积极差别待遇录取政策的学生往往在经济、社会、文化等方面存在弱势因素，这些因素在学业发展过程中会制约其实现自由发展目标的能力。不论以何种立场和方式形塑政策，都不可能苛求该政策一力解决在学业发展中出现的问题。"可行能力"概念关注个体所处境况的实际差异，并以功能性活动作为自由发展的衡量标准。因此，在从获得入学机会到实现发展目标的选择与转化过程中，要在积极差别待遇录取政策体系之外寻求能够与之衔接的应对策略，进一步帮助受益学生提高学业发展的可行能力。

　　为此，构建和完善面向弱势背景学生的学业支持制度，是美国高等教育在当前发展阶段对质量与公平的制度承诺。阿特巴赫（P. Altbach）指出，提供机会并不仅仅在于让学生迈进校门，真正的进步在于提高所有学生群体完成学业的水平。面对学生群体日益多元化带来的压力，大学亦须构建学业支持制度，创新教学方法。[3] 尽管美国学界存在不同的声音，但主流观点仍然认为大学选拔度和学生毕业率之间具有正相关性。选拔度较高的学校具有更丰富的经费资源、更优秀的师生群体和更积极的学习氛围，但是这也意味着教学内容更难和教学进度更快，对学生学业基础的要求也更高。[4] 积极差别待遇录取政策使得受益学生避开传统录取标准，潜在降低了

---

[1] 〔美〕约翰·罗尔斯：《正义论》，何怀宏、何包钢等译，中国社会科学出版社，2009，第237页。

[2] 〔印〕阿马蒂亚·森：《以自由看待发展》，任赜、于真译，刘民权、刘柳校，中国人民大学出版社，2013，第62～63页。

[3] Altbach P. G. , "The Global Academic Revolution," *Journal of Educational Planning and Administration* 25 （2011）：302.

[4] Arcidiacono P. , Lovenheim M. , "Affirmative Action and the Quality - Fit Trade - off," *Journal of Economic Literature* 54 （2016）：3.

学业基础与学校质量之间的"匹配效应",使得他们必须面对更大的学业压力与挑战。弱势背景学生出现学业发展困难可能归因于诸多复杂因素,但其中最主要的仍然是学业基础水平较低。弱势因素在受益学生进入大学场域后可能导致认同冲突、心理压抑等适应障碍,使得他们在一定阶段相比其他学生处于学业发展相对落后状态。整体上,弱势背景学生具备克服逆境的强烈能动性。因此,有针对性地构建和完善学业支持制度,能够预防、控制、缓解甚至消除弱势因素对弱势背景学生学业发展的负面影响,使他们避免陷入学业弱势境况,帮助他们充分释放学习潜能,取得学业上的进步。

第三节 未来视角:对保守主义转向的关切

一 亚裔群体对积极差别待遇录取政策的分歧立场

在 2016 年的"费希尔案"中,保守派大法官阿利托(S. Alito)针对判决结果发表反对意见,通篇将亚裔学生与黑人及拉美裔学生进行比较。他认为,得克萨斯大学实施积极差别待遇录取政策,目的是提高黑人和拉美裔学生的录取机会,增加他们在校园中的数量。但是,录取名额是有限的,没有获得相同"机会促进"的学生的录取机会自然就会减少。阿利托在论证这一立场时,有意将案件原告白人学生的族裔身份,隐藏在"其他申请人"或者"没有获得相同机会促进对待的学生"称谓之下。在这里,阿利托将亚裔学生作为白人学生的"代理人群体",[1] 称他们都遭遇了得克萨斯大学录取政策的种族歧视,指责联邦最高法院的判决结果是在"有意地忽视亚裔学生",并反问"如果亚裔的多元化不作数,那么学生群体多元化又如何能够促进更重要的利益呢"。[2] 值得注意的是,根据词频统计,"亚裔美国人"一词在阿利托的反对意见中出现次数多达 62 次,但该案原本的原告费希尔是白人,案情本身也

---

① Gee H., "Redux: Arguing about Asian Americans and Affirmative Action at Harvard after Fisher," *Asian American Law Journal* 26 (2019): 20.

② *Fisher v. University of Texas*, 579 U. S. _(2016)

不涉及亚裔学生。其实，早在 2012 年联邦最高法院第一次决定受理"费希尔案"时，阿利托在法庭辩论中就一直追问得克萨斯大学所主张的多元化是否是包含了亚裔学生的多元化，例如是否包含菲律宾裔、柬埔寨裔学生等。阿利托的法理论述试图在白人群体之外寻找弱化积极差别待遇录取政策合法地位的可能性，也是在迎合近些年亚裔群体对该政策的态度转变。

在 20 世纪七八十年代，即积极差别待遇录取政策实施的前期阶段，亚裔群体也曾经是短暂的受益对象。例如，在 1978 年的"巴基案"中，被告加州大学戴维斯分校医学院所实施的特别录取计划，也适用于亚裔学生。1977 年《公共事业雇佣法》在设置拨款经费预留对象时，也将东方裔视为少数族裔群体。不过，在与该法律密切相关的 1980 年"富利洛夫案"和 1983 年"克罗森案"中，诉讼争议所针对的并不是亚裔群体。亚裔群体勤奋工作，其教育水平和经济状况不断改善，"模范少数族裔"（model minority）的成功形象渐入人心。[1] 虽然就人口数量而言其在美国仍然是"少数"，但是在社会大众的认知中，亚裔群体已经与黑人、拉美裔、印第安裔这些经济社会状态亟待改善的弱势"少数族裔"形象相去甚远。亚裔群体也逐渐淡出了积极差别待遇录取政策的受益范围。尽管亚裔群体的人口规模在美国稳步扩大，接受高等教育的成年人比例也明显高于其他族裔群体，但在这么多年围绕积极差别待遇录取政策引发的种种激烈争论中，亚裔群体的声音一直被忽视，亚裔群体就像是有的学者所形容的"旁观者"——"将亚裔美国人排除在积极差别待遇录取政策考虑的范围之外，将我们降至旁观者的角色。这表明，我们既不是美国人，也不是少数族裔"。[2]

近些年，亚裔群体对积极差别待遇录取政策的态度出现了明显的分化趋势，但是也更愿意在类似的辩论场域中表达自己的声音。在"费希尔案"中，秉持不同立场的亚裔组织都向联邦最高法院递交了"法庭之友"意见书，陈述支持原告费希尔或者被告得克萨斯大学的理由。新近亚裔移民大

---

[1] Ngo B., Lee S. J., "Complicating the Image of Model Minority Success: A Review of Southeast Asian American Education," *Review of Educational Research* 4 (2007): 415.

[2] Wu F. H., *Yellow: Race in America beyond Black and White* (New York: Basic Books, 2003), pp. 139 – 140.

多来自重视教育的亚洲国家和地区，难以接受学业成绩优异的学生反而不能进入一流大学的现实，对积极差别待遇录取政策也日渐表现出保守的态度。以"亚裔美国人法律辩护和教育基金会"（Asian American Legal Defense and Education Fund）和"亚裔美国人正义促进组织"（Asian Americans Advancing Justice）为代表的亚裔组织秉持民权运动以来的价值观，其使命是促进种族公平。[①] 而以"亚裔美国人协会联盟"（Coalition of Asian American Associations）和"亚裔美国人教育联盟"（Asian American Coalition for Education）为代表的组织，在立场上更偏保守，在行动上更加激进，其主要议题是要求大学停止在录取政策中考虑申请人的种族因素。例如，这两个组织曾经在 2015 年和 2016 年，分别针对哈佛大学和耶鲁大学的积极差别待遇录取政策，向联邦司法部提出正式投诉。其基本主张是，这些一流大学在录取中实施积极差别待遇录取政策，亚裔学生即使具备优异的学业成绩，也会因族裔身份而减少了被录取的机会。

联邦司法部在接到投诉后对两所学校的录取政策展开调查，并首次因积极差别待遇录取政策对耶鲁大学提起诉讼。亚裔组织认为，耶鲁大学在每年数百个本科录取结果中，将种族作为决定性因素，这是违反法律要求的"种族平衡"（racial balancing）的。司法部在调查后认为，对于大多数具有相同学业资质的申请人来说，亚裔和白人申请人被录取的概率，仅有黑人申请人的八分之一到四分之一。司法部据此认为耶鲁大学在实施录取政策时未能做到紧密缩限，要求学校在 2020～2021 年的本科录取周期中暂停考虑种族因素。但耶鲁大学拒绝配合，甚至没有进一步把考虑种族因素缩限到录取程序中。由于学校拒绝按照要求进行自愿合规（voluntary compliance），司法部决定提起诉讼。[②] 在积极差别待遇录取政策引发的诉讼案件中，首次在原告席中出

---

① Chang M. J. , "Amplifying Asian American Presence: Contending with Dominant Racial Narratives in Fisher," in Jayakumar U. M. , Garces L. M. , Fernandez F. , eds. , *Affirmative Action and Racial Equity: Considering the Fisher Case to Forge the Path ahead* (New York: Routledge, 2015), p. 152.

② Jaschik S. , "Affirmative Action Suit against Yale is Dropped," https: //www. insidehighered. com/admissions/article/2021/02/08/affirmative - action - case - against - yale - dropped, last accessed: 2021 - 08 - 30.

现了联邦政府的身影。面对诉讼，耶鲁大学校长沙洛维（P. Salovey）明确表示，不会就学校的录取政策做出退让。他在就此事专门致学校全体师生的公开信中表示，"在思考这个问题时，重要的是牢记耶鲁大学录取候选人的质量。即使我们认为仅仅依靠平均学分绩点和测验分数可能符合耶鲁的最佳利益，我们也不能采取这样的做法，因为我们有太多具有优秀学术资质的申请人。更重要的是，只关注平均学分绩点和测验分数，对耶鲁大学绝无裨益，因为它不能完整反映每个申请人的具体情况"。① 在联邦政府总统权力交接之后，司法部于 2021 年 2 月宣布撤销对耶鲁大学的诉讼。不过，另外针对北卡罗来纳大学和哈佛大学的两起诉讼案件，仍然进入了司法程序。

这两起案件的原告均是一个叫作"学生公平录取组织"（Students for Fair Admissions）的非营利性机构，与之前主要由被学校拒绝录取的学生直接做诉讼原告的情况有很大不同。该组织的创建者爱德华·布卢姆（E. Blum）是一名对种族议题持保守政治立场的白人男性，曾经也支持"费希尔案"的原告起诉学校。该组织宣称其成员超过两万人，主要是因种族身份而被一流大学拒绝录取的亚裔和太平洋岛裔学生及其父母。目的是要代表他们通过诉讼及其他手段，捍卫那些受到法律平等保护的个人权利，其中就包括以诉讼方式终结积极差别待遇录取政策。学生公平录取组织分别建立了"哈佛大学不公平"、"北卡罗来纳大学不公平"和"威斯康星大学不公平"三个网站，常年征集被这三所学校拒绝录取的亚裔学生，搜集证人证据，择机以原告身份提起诉讼。

在 2019 年的"学生公平录取组织诉北卡罗来纳大学案"② 中，该组织诉称其成员在北卡罗来纳大学教堂山分校的本科录取程序中遭遇种族歧视。学校在录取程序中，综合使用超过四十项标准对每一名申请人进行综合考察。这些标准大致分为八类，分别是：学业课程、学业表现、标准化测试、

---

① Office of the President, "Yale will Continue to Foster a Diverse and Vibrant Educational Environment," https://president. yale. edu/president/statements/yale – will – continue – foster – diverse – and – vibrant – educational – environment, last accessed：2021 – 08 – 30.

② *Students for Fair Admissions, Inc. v. University of North Carolina*, 1：14CV954（M. D. N. C. Sep. 30, 2019）.

课外活动、特殊才华、申请短文、学生背景和个人特质。申请材料的审阅人对前五类标准进行打分，其余三类标准则被放在整个申请人候选池中进行整体考察。如果申请人在材料中披露种族信息，那么审阅人可以在评价过程的任何阶段，结合申请人的具体情况考虑种族因素。学校本科录取办公室在培训时，也会要求审阅人在评价中考虑申请人的社会经济状况。[①] 学校从 2014 年开始将审阅人的工作进行分类——"一类审阅人"仅对申请材料进行初始评价，初步做出录取或拒绝的决定。"二类申请人"则由经验丰富的录取工作人员组成，审阅需要二次评价的申请材料，再做出录取、拒绝或者候补的决定。在发布最终录取结果之前，学校还要对录取情况进行复查。学校根据申请人的录取结果生成一份信息报告，交由专门的录取工作人员，以随机形式对一组来自相同高中的申请人的录取结果进行审核。这份报告的内容包括申请人的班级排名、平均学分绩点、测验分数、录取排名、居住地情况、校友关系，以及是否为家庭第一代大学生，是否具有体育运动特长，是否豁免申请费等，但是不包括申请人的种族信息。复查的目的是判定所列信息是否符合申请人当前获得的录取结果。如果发现不一致情况，学校会重新评价申请材料，必要时更改录取的决定。

联邦地区法院遵循联邦最高法院在 2016 年"费希尔案"判决中所确立的原则，将司法审查的重点放在了北卡罗来纳大学是否在录取政策实施中做到了紧密缩限。学校校长福尔特（C. Folt）在证词中表示，"种族、差异及社会政治经济等问题是学生未来将要面临的最重要议题，……要理解这些议题并成为真实世界的成员，关键之一是学生有机会，在真正能够呈现他们未来将要经历的多元化环境中学习"。学校的立场符合相关判例所确立的基本理念，法院进一步审视学校是否以紧密缩限的方式使用种族因素，实现法律所允许的目标。根据前述对录取程序的描述，法院认为种族因素是录取评价所考虑的诸多因素之中的一项灵活因素（flexible factor），即无论申请人被录取还是被拒绝，种族身份都不是决定结果的主导因素。相关

[①] 审阅人通常采用以下指标衡量申请人的社会经济状况，包括：申请人是否有豁免申请费的资格，申请人是否为家庭中第一代大学生，申请人父母或监护人的职业及就业状态，在申请人就读的学校中是否有较高比例的学生具有接受免费午餐或折价午餐的资格。

证据也表明，北卡罗来纳大学采取了多种方式，对使用种族中立替代方案的多种可能性进行评估。例如，学校在 2013 年组建了全校范围的"种族中立替代方案工作小组"，负责调查、制定和评估方案的预期结果，并就是否及如何调整学校当前的录取政策提出建议。工作小组模拟了多种方案，例如自动录取公立高中毕业生中排名前 10%、前 7.5% 或 4.5% 的学生，自动录取贫困学生比例较高学校中排名前 3% 的学生，以高中课程的难度代替班级排名，以标准化测验中特定科目的分数作为自动录取线等，但是都没有寻找到一种合理的替代方案，无法既帮助学校达成学生群体多元化的目标，也不用牺牲录取程序中综合评价学生潜力的其他要素。最终，联邦地区法院没有支持学生录取公平组织的诉讼请求。

　　学生录取公平组织在针对北卡罗来纳大学的诉讼中，没有明确表明自己代表的是亚裔还是白人学生，但是在针对哈佛大学的诉讼中，该组织则明确表示原告请求方是学业成绩优异但仍然被哈佛大学拒绝录取的亚裔学生。在 2020 年的"学生公平录取组织诉哈佛学院[1]案"[2] 中，该组织明确诉称学校在录取程序中歧视亚裔学生，特别是一些平均学分绩点与标准化测验分数近乎完美，但依然被哈佛大学拒绝的学生。这一诉讼立场引发了亚裔群体的关注和支持。学生公平录取组织指出，美国亚裔人口规模和哈佛大学亚裔申请人的数量逐年递增，但是亚裔学生被录取的比例却年年相似，这是因为哈佛大学有意保持种族平衡。例如，哈佛大学对申请人的"个人评分"（personal rating）要素包括了幽默、敏感、胆识、领导力、正直、乐于助人、勇气、善良和许多其他的品性。亚裔学生的客观评价标准，包括平均学分绩点、标准化测试分数及课外活动等，分数明显高于其他族裔群体，但是个人评分却是所有族裔群体中最低的，而黑人学生的学业评分最低，但个人评分却是最高的。与其他公立大学不同，哈佛大学会邀请校友对申请人进行一对一的面试，并在面试人手册中介绍如何看待包括种族因素在内的学业发展潜力，同时也要求面试人避免因种族身份刻意调整分数。对于那些最具

---

[1]　哈佛学院是哈佛大学的本科生院。

[2]　*Students for Fair Admissions*, *Inc.* v. *President of Harvard College*, 980 F. 3d 157（1st Cir. 2020）

入学竞争优势的申请人，录取办公室的工作人员会直接对其进行面试，但是在这一部分申请人中，亚裔学生获得面试和最终被录取的机会都低于其他族裔群体。此外，在哈佛大学对特定申请人给予优先对待的"ALDC"① 录取模式中，能够受益的亚裔申请人数量也是偏少的。基于前述种种情形，学生录取公平组织诉称哈佛大学的录取政策故意歧视亚裔学生。

联邦地区法院在审理后判决支持哈佛大学，联邦第一巡回上诉法院也维持了判决结果。面对为何不择优录取的质疑，哈佛大学回应称，如果单以平均学分绩点作为录取标准，那么学校需要将新生录取的规模扩大四倍，才能完全录取每一名平均学分绩点为满分的申请人，所以客观标准所呈现出的学业成绩优异，并不能保证每一位优秀的亚裔申请人都会被录取。在审查哈佛大学的录取政策是否做到紧密缩限时，除了判定种族在录取程序中不是一项机械的附加因素（a mechanical plus factor）之外，法院还需要明确现有的录取政策是否对亚裔学生造成了过度负担。法院认为，不同族裔群体的申请人在"个人评分"结果中的差异，最大原因可能仍然是录取过程中随机变化的诸多因素，而非哈佛大学有意对亚裔申请人进行选择性歧视，而且没有证据表明，学校在明知存在歧视和偏见的情况下，还拒绝采取措施加以改善。尽管学生公平录取组织的专家证人根据哈佛大学提交的证据，的确在录取信息数据中发现了亚裔申请人的录取机会要低于其他族裔群体，但是法院认为，录取结果统计上的差异不足以证明哈佛大学存在歧视意图或者蓄意偏见。当然，"个人评分"作为主观评价的结果，难以绝对避免面试人对特定族裔群体的刻板印象。联邦地区法院在判决陈词中也坦言，"尽管哈佛大学的录取计划通过了严格审查，但它仍然是不完美的（it is not perfect）。……不过，法院不会仅仅因为它可以做得更好，就拆解掉一项通过宪法审查的录取计划。严格审查并不要求去追赶可能存在的完

---

① 由录取办公室的工作人员直接对运动员、校友、院长或主任兴趣名单中的申请人，以及教师和职员子女（athletes, legacy applicants, dean's interest list applicants, and children of faculty or staff，简称 ALDC）进行的面试和录取。其中"院长或主任兴趣名单中的申请人"主要是捐赠人的子女或亲人，甚至包含对捐赠人重要性的排序。

美幽灵"。[1]

　　哈佛大学因为诉讼提交了大量涉及录取程序的信息和申请人的数据，这为解析"黑箱子"中真实的录取情况提供了机会。哈佛大学的院校研究办公室曾经提交了这样一份证据，采用 2007 年至 2016 年的申请人数据建立回归模型，依据四种不同的录取模式生成不同族裔申请人的录取概率（见表 5-1）。[2] 第一种录取模式只考虑申请人的学业表现，即高中平均学分绩点和标准化测试分数；第二种录取模式增加考虑申请人的校友关系和运动员招募；第三种录取模式再增加考虑申请人的课外活动和个人分数，其中对课外活动的评分已经剔除了运动员招募因素；第四种录取模式进一步增加包括种族和性别等在内的人口统计特征因素。最后一种录取模式的模拟情况最接近实际结果。可以看到，如果仅以学业表现作为录取标准，亚裔申请人（43.04%）的录取概率高于白人申请人（38.37%）。也的确如学生录取公平组织的举证，从模型一到模型四，仅有亚裔申请人的录取概率出现下降，其他族裔申请人的录取概率整体上都有不同程度的上升。黑人和拉美裔等少数族裔群体的申请人，也的确受益于积极差别待遇录取政策，录取概率有明显提高。

　　但是，这里值得进一步反思的是录取概率从模型一到模型二的变化。当模型二增加考虑申请人的校友关系和运动员招募因素的时候，亚裔申请人的录取概率下降 11.64 个百分点；当模型四增加考虑申请人的人口统计特征因素时，亚裔申请人的录取概率从模型三的基础上又下降 8.02 个百分点。换言之，相比种族或性别因素，考虑校友关系和运动员招募因素的录取模式，对亚裔申请人的录取概率会造成更大的损害。学生录取公平组织没有将哈佛大学的 ALDC 录取模式作为主要的诉讼标的，但是根据判决书披露的数据，在 ALDC 录取模式下的申请人中，白人学生占 67.8%，亚裔学生占 11.4%，而黑人和拉美裔学生分别只占 6.0% 和 5.6%。[3] 由此可见，白人申

---

[1]　*Students for Fair Admissions*, *Inc. v. President & Fellows of Harvard College*, 346 F. Supp. 3d 174（D. Mass. 2018）

[2]　Nagai A.，"Harvard Investigates Harvard：Does the Admissions Process Disadvantage Asians,"https：//ceousa.org/wp-content/uploads/2018/08/CEO-Study-Harvard-Investigates-Harvard.pdf，last accessed：2021-08-30.

[3]　*Students for Fair Admissions*, *Inc. v. President of Harvard College*, 980 F. 3d 157（1st Cir. 2020）

请人是该录取模式的主要受益者。在司法审查中，法院也认识到了 ALDC 对亚裔申请人录取概率的负面影响，但仍然支持哈佛大学的做法。例如，法院认为，如果取消 ALDC，腾挪出来的录取名额的确能让部分亚裔申请人受益，但会损害哈佛大学自身的利益，如削弱哈佛大学在常青藤盟校体育比赛中的竞争力，降低学校对世界顶尖学者和出色职员的吸引力，弱化学校从校友关系网络及潜在捐赠人那里筹措办学经费的能力等。所以，法院指出，鉴于该录取模式没有涉及明显的种族因素，是否保留应交由学校决定，"不应为了降低对种族因素的考虑，就过度削弱哈佛大学实现其组织目标的能力"。[①]

表 5 - 1　四种不同录取模式下不同族裔申请人的录取概率

单位：%

	模型一	模型二	模型三	模型四	实际结果
亚裔	43.04	31.40	25.99	17.97	18.66
黑人	0.67	1.83	2.36	11.12	10.46
拉美裔	2.42	2.62	4.07	9.83	9.46
美洲土著	0.21	0.32	0.41	1.21	1.23
白人	38.37	48.03	50.63	44.08	43.21
国际学生	7.27	5.86	7.39	7.68	8.90
未知种族	8.02	9.93	9.14	8.11	8.09

资料来源：参见 Nagai A., "Harvard Investigates Harvard: Does the Admissions Process Disadvantage Asians," https://ceousa.org/wp - content/uploads/2018/08/CEO - Study - Harvard - Investigates - Harvard.pdf, last accessed: 2021 - 08 - 30。

学生录取公平组织对哈佛大学的诉讼，赢得了部分保守亚裔群体的支持，也导致了亚裔群体内部对积极差别待遇录取政策的立场分化。部分亚裔组织向法院提交了"法庭之友"意见书，支持哈佛大学的录取政策，其中包括代表 44 个亚裔组织及部分亚裔大学教师的亚裔美国人法律辩护和教育基金会，和代表部分亚裔学生的"亚裔美国人正义促进协会（洛杉矶分部）"（Asian Americans Advancing Justice – Los Angeles）。全国有色

---

① *Students for Fair Admissions*, *Inc. v. President of Harvard College*, 980 F.3d 157（1st Cir. 2020）

人种协进会的"法律辩护和教育基金会"（NAACP Legal Defense and Education Fund）也代表 25 个哈佛大学校友组织及部分学生提交了意见书，称其代表"成千上万的亚裔、黑人、拉美裔、土著、白人学生及校友"，支持哈佛大学。这场诉讼将过去积极差别待遇录取政策辩论场域中的"白人与少数族裔的对立模式"，引向"亚裔与少数族裔的对立模式"。有学者一针见血地指出，渲染一流大学因在录取政策中考虑种族因素产生所谓的"亚裔惩罚"（Asian penalty），掩饰了美国高等教育传统录取政策中的实际受益者。若暂且不表大学在录取政策制定与实施中的自主权，导致亚裔学生甚至包括黑人、拉美裔及印第安裔等在内的少数族裔在一流大学中的代表性不足的最大的原因很可能仍然是被一场诉讼错觉所遮盖的"白人红利"（white bonus）。①

二 联邦最高法院对积极差别待遇录取政策的立场转向

在美国司法系统中，"自由派"（liberal）与"保守派"（conservative）两个概念所对应的意涵，不完全等同于描述司法分支与立法及行政分支之间互动关系的"司法能动"（judicial activism）和"司法克制"（judicial restraint），而更多用于描述法官所做投票及他们就任法院所做判决体现出来的社会和政治模式。当司法审查面对的是具有意识形态色彩的焦点问题时，这一点尤其具有现实的洞察意义。在这些问题上，自由的民主党政治家及选民会支持一种立场，而保守的共和党政治家及选民会支持另一种立场。在自由派与保守派之间也有持中间立场的温和派，但是在涉及政教分离、枪支管控、女性堕胎、移民保障、商业规制、死刑及种族问题（如积极差别待遇）等争议时，双方的立场经常是针锋相对。虽然法院必须中立地运用法治技术裁决案件，但法官的立场和投票不可避免地会受到自由主义或保守主义的影响，社会及民众甚至可以结合党派背景和过往判决，推定特定法官在特定问题上会给出怎样的裁判意见。所以，当一直对积极差别待

---

① Feingold J. P. , "SFFA v. Harvard: How Affirmative Action Myths Mask White Bonus," *California Law Review* 107 （2019）: 707.

遇录取政策持怀疑态度的肯尼迪大法官,在 2016 年"费希尔案"中投票支持得克萨斯大学时,舆论一片哗然。不过,整体而言,自由派与保守派大法官在很多争议上的分歧堪称泾渭分明,并且他们不会轻易改变立场。正如法学家本杰明·卡多佐(B. Cardozo)所言,"我们每个人都有一种如流水潺潺不断的倾向,不论你是否愿意称其为哲学,却正是它才使我们的思想和活动融贯一致并有了方向。法官一点也不比其他人更能挣脱这种倾向"。[①]

积极差别待遇录取政策走过半个多世纪的时间,能够在自由派与保守派大法官的司法理念对峙下得以留存,鲍威尔与奥康纳两位温和的保守派大法官厥功至伟。1971 年,时任共和党总统尼克松提名鲍威尔担任联邦最高法院大法官。与在同一天获得提名的保守派大法官伦奎斯特(W. Rehnquist)不同,鲍威尔对积极差别待遇录取政策采取了谨慎探讨而非绝对反对的立场。在"巴基案"中,鲍威尔用关键一票调和自由派与保守派大法官的立场,以 5 比 4 的投票结果,反对戴维斯医学院为少数族裔申请人保留录取名额的具体做法,同时又以另一个 5 比 4 的投票结果,赞成积极差别待遇录取政策本身的合法地位。当联邦最高法院面对这样一个处于道德、政治与法律辩论中心的艰难问题时,鲍威尔没有以简单的党派路线,在不同的宪法价值理念中做出"悲剧性的选择"。在很多判决中,鲍威尔表现出明显的保守派倾向,但面对根深蒂固的价值理念在复杂案件中相互斗争的情景时,他试图保留而非消减任何一方。"如果鲍威尔是一个保守派,那么他是最明智的那种保守派。在他身上,知识和美德与人类的理解和同情并未分离。"[②] 尽管他未能也无力一劳永逸地解决这个复杂问题,但是其多元化理念为不同法律价值在积极差别待遇录取政策上的妥协共存,提供了一个可以持续讨论的空间。

1981 年,奥康纳大法官由共和党总统里根提名,是联邦最高法院历史上首位女性大法官。在很多案件中,奥康纳与保守派大法官组成多数意见

---

① 〔美〕本杰明·卡多佐:《司法过程的性质》,苏力译,商务印书馆,2013,第 3 页.

② O'Connor S. D., Fallon R. H., Freeman G. C., et al., "A Tribute to Justice Lewis F. Powell, Jr," *Harvard Law Review* 2 (1987): 395.

一方，上任初期的裁决投票结果符合保守主义的预期，她也会撰写单独的意见来限制判决结果的影响范围。随着时间推移，奥康纳逐渐发展出对具体案件情境和争议焦点逐案分析及裁判的司法风格。在任职期间，奥康纳对联邦最高法院在美国社会中应当发挥的制度功能有了更加实际的理解。她将这种理解融入判决的论理分析中，"试图帮助国家保持宪法所预见的状态：保护基本自由，平等地尊重每个公民，权力分散于不同分支的不同层级之间"。① 在"格拉茨案"中，奥康纳与保守派大法官一起，以6∶3的投票结果，推翻了密歇根大学的本科录取计划，但在"格鲁特案"中，奥康纳站在自由派大法官一边，以5∶4的投票结果，维持了密歇根大学法学院录取计划的合法地位。同期在任的自由派大法官金斯伯格，是联邦最高法院历史上的第二位女性大法官，因其对女性及少数族裔权利的关注，被誉为"时代开拓者"。② 她强烈支持密歇根大学本科及法学院的录取计划，认为"政府决策者能够恰当地区分排斥性政策与包容性政策之间的差别。那些对长期被剥夺完全公民地位的群体苛以负担的行为，与为了尽快消除根深蒂固的歧视及其后果而采取的措施，两者明显不同"。③ 但奥康纳坚持大学应以有限的方式实施积极差别待遇录取政策，构造了"紧密缩限"使用种族因素的基本原则。

长期以来，联邦最高法院的保守派大法官们反对在雇佣、合同和教育领域基于种族因素给予优先对待，正是因为他们在司法进程中与自由派大法官们之间的角力，才能让曾经模糊粗糙的积极差别待遇录取政策逐步清晰细化。保守派大法官们所质疑的，也是自由派大法官们必须回应的。正如鲍威尔与奥康纳所认为的，在彼此冲突的法律价值理念之间，需要调和不同群体的基本权利主张。这种冲突直接体现在，保守派大法官们反对用种族因素来破坏任何机会竞争中的平等对待。大法官罗伯茨（J. Roberts）

---

① Ginsburg R. B. , Breyer S. G. , McGregor R. V. , et al. , "A Tribute to Justice Sandra Day O'Connor," *Harvard Law Review* 5（2006）：1239.

② Clinton H. R. , "Tribute to Ruth Bader Ginsburg: A Trailblazer for the Ages," *Columbia Law Review* 121（2021）：513.

③ *Gratz v. Bollinger*, 539 U. S. 244（2003）

曾表示，"以种族将我们分裂，这是一件肮脏的事情"，① 也曾斩钉截铁地指出，"要停止基于种族的歧视对待，办法就是停止基于种族的歧视对待"。② 阿利托大法官批评得克萨斯大学，称"这样的积极差别待遇录取政策已经失控"。③ 保守派大法官中最具代表性的当属斯卡利亚，他被美国法学界视为"是继提名他担任联邦最高法院大法官的里根总统之后，最具影响力的保守主义人物"。④ 斯卡利亚的保守主义根植于美国的历史传统，特别是宪法制定者试图通过分离和限制政府权力，来保护个人自由。所以，他坚定地捍卫以宪法文本、结构和历史为基础的司法哲学。斯卡利亚倡导原旨主义，强调宪法的含义不会随着时间推移而改变，坚持以宪法制定时普通人所理解的词语含义，来指导如何在实践中做出司法裁断，故强烈反对自由派大法官们试图辨识和重解固定文本背后的意图。在对"格鲁特案"判决结果的反对意见中，斯卡利亚抨击"密歇根大学法学院用'充满神秘色彩'的'临界规模'，作为其以种族为基础实施歧视对待的辩护理由，即使是最容易受骗的人也会提出质疑，……这无非是一个假象，试图掩盖按照种族比例录取的计划"。⑤ 对于这些质疑，不仅要用"迫切利益"来回应"能否考虑种族因素"的问题，还要用"紧密缩限"来回应"如何考虑种族因素"的问题，如此才有了积极差别待遇录取政策今日的基本样态。

作为美国联邦最高法院的第二位黑人大法官，托马斯在保守派阵营中的身份略显特殊。1991 年，共和党总统布什提名托马斯，接替联邦最高法院第一位黑人大法官马歇尔（T. Marshall）。耶鲁大学在 20 世纪 70 年代的录取政策要求入学新生中有 10% 是少数族裔，托马斯才有机会在 1971 年作为 12 名黑人学生之一，进入耶鲁大学法学院开始求学之路。即使是积极差别待遇录取政策的受益者，托马斯也坚持认为，任何形式的种族优待本身就是有害的。他强调，种族主义是美国社会中无法根除的特征，黑人的唯一希望在于自己，而不是白人。

---

① *League v. Perry*, 548 U. S. 399（2006）
② *Parents Involved in Community Schools v. Seattle School District No. 1*, 551 U. S. 701（2007）
③ *Fisher v. University of Texas*, 579 U. S. _(2016)
④ Francisco N. J., "Justice Scalia: Constitutional Conservative," *University of Chicago Law Review* 4（2017）: 2169.
⑤ *Grutter v. Bollinger*, 539 U. S. 306（2003）

托马斯一直反对大学在录取政策中考虑种族因素，认为此举是主流社会再次给黑人学生贴上了"低人一等"的标签，尽管形式上是善意的，但本质上仍然是白人至上主义的延续。[①] 不过，另外一位同样受益于积极差别待遇录取政策的自由派大法官，给出了另外一番评论。索托马约尔（S. Sotomayor）经民主党总统奥巴马在 2009 年提名进入联邦最高法院，是联邦最高法院历史上第三位女性大法官，也是第一位拉美裔大法官。她受益于积极差别待遇录取政策，先后进入普林斯顿大学和耶鲁大学法学院学习。在一次耶鲁大学的校园座谈中，索托马约尔回忆道，"如果没有积极差别待遇，我就不能加入这场争取获得良好教育的比赛，因为我甚至都不知道有这样一场比赛在进行"。[②]

与斯卡利亚所倡导的原旨主义不同，托马斯对积极差别待遇的反对立场植根于两个方面。一方面，他认为积极差别待遇强化了已然笼罩在黑人群体身上的污名。曾在白人社会眼中，黑人是智力、才华和技能不足的标志。在 1995 年的"詹金斯案"[③] 中，托马斯指出，"我从未停止惊讶地发现，法院如此愿意假定任何以黑人为主的事务都必定是劣等的"。当国家和社会组织认定黑人是需要帮助的群体时，托马斯认为这样会加深人们对黑人污名的误解。甚至即使有黑人在没有依靠积极差别待遇而获得成功时，背后的艰辛付出也易被忽略。正如他曾经在 1995 年的"阿达兰德案"[④] 中所言，"这些（给予优先对待的）项目给少数族裔打上了低人一等的烙印，可能会使他们产生依赖感，或者产生一种态度，认为自由'有权'获得优先对待"。另一方面，托马斯认为，积极差别待遇录取政策将稀缺的高等教育资源优先发放给少数被认为值得获得的黑人，反而将白人群体从历史中的肇事人转变为现实中的施恩人。尤其是这样的政策，只是

① Conklin M., "The Enigma of Clarence Thomas: A Critical Analysis," *Elon Law Review* 1 (2020): 383.

② Gonzalez S., "Ask Questions and 'Explore like a Bird', Advises Justice Sotomayor," https://news. yale. edu/2014/02/04/ask - questions - and - explore - bird - advises - justice - sotomayor, last accessed: 2021 - 08 - 30.

③ *Missouri v. Jenkins*, 515 U. S. 70 (1995)

④ *Adarand Constructors*, *Inc. v. Peña*, 515 U. S. 200 (1995)

看似牺牲了一小部分白人学生的利益，让他们在本应获得平等对待的入学竞争中，遭遇逆向歧视。托马斯反对这种戏剧化的操弄，强烈呼吁黑人学生应当靠自己的真实能力竞争入学资格。在"格鲁特案"的反对意见中，他曾援引美国著名废奴主义者道格拉斯（F. Douglass）的一句话作为开篇——"如果黑人不能靠自己的双腿站起来，那就让他倒下。我所要求的是，给他一个靠自己双腿站起来的机会！让他自己站起来"。① 托马斯坚信，即使没有积极差别待遇，黑人也能够在美国社会的各个方面获得成功。所以，他在2016年"费希尔案"的反对意见中，再次强调"州在高等教育录取决定中使用种族因素，是平等保护条款所明确禁止的"。②

随着近几年自由主义在美国的式微和联邦最高法院大法官的变动，保守派大法官已经形成优势阵营。斯卡利亚与金斯伯格两位大法官先后在2016年③和2020年离世，肯尼迪大法官在2018年决定退休。共和党总统特朗普相继提名戈萨奇（N. Gorsuch）、卡瓦诺（B. Kavanaugh）和巴雷特（A. Barrett）三位保守派大法官，这三位法官都曾经表达过对原旨主义的支持态度。目前，联邦最高法院九位大法官中有六位坚持保守主义立场，并且尚未出现类似前任鲍威尔、奥康纳或肯尼迪这样的愿意弥合意识形态冲突的中间路线大法官。随着保守主义意识形态在联邦最高法院占据支配地位，美国法学界有学者担心法院可能会面临前所未有的合法性危机。这种观点认为，尽管共和党在几十年围绕法院控制权的党派斗争中取得了胜利，但是联邦最高法院现在的大法官们，"可能比美国历史上任何时候，都会更加一致地按照党派路线投票裁决，如果未来大约一半的美国人对法院展开公正司法的能力缺乏信心，那么法院解决重要法律问题的权力将受到严重威胁"。④ 也有学者悲观地预判，如果保守派大法官控制了联邦最高法院，那么美国

---

① *Grutter v. Bollinger*，539 U. S. 306（2003）

② *Fisher v. University of Texas*，579 U. S. _(2016)

③ 联邦最高法院在2016年就"费希尔案"做出判决时，斯卡利亚大法官已经离世。自由派大法官卡根（E. Kagan）在进入联邦最高法院任职之前，曾以副检察长身份参与该案在下级法院的诉讼，因此回避投票。加上肯尼迪大法官关键的"摇摆票"，联邦最高法院最终以4：3的投票结果判决支持得克萨斯大学。

④ Epps D.，Sitaraman G.，"How to Save the Supreme Court,"*Yale Law Journal* 1（2019）：129.

未来的司法系统图景会演变成——"大公司和有钱人通常会胜诉，穷人们甚至不能走进法院。雇主会胜诉，工会和雇员会败诉。白人会胜诉，少数族裔群体会败诉。男人会胜诉，女人会败诉。基督徒会胜诉，非基督徒会败诉。拥有稳固政治权力的共和党人会胜诉，民主党选民会败诉。枪支拥有者会胜诉，其他人都会败诉"。①

　　近几年，美国社会的种族冲突再度进入白热化，伴随保守主义归来，不同族裔群体在诸如积极差别待遇录取政策这样的争议问题上，将越来越难以取得共识和达成妥协。围绕学生公平录取组织对哈佛大学的诉讼，美国多家舆情机构再次就积极差别待遇展开调查，发现民众对是否应当基于种族因素实施某种优先对待，充满了分歧。盖洛普公司（Gallup Inc.）在2020年的调查结果表明，在没有解释具体措施的情况下，如果直接询问受访人"整体而言，你赞成还是反对对少数族裔群体的积极差别待遇政策"，有61%的受访人表示赞成，有30%的受访人表示反对。但如果明确表示需要考虑种族因素才能实现政策目标时，受访人的支持度就明显降低了。② 这表明，美国社会对改善少数族裔在社会中的地位表示支持，也认为应当采取更多的政策行动来减少种族不平等，但是并不希望明显地考虑种族因素。皮尤研究中心（Pew Research Center）在2019年进行的调查显示，73%的受访人认为大学在录取程序中不应考虑申请人的种族因素，仅有19%的受访人认为可以将种族作为次要考虑的因素。当被问及大学应当考虑哪些录取标准时，67%的受访人认为应该包含高中成绩，47%的受访人认为应该包含标准化测试分数，21%的受访人认为应该包含社区服务，20%的受访人认为可以考虑申请人是否为家庭中的第一代大学生。③ 与此同时，保守主义归来将不可避免地导致意识形态分化加剧，这种两极化现象也体现在法律文化

---

① Feldman S. M. , "Court - Packing Time? Supreme Court Legitimacy and Positivity Theory," *Buffalo Law Review* 5（2020）: 1519.

② Newport F. , "Affirmative Action and Public Opinion," https: //news. gallup. com/opinion/polling - matters/317006/affirmative - action - public - opinion. aspx, last accessed: 2021 - 08 - 31.

③ Graf N. , "Most Americans Say Colleges should not Consider Race or Ethnicity in Admissions," https: //www. pewresearch. org/fact - tank/2019/02/25/most - americans - say - colleges - should - not - consider - race - or - ethnicity - in - admissions/, last accessed: 2021 - 08 - 31.

和司法裁判中。自由派和保守派大法官"越来越多地在不同的世界中发挥作用，与不同的观众对话，这一发展态势将导致愈加难以出现过往几代大法官中曾经出现的意识形态漂移（ideological drift）"，[①] 彼此之间难以寻找到弥合分歧的意愿和契机。积极差别待遇录取政策的合法性能否经受住下一次联邦最高法院"致命的"严格审查，将由时间来检验。

---

① Epp D. , Sitaraman G. , "The Future of Supreme Court Reform," *Harvard Law Review Forum* 7（2021）: 398.

结语　积极差别待遇录取政策的意义与价值

一　逻辑变迁体现了高等教育公共政策的范式转型

如今，国家治理与公共政策所面对的差异性和不均衡性越来越复杂。在多元主义（pluralism）时代，人们日益关注与自身利益切实相关的问题，并善于表达意见和维护权利。多元化（diversity）与多元主义密切相关，但两者各有侧重。社会学家伍斯诺（R. Wuthnow）认为，多元化是描述性的，它呈现社会关系中种族、文化、宗教等因素的客观差异；多元主义则是判断性和回应性的，它所体现的是人们在面对这种社会现实时，采取积极、中立或者消极的态度，并将这种态度体现在生活方式中。① 面对积极差别待遇录取政策引发的诉讼纠纷，联邦最高法院鲍威尔大法官最早提出以学生群体多元化作为该政策的辩护理由。在这种理念正式获得司法确认后，多元化成为公共政策制度设计与实施原则的规范性措辞。美国公立大学是州行为人，当学校实施积极差别待遇录取政策时，也是在代表州政府实施公共政策中一项具体涉及高等教育机会分配的政策。同样，当司法审查中积极差别待遇录取政策的合法性基础从补救历史歧视转向学生群体多元化时，也是国家治理中公共政策范式转型过程在高等教育领域的直接体现。高等教育治理是现代国家治理的重要内容，攸关质量与公平的教育政策必须面对多元主义带来的挑战。高等教育政策在回应差异性和多元化时，应考虑

① Wuthnow R., *America and the Challenges of Religious Diversity* (Princeton: Princeton University Press, 2011), p. 286.

如何创造社会凝聚力，使这种回应在多元主义的社会背景中广泛地被具有不同利益诉求的相关群体所认可与接收。① 在这一背景下，多元化本身被赋予了重要且积极的政策价值。

积极差别待遇最早出现在美国的政府合同、公共就业和教育领域的政策中时，表现出强硬的干预性和控制性。在国家治理随后几十年的发展中，公共政策的设计理念和工具选择都经历了相当重大的变化，公共政策在民主社会中发挥越来越明显的规制作用。② 在公共政策中引入和普及积极差别待遇，体现了政府在国家治理中的主动作为。但是，补救性理念只能将这种主动作为带来的机会补偿限制在特定的少数族裔群体成员中。多元化理念则可以让社会中每一位处于弱势境况的成员都有机会获得这样的补偿。正如福斯特（S. Foster）与沃洛克（E. Volokh）所言，多元化理念展现出一种"未来导向的视野"③，它"不谈论负罪感，也不主张补偿，所要求的似乎仅仅是做出合理且无偏见的判断"④。当司法审查中对迫切利益的主张出现变迁时，积极差别待遇录取政策自身的连贯性和一致性也备受质疑，但多元化理念很快就会获得支持。在安德森的观点中，多元化才真正是"讨论融合的另外一种方式"，并且是一种可以和"社会正义与民主关切"相关的一系列问题联系起来的方式。⑤ 波斯特甚至将多元化比喻为孕育"一种民主的公共文化"的温床。⑥

多元化理念体现了高等教育领域公共政策的范式转型，但同时也表明难以有统一的政策范式。在美国，大学在对申请人进行个人化的全面评价

---

① 王丽萍：《国家治理中的公共政策范式转型——从肯定性行动到多样性管理》，《北京大学学报》（哲学社会科学版）2017 年第 3 期，第 133 页。

② Peters B. G., Pierre J., *Handbook of Public Policy*（Thousand Oaks：Sage Publications, 2006），p. 2.

③ Foster S., "Difference and Equality：A Critical Assessment of the Concept of Diversity," *Wisconsin Law Review* 1（1993）：105.

④ Volokh E., "Diversity, Race as Proxy, and Religion as Proxy," *UCLA Law Review* 43（1995）：2059.

⑤ Anderson E. S., "Integration, Affirmative Action, and Strict Scrutiny," *New York University Law Review* 77（2002）：1195.

⑥ Post R., Rogin M. P., *Race and Representation：Affirmative Action*（New York：Zone Books, 1998），p. 22.

时，固然要抛弃过去那种针对特定群体申请人降低录取标准的粗糙做法，但学校间难以沿用统一的评价模式与标准。联邦最高法院将得克萨斯大学的积极差别待遇录取政策视为"自成一类的"，正是因为具体的录取程序和标准反映了学校特殊的历史与现实需求。哲学家沃尔泽（M. Walzer）在《正义诸领域》中指出，一个自由社会应当致力于追求一种"复合平等"（complex equality），在不同的领域依据不同的正义原则进行治理，但是这些不同的原则取决于每一个领域所涉及的社会意义和对立价值，以及在这些价值之中可能达成的不同平衡。① 尽管不能实施积极差别待遇录取政策，但是加州大学所有分校均设立了负责多元化事务的管理部门，旨在为所有群体提供参与机会，促进社会正义和创造平等氛围。该大学也强调要特别关注那些被边缘化的贫困弱势群体。② 很多公立大学甚至制订和实施专门的多元化战略规划，它们的基本做法在共同趋势之下各有特色。③

---

① Walzer M. , *Spheres of Justice*: *A Defense of Pluralism and Equality*（New York: Basic Books, 1983），p. 3.

② 例如，加州大学伯克利分校在 2017 年 9 月启动"校园氛围、社区参与和转型"行动，参见 Division of Equity & Inclusion, UC Berkeley, "Campus Climate, Community Engagement & Transformation," https://campusclimate. berkeley. edu/, last accessed: 2019 - 11 - 19。2020 年 6 月，威斯康星大学的"校园氛围咨询委员会"（Campus Climate Advisory Committee）启动了针对系统内所有分校的"多元学习环境调查"（Diverse Learning Environments Survey），其内容之一是围绕校园多元化氛围测量相关因素，包括学生在校园中遭遇歧视的经历、不同种族群体学生之间的互动，以及学生对校园的归属感等，参见 University of Wisconsin System, "Diverse Learning Environments Survey," https://www. wisconsin. edu/campus – climate/, last accessed: 2021 – 08 – 30。

③ 例如，罗德岛大学在 2017 年 10 月发布了为期五年的多元化战略规划，参见 Office of Community, Equity and Diversity, University of Rhode Island, "CED Strategic Plan 2017 – 2022," https: //web. uri. edu/diversity/files/CED – Strategic – Plan. pdf, last accessed: 2019 – 11 – 19。阿肯色大学在 2019 年 6 月发布了为期三年的多元化战略规划，参见 Office for Diversity and Inclusion, University of Arkansas, "Building the Foundation: 2019 – 2021 Strategic Plan for a Diverse and Inclusive U of A," https://diversity. uark. edu/_ resources/documents/UArk – Strategic – Plan. pdf, last accessed: 2020 – 06 – 07。除了在大学系统层面制定宏观的多元化战略规划，一些学校开始分解和细化多元化战略的流程与要素，为内部各个教学和研究单位制定自身的行动计划，提供指导与服务。例如罗格斯大学在 2021 年 6 月就发布了一份制定规划的建议，提供具有不同功能导向的规划工具，参见 Office of the Senior Vice President for Equity, Rutgers, "Universitywide Diversity Strategic Planning Toolkit," https://diversity. rutgers. edu/sites/default/files/2021 – 01/Rutgers_Strategic%20Plan_012821_FINAL. pdf, last accessed: 2021 – 08 – 30。

二 多元化理念为追求实质平等目标提供了新路径

在"巴基案"中，鲍威尔和布伦南都提到了多元主义。鲍威尔认为不应将种族作为比较申请人的关键因素，而是要衡量申请人对多元化的潜在贡献，并认为应当录取那些能够促进"教育多元主义"（educational pluralism）的申请人。而布伦南则认为采用配额方式确定黑人与白人学生的固定比例，能够建立"种族多元主义"。但何谓多元化？联邦最高法院的大法官们并没有从法律角度做出明确界定。舒克（P. Schuck）将其定义为"群体之中或个人之间在价值、特质和活动方面呈现的差异，它在特定社会中会影响这些群体或个人的社会地位或行为方式"①。对于一些群体来说，社会中仍然存在根深蒂固的不利因素，深层次的不平等也依然存在。在某些情况下，这些造成弱势境况的因素不一定都是因种族而来。不同社会群体之间和同一社会群体的不同成员之间因不同的不利因素而存在各种形式的不平等，个人也可能因为一个不利因素而陷入多重弱势的境况。② 如果在追求实质平等的道路上无视这些不利因素的复杂性和交叉性，那就会阻碍为了缓解不平等所做的努力。

对于什么人应当获得公立大学的入学机会，贤能主义者强调以体现学业表现的客观测试结果衡量个人品质（merit），按照这样的标准评判个人是否应得机会。在米勒对分配正义的论述中，权利、应得和需要是分配的三项原则。他赞同英国哲学家卢卡斯（J. Lucas）的观点，即"品质指代一个人具有的个人才能（qualities），而应得指代他已经做出的功绩（deeds）"③，进而认为"应得并不适合作为分配特别是公正分配的一个基本的根据"④。德沃金对何为品质的理解体现在他对"巴基案"判决结果公正与否的阐述中，他认为"构成'品质'的能力、技巧和特征之间没有抽象意义上的组

---

① Schuck P. H., *Diversity in America: Keeping Government at a Safe Distance* (Cambridge: Harvard University Press, 2003), p. 7.

② 〔英〕芭芭拉·巴基海尔：《解析平等机会与多样性——社会分化与交叉不平等》，王川兰译，格致出版社、上海人民出版社，2016，第13~15页。

③ 〔英〕戴维·米勒：《社会正义原则》，应奇译，江苏人民出版社，2001，第168页。

④ 〔英〕戴维·米勒：《社会正义原则》，应奇译，江苏人民出版社，2001，第170页。

合联系；如果将灵敏的双手视作未来外科医生的'品质'，这是因为灵敏的双手能使他更好地为公众服务，而不是缘于别的理由。作为一个令人遗憾的事实，如果黑色皮肤能让另一位医生把一份不同的医疗工作做得更好，那么基于同样的理由，黑色皮肤也应被看作'品质'"。①

不过，桑德尔（M. Sandel）并不赞同德沃金对"品质"的解释，也对按照功利主义来决定社会政策的立场提出质疑。在桑德尔看来，这似乎是在告诉大家，只要是以"手段性计算"来决定社会政策，并且计算结果表明它能够最有效地利用社会资源，那么即使制定了对特定种族群体的排斥性政策，群体成员对公正的期待也得"为更普遍的社会利益让路"。② 的确，择优选拔在就业和入学机会的竞争中被奉为圭臬，依据过往功绩或表现（performance）遵循最优原则也成为一种具有正当性的共识。但是，"品质"一词本身并没有准确的内涵，使用什么标准判断个人是否优秀甚至依据什么标准对个人的优秀程度进行从高到低的排序，是由制定社会政策的立法者和掌权者来决定的。亦如米勒所言，表现"是受到周围共同体的积极评价或尊重的东西，但是同样地，这种需求并不等于一种道德的评价。评价的根据会随着场合的不同而有着巨大的差异"。③

随着高等教育适龄人口的不断增加，美国公立大学的录取标准从仅需要获得高中毕业文凭，发展到后来引入的高中成绩排名和标准化测试，再到现在的客观与主观评价复合的标准。在这一过程中，基于客观指标对个人品质进行评价，是评判学生是否应得入学机会的普遍做法。在没有积极差别待遇录取政策的情况下，即使是看似没有歧视意图的录取政策也会对少数族裔等弱势群体产生"差别影响"（disparate impact）。正如"福迪斯案"中，立法者和掌权者利用标准化测试作为虚假的客观性面纱，试图掩盖对少数族裔学生造成歧视性结果的真实目的。从这样的角度也能解释公立大学以针对少数族裔学生降低客观标准的粗糙方式来实施积极差别待遇

---

① Dworkin R. , *A Matter of Principle*（Cambridge：Harvard University Press，1985），p. 299.

② 〔美〕迈克尔·J. 桑德尔：《自由主义与正义的局限》，万俊人、唐文明等译，译林出版社，2011，第 161 页。

③ 〔英〕戴维·米勒：《社会正义原则》，应奇译，江苏人民出版社，2001，第 168 页。

录取政策的原因，毕竟当时学校没有其他标准来衡量少数族裔学生的"品质"，只能用补救历史歧视的理念来证明他们也"应得"录取机会的合理性。

在多元主义时代，当公立大学在录取政策中秉持多元化理念时，用以判断学生是否应得机会的"品质"概念更具复杂性。正如帕尔克（B. Parekh）所提醒的，对品质的传统定义往往聚焦个人是否具备最佳资格和条件，但"品质不是应得原则的唯一依据：它是获取所得的重要因素，却不是唯一因素"。[①] 不可否认，在高中成绩和标准化测试这样既反映过往又能预测未来学业表现的客观评价中，少数族裔学生整体上相对偏弱，他们进入公立大学后取得学业和职业成功的可能性也相对偏低。但是，从更广泛的社会视角来看，他们可能具有其他方面的能力，例如具有深厚的外语知识或者对某种特定文化有深度理解。这些能力也能够证明他们在满足基本学业表现要求的同时，能够促进构建多元化学生群体并让每一名学生从中受益。在积极差别待遇录取政策的情境中，学生对多元化的贡献也构成了衡量他们的"品质"进而评判是否"应得"的重要标准。从公立大学在录取中考虑的不同因素及其权重来看，学业表现仍然是普遍的最重要的考虑因素，但是包括种族因素在内的其他非学业表现因素也具有重要的参考价值，学生的性格素质与才华能力甚至是一些学校重要的考虑因素（见表 2-1）。尽管不能将公立大学在录取程序中越来越重视对学生全面评价的趋势简单地归因于积极差别待遇录取政策，但是它在后期所主张的多元化理念，特别是强调不同维度的多元化，显然对这种趋势产生了影响。

应当指出的是，在提出这种新路径的同时，多元化理念不能因种种政治文化主义而被泛化，否则只会弱化为了追求实质平等做出的种种努力。客观上美国一直都是多元社会，历史学家勒普尔（J. Lepore）发现，"在1790 年的美国，母语非英语人口的比例甚至比 1990 年还要高"，[②] 但那个时

---

① Parekh B., "A Case for Positive Discrimination," in Hepple B. A., Szyszczak E. M., eds., *Discrimination: The Limits of Law* (London: Mansell Publishing, 1992), p. 275.

② Lepore J., *A is for American: Letters and Other Characters in the Newly United States* (New York: Vintage Books, 2007), p. 28.

候多元化这个概念无非只是一种客观存在，与机会和权利平等这些观念更是相去甚远。就积极差别待遇录取政策而言，从鲍威尔到奥康纳，用多元化理念作为替代来证明其合法性，在反对者看来似乎相比补救历史歧视是更加"顺耳愉悦"① 的辩护理由。同样是旨在为弱势群体成员提供更多机会，理念措辞的变化顺应了后民权时代的要求，也是对积极差别待遇录取政策遭遇的冲击质疑做出的回应。从舒克对多元化的定义也可以看出，多元化表现为差异，更重要的是指因为这些差异因素导致的社会分层和权利分化并进而导致的机会不平等。应当将这些差异因素首先理解为过去和现在仍然导致机会不平等的种族、性别、年龄、宗教、国别出身及身心障碍等主要因素。

多元化理念的目的是创建一种全纳氛围，吸纳那些因为某种因素被长期排斥在外的群体成员，进而充分利用他们所具备的才华能力。个人之间毫无疑问存在种种差异，多元化倡导兼容并蓄和尊重差异，但是如果对其进行广义宽泛的理解，甚至将其关注对象扩展到非弱势群体成员，无疑会削弱多元化的政策价值。在迈克尔斯（W. Michaels）看来，被泛化解释的多元化只会演变成无视不平等问题的"色盲多元化"。② 为此，不可将多元化理念视为森罗万象、难以捉摸的概念，必须将其置于公平理论的高度并与差别影响和机会平等这些概念联系在一起。它所传递的理念是社会中每一个人——特别是那些在传统常规情况下一直被拒绝获得这样机会的群体成员——都值得拥有一个机会。否则，多元化就失去了边界和意义，任何主义的倡导者都可以将其拿来服务于任何目的，甚至会出现用主张多元化的语言来包装和掩饰那些削弱多元化的政策行动，"弗吉尼亚案"中被告的辩护理由便是一例。一旦越来越多的群体以多元化名义被纳入积极差别待遇录取政策的受益群体范围，就会带来新的问题和挑战。

---

① Brown-Nagin T., "Elites, Social Movements, and the Law: The Case of Affirmative Action," *Columbia Law Review* 105 (2005): 1436.
② Michaels W. B., *The Trouble with Diversity: How We Learn to Love Identity and Ignore Inequality* (New York: Macmillan, 2016), p. 5.

三 公立大学以多元化理念树立人才培养质量导向

在"格鲁特案"中，代表 3M、通用等美国知名公司的商业界领导者通过"法庭之友"意见书试图说服奥康纳，称只有通过广泛接触不同的人群、文化、理念和观点，才能培养学生具备当今日益深化的全球化市场所要求的技能。尽管商业界在实施积极差别待遇雇佣政策时也采用了对少数族裔的优待政策，但是在 20 世纪 80 年代美国公司人力资本管理中仍出现了"多元化管理"（diversity management）理念。① 有学者对当时的雅芳、康宁、宝洁、施乐等公司进行案例研究后发现，这些公司当时正在试图将雇员多元化的客观现实转变为公司发展的潜在优势。对雇员进行多样化管理的目标是提升公司吸纳、协调和利用各类各样人才的能力。它强调在管理过程中对任何雇员既不提供优待也不带有偏见，培养雇员的发展潜力并加以充分利用。当然，多元化管理的前提必然是雇员群体在不同层面和维度已经实现了多元化，否则这样的理念没有可实施的基础。同时，多元化管理超越了以补救历史歧视为理念的积极差别待遇，因为这种积极差别待遇不能充分解决歧视偏见和不平等的问题，而且降低雇佣要求的做法也不能充分地将多元化的人力资源转变为竞争优势。如今，知名公司都试图将自身打造成为某一专业领域的全球领导者，因此它们将多元化管理作为商业发展和企业文化的重要组成部分。如此，就业市场也对高等教育人才培养的规则与质量提出了一些新的要求，学生在工作面试中也经常被问及有关多元化的问题。

美国高等教育承担的使命之一是培养学生具备市场所要求的专业技能与素养，同时多元化也是公立大学发展的动力。"一个来自爱达荷州的农场小伙子，可以给哈佛大学带来一个波士顿人所不能提供的东西。同样的，一个黑人学生通常也能带来白人学生所没有的东西。所有学生在……大学中所能体验到的教育质量，部分取决于这些学生的背景与观点上的差异。"②

---

① Thomas R. R. , "From Affirmative Action to Affirming Diversity," *Harvard Business Review* 2 （1990）: 107.

② *Regents of the University of California v. Bakke*, 438 U. S. 265 （1978）

多元化学生群体能够营造最有益于思考、试验和创新的氛围，可以帮助学生在专业知识与技能之外训练和培养适应、沟通、协作的能力，做好进入就业市场的准备。在公立大学入学竞争日益激烈的同时，我们也看到学校在高等教育市场中为了吸引和争夺优质生源的竞争也在加剧。在全球化经济体系中，市场逻辑逐渐成为教育管理的核心思维。① 市场逻辑促使大学对基本功能进行商品化界定，学校是教育服务的提供者，也是学位——一种商品——的生产者，同时学生作为消费者所拥有的自由选择权也对公立大学形成了市场压力。鉴于社会已经逐步认同多元化带来的教育利益可以让每一个学生受益，学生们也期望任何对高等教育的个人投入都能够帮助改善个人就业前景，学校的管理者们开始有意将多元化理念甚至与之伴随的种族概念用于打造公共形象。在学校的招生宣传中，多元化、教育卓越、领导力培养、学习环境、技能训练等也成为凝练教育利益的重要措辞，学校借此吸引具有竞争能力和发展潜力的学生。大学排名成为高等教育竞争无法回避的关键问题，② 多元化的学生和教师群体也成为社会和学界衡量学术力量和学校声望的一个重要指标，管理者们当然会对相关措施给予更多关注。③

四　在法律规制中追求机会实质平等的目标

积极差别待遇录取政策，以合法性基础的转向实现逻辑变迁，即从补救历史歧视逐步转向学生群体多元化，这在新的时代背景下为政策延续提供了进一步发展的空间和可能。随着高等教育步入法治深处，实施该政策

① 姜添辉：《新自由主义对高等教育发展与治理模式之影响》，《清华大学教育研究》2012 年第 4 期，第 39 页。

② Sauder M., Espeland W. N., "The Discipline of Rankings: Tight Coupling and Organizational Change," *American Sociological Review* 74 (2009): 63.

③ 在大学理事会对每一所学校的介绍中，"校园生活"部分包含了详细的多元化数据。《美国新闻与世界报道》甚至专门推出了"校园种族多元化"的大学排名，参见 U. S. News & World Report, "Campus Ethnic Diversity, National Diversity," https://www. usnews. com/best-colleges/rankings/national-universities/campus-ethnic-diversity, last accessed: 2021-08-10。"最佳大学"（Best College）也有类似的排名，参见 Best College, "The Most Diverse Colleges," http://www. bestcolleges. com/features/most-diverse-colleges/, last accessed: 2021-08-30。

的大学在倡导实现面向少数族裔群体学生的实质平等时，也需要兼顾面向其他群体学生的形式平等，在以目的和效果为衡量标准对录取政策做出正面评价时，也需要警醒录取政策在法律合规方面可能出现的诉讼风险。毕竟，积极差别待遇录取政策"涉及道德上的重大代价，若干与道德地位相关的考虑因素都可能引发冲突"。① 毋庸置疑，使用统一标准无差别对待所有的机会竞争者，看似符合法律面前人人平等的原则，但形式平等无法避免事实上不平等的存在。美国公立大学的录取制度，使得来自不同家庭背景、族裔群体的学生，在融合了客观分数和主观评判的标准之下，凭借自身与学习相关的能力进行相对公平的竞争，实现资源配置和阶层流动。但即使这样，仍然有学者批评一流大学在现实中是按照种族和阶层对高等教育入学机会进行分层的行动者。

有研究发现，美国社会的代际流动性从 20 世纪 80 年代开始集聚下降，曾经的"向上流动"不再是美国劳动力市场的主要特征，而高等教育反而助长了这一趋势。② 而从少数族裔学生在高等教育系统中的分布比例情况来看，白人学生越来越多地集中在美国 468 所办学资金最多、选拔标准最高的四年制学院和大学中，而黑人和拉美裔学生越来越多地集中在其余 3250 所办学资金少、实施宽松甚至开放录取政策的两年制和四年制学院中。③ 大学录取中的公平理念会对社会发展产生难以估量的现实意义，所以必须清楚地认识到，"对于法律面前的平等来说，其重要之处在于，平等作为近代民主政治的理念并不是实质上的，而是形式上的"。④ 在美国，在缺乏公共政策有效干预的情况下，少数族裔等弱势群体在竞争高等教育机会尤其是一流大学入学机会时会面临重重障碍。在录取政策中给予弱势群体差别待遇，

---

① Segev R. , "Affirmative Action: Well – Being, Justice, and Qualifications," *Ratio Juris* 2 (2019): 138.

② Song X. , Massey C. G. , Rolf K. A. , et al. , "Long – term Decline in Intergenerational Mobility in the United States since the 1850s," *Proceedings of the National Academy of Sciences* 1 (2020): 251.

③ Carnevale A. P. , Strohl J. , "Separate and Unequal: How Higher Education Reinforces the Intergenerational Reproduction of White Racial Privilege," https://cew. georgetown. edu/wp – content/uploads/SeparateUnequal. FR_. pdf, last accessed: 2021 – 09 – 12.

④ 〔日〕大须贺明:《生存权论》，林浩译，吴新平审校，法律出版社，2001，第 33 页。

在一定程度上缓和了遵循形式平等而产生的结果不平等的矛盾，也呼应了罗尔斯所谓差别原则的目的，即实现"最少受惠者的最大利益"。① 从中可以推论，差别待遇的受益对象应当是在那些因为系统性和顽固性的弱势境况而无法在形式平等基础上有效参与竞争以获得受益机会的群体。

如何确定在录取政策中给予差别待遇的范围和程度，是公立大学在法律合规时代必须考虑的问题。差别待遇的合理依据在表现形式上，是用于向社会民众尤其是非受益群体解释为何实施该差别原则的理由，在本质内涵上更是以差别待遇追求实质平等目标的动力。在任何国家，公共教育政策都是政府合理配置教育资源、促进教育机会平等的基本手段。美国积极差别待遇录取政策在司法审查上的依据经历了补救历史歧视影响和学生群体多元化两者的整合与冲突，最终高等教育领域以后者作为合理依据，并借联邦最高法院在美国社会的影响力向公众传达和解释。在近半个世纪的演变中，这种合理依据的确立是以政治、法律和教育的"情景"变化为基础的，即是"必须着眼于实际所允许的但又加以限制的行动可能性才能做出诠释的"。② 同时，也是因为这样的"情景"变化，美国社会对教育机会平等的追求也从形式平等转向了实质平等：在种族隔离时期，美国社会看重的是不同学校是否具备无差别校园设施和教师规模；在种族融合时期，美国社会看重的是不同学生是否能够在同一空间环境中接受教育；在民权运动时期，美国社会看重的是不同学生是否都有机会取得学业与职业的成功。正如有的学者所言，"形式平等是教育机会平等的初级要求，而实质平等应是教育机会平等不懈追求的目标"。③

以平等保护原则为基础构建积极差别待遇录取政策的法律边界，才能确保差别原则在实施中的范围和程度保持在合理框架之内。在美国，在不采用积极差别待遇的情况下，帮助少数族裔获得更多教育机会只有两种路

---

① 〔美〕约翰·罗尔斯：《正义论》，何怀宏、何包钢等译，中国社会科学出版社，2009，第237页。

② 〔德〕哈贝马斯：《在事实与规范之间：关于法律和民主法治国的商谈理论》，童世骏译，生活·读书·新知三联书店，2003，第485页。

③ 秦惠民：《平等的受教育机会——解读一个重要的教育法原则》，载劳凯声主编《中国教育法制评论》（第3辑），教育科学出版社，2004，第1页。

径：提高基础教育和中等教育质量，增强学生入学竞争能力；扩大高等教育规模，提供更多教育机会。但是第一种路径需要较大规模的教育投入和效果检验，第二种路径仍然会出现优势群体占有优质高等教育资源的情况，甚至高等教育规模扩大反而可能加重机会不平等的现象。当差别待遇成为实现机会平等的必要且充分条件时，有必要为其设定法律边界。联邦最高法院在解释和确定《权利法案》所规定的基本权利时，往往以"平等保护条款"作为判决论理的重要原则和基础，该条款也将法案规定的基本权利从联邦扩展到各州。平等权没有具体可以行使的权利内容，只有在公民行使这些基本权利的时候，它的价值才会凸显。① 因此，在前述所有因为积极差别待遇录取政策引发的司法诉讼中，原告学生均援引"平等保护条款"来支持自己的诉讼主张。公立大学对择优录取的标准的选择频率，越来越多地超越客观学业成绩和标准化测试分数，法院也要求在积极差别待遇录取政策中落实平等保护原则，要求学校必须对每一名申请人进行个人化的评价。这样非受益群体学生不会因种族因素被苛以过度负担，不会明显降低其竞争能力、减少其竞争机会。

在合法的差别待遇与违法的逆向歧视之间，形式上的差异可能仅有一步之隔，这要求以实现实质平等为目的的差别待遇也要保护非受益群体的权利。在社会中如果只追求形式平等，则可能毫无意义。② 从美国乃至全球实施类似积极差别待遇（录取政策）的国家和地区的经验来看，采用此种手段必然在实践和效果上偏离平等保护原则。这也正是美国保守派始终反对基于种族因素给予任何优先对待的理由。积极差别待遇录取政策的支持者强调，积极差别待遇与逆向歧视之间存在目的上的根本不同。但是从鲍威尔的观点也可以看出，无论是"善意"歧视还是"恶意"歧视，歧视本身就是以某种理由和标准对不同群体的"区分对待"。从国际人权法的视角来看，如果基于合理的理由对受教育者进行区分，且实践中未产生"否认

---

① 余雅风：《论公民受教育权平等保护的合理差别对待标准》，《北京师范大学学报》（社会科学版）2008 年第 4 期，第 11 页。
② 石中英：《教育机会均等的内涵及其政策意义》，《北京大学教育评论》2007 年第 4 期，第 75 页。

或妨碍任何人在平等的基础上享有受教育权"的效果,那么这样的区分不构成歧视。[①] 无论是补救历史歧视影响还是构建学生群体多元化,积极差别待遇录取政策即使具备了法院认可的合理依据,但是它如果所给予的优先对待超出了一定合理的程度和范围,就会从适度偏离平等保护原则演变为过度偏离,在大法官们的眼中这无疑会产生新的不平等。也是基于此,差别待遇在追求实质平等时必须尊重和保护非受益群体的权利。联邦最高法院对积极差别待遇录取政策所设定的完全竞争、全面评价、替代方案、非过度负担和有限时效五项原则,正是以法律边界将差别待遇的适用框定在合理的范围和程度之内,也将对非受益群体的负面影响控制在最小范围内。

对录取倾斜政策的负面评价不能只看减少了非受益学生的入学机会,同样对其正面评价也不能只看增加了受益学生的入学数量。教育公平不仅涉及入学机会,也涉及教育过程和教育结果。积极差别待遇录取政策本质上仍然是一种学生选拔机制,它服务于学校的办学定位与人才培养目标,所以最大限度地对学生进行客观全面的考察评价就显得尤为重要。积极差别待遇录取政策的结果(result)与效果(effect)之间存在模糊性,是否对学生进行客观全面的考察评价,是划定两者间界限的关键。在司法审查上,任何将种族作为决定性因素的录取程序均被法院裁定为违宪,如加州大学医学院采取的"配额制"、得克萨斯大学法学院采取的"双轨制"、密歇根大学在本科录取中采取的"加分制"等。这样的录取程序仅以少数族裔学生的入学人数或比例在结果上实现所谓"种族平衡"(racial balance)为目标,这不仅严重偏离了平等保护的法理原则,而且忽视了录取政策对学校办学与学生发展应有的积极效果。因此,提高积极差别待遇录取政策的效果,需要从结果导向转向过程导向。学校在对学生进行客观全面评价时,仅将种族作为附加因素进行考虑,避免了将学生群体多元化这一法理辩护局限于种族多元化。

与之相类似,公立大学在对录取倾斜政策给予肯定评价时,标准不应

---

① 申素平:《弱势群体平等受教育权的保障——国际人权法的视角》,载劳凯声主编《中国教育法制评论》(第6辑),教育科学出版社,2009,第167页。

只是受益学生入学人数的多少，还应包括他们入学之后能够在多大程度上充分利用优质高等教育资源并从中受益进而产生积极的教育效果。从积极差别待遇录取政策中受益的少数族裔学生，在进入大学后会在整体学业表现和特定课程科目中反映出与非少数族裔学生学习能力与基础的差距，与家庭和族裔背景密切相关的文化艺术能力和人际交往技能差异，也会让他们在进入以白人学生为主的校园后，出现心理上的不适应感，包括自我认同、师生互动、生生互动等方面。如果受益学生在进入一流大学后，因为不能适应新的校园环境和学业压力，出现负面心理情绪，甚至导致学业发展滞后，那就很难说积极差别待遇录取政策对他们真正发挥了促进作用。美国联邦最高法院认可学生群体多元化形成的教育利益，并不是单纯因为这一利益涉及不同族裔群体，而是因为这是一个与高等教育质量直接相关的因素。同时，联邦最高法院也坚持少数族裔学生"临界规模"对于形成这样的利益发挥的是工具性价值。针对这一点，公立大学在评价积极差别待遇录取政策的效果时，还需要考虑学生能否在入学后学有所成、学有所长。

最后，公立大学在实施积极差别待遇录取政策时，需要对过往司法审查的原则和潜在纠纷诉讼的风险保持高度警觉。积极差别待遇录取政策的辩护理由从适合经济市场领域的补救历史歧视转向适合高等教育领域的学生群体多元化，形成了教育理念影响法理推论、司法立场又反过来影响教育质量的态势。"费希尔案"进一步提高紧密缩限原则的举证要求，意味着公立大学不仅要在录取程序开始前的招生宣传中加大对少数族裔学生的辅导支持力度，更要改善校园氛围，改进教学方法，提高教育质量，以真正实现让少数族裔和多数族裔学生都能从中受益的教育利益。这也充分体现出现代法治所呈现的"一种以法为手段来组织和改革社会的趋势，法已经不再被看作单纯的解决纠纷的手段，而逐步被公民甚至法学家们视为可用于创造新型社会的工具"。[①] 过去，美国法院普遍认为大学在不受外界干预时才能最好地服务社会，但是高等教育规模急剧扩大带来了学生与大学之

---

① 〔法〕勒内·达维德：《当代主要法律体系》，漆竹生译，上海译文出版社，1984，第378页。

间围绕个人自由与权利而产生的争议，法院现在也逐步认识到学术自由并非无限制，大学不能任意实施某种行为。即使司法上对大学学术判断予以遵从是法院的一贯立场，但是公立大学实施积极差别待遇录取政策的自主范围，仍然在一次接着一次的诉讼中被逐步限定。

继续实施积极差别待遇录取政策的公立大学，面对录取纠纷引发诉讼的潜在风险，必须将其对录取政策的判断置于法律规制范围内予以考虑。首先，明确积极差别待遇录取政策受益学生群体的筛选界定标准。单一决定性标准容易出现受益群体涵盖过度或者涵盖不足的问题，复合多样性标准体系能够最大可能地提高受益群体的精准程度，使用现有的二级分类或者设置二级标准就成为筛选受益群体的必要方法。然后，合理确定录取政策给予差别待遇的范围和程度。鉴于录取政策对学生、学校及社会的重要性，对差别原则的实施应有不同范围和不同程度之分，其合理性应当以提高学校中相应受益群体学生的代表性至适当水平为准。同时，应当有明确的实施依据和细则，包含对相关政策的实施原因、方式、评价、反馈、调整等整个政策提出与改进链条上所需的证据支撑。最后，建立积极差别待遇录取政策的效果跟踪与反馈调整机制。效果跟踪机制要评估录取政策本身是否确实增加了受益群体学生的入学机会，也要评估受益群体的筛选界定标准是否需要做出调整。反馈调整机制本质上是对权利冲突下的利益平衡做出动态回应，如果用于筛选界定的任一标准，对于提高学生群体多元化和确保政策实施效果的精准性已经部分或者完全失效，那么就需要考虑纳入新的标准来进行修正，甚至重新设置标准。

参考文献

中文著作

[1] 〔美〕阿兰·艾德斯、克里斯托弗·N. 梅：《美国宪法：个人权利案例与解析》，项焱译，商务印书馆，2014。

[2] 〔印〕阿马蒂亚·森：《以自由看待发展》，任赜、于真译，刘民权、刘柳校，中国人民大学出版社，2013。

[3] 〔美〕阿希尔·阿玛尔、莱斯·亚当斯：《美国〈权利法案〉公民指南》，崔博译，北京大学出版社，2016。

[4] 〔英〕埃德蒙·柏克：《法国大革命反思录》，冯丽译，江西人民出版社，2015。

[5] 〔美〕安东宁·斯卡利亚：《联邦法院如何解释法律》，蒋惠岭、黄斌译，张泰苏校，中国法制出版社，2017。

[6] 〔英〕芭芭拉·巴基海尔：《解析平等机会与多样性：社会分化与交叉不平等》，王川兰译，格致出版社、上海人民出版社，2016。

[7] 〔美〕本杰明·卡多佐：《司法过程的性质》，苏力译，商务印书馆，2013。

[8] 〔美〕伯纳德·施瓦茨：《美国最高法院史》，毕洪海、柯珊等译，中国政法大学出版社，2005。

[9] 〔日〕大须贺明：《生存权论》，林浩译，吴新平审校，法律出版社，2001。

[10] 〔英〕戴维·米勒：《社会正义原则》，应奇译，江苏人民出版社，2001。

[11] 〔美〕德里克·博克：《大学的未来：美国高等教育启示录》，曲强

译，中国人民大学出版社，2017。

[12] 〔美〕E. 博登海默：《法理学：法律哲学与法律方法》，邓正来译，中国政法大学出版社，1999。

[13] 范进学：《美国司法审查制度》，中国政法大学出版社，2011。

[14] 〔德〕哈贝马斯：《在事实与规范之间：关于法律和民主法治国的商谈理论》，童世骏译，生活·读书·新知三联书店，2003。

[15] 〔美〕加里·纳什：《美国人民：创建一个国家和一种社会》，刘德斌主译，刘德斌、任东波审校，北京大学出版社，2008。

[16] 〔美〕卡尔·威尔曼：《真正的权利》，刘振宇、孟永恒等译，刘振宇译校，刘作翔审定，商务印书馆，2015。

[17] 〔美〕劳伦斯·弗里德曼：《二十世纪美国法律史》，周大伟、郇舒叶等译，北京大学出版社，2016。

[18] 〔法〕勒内·达维德：《当代主要法律体系》，漆竹生译，上海译文出版社，1984。

[19] 雷安军：《美国司法审查制度及其理论基础研究——以美国最高法院司法审查的正当性为中心》，中国政法大学出版社，2011。

[20] 李子江：《学术自由在美国的变迁与发展》，北京师范大学出版社，2008。

[21] 〔美〕理查德·波斯纳：《正义/司法的经济学》，苏力译，中国政法大学出版社，2002。

[22] 〔美〕罗伯特·K. 殷：《案例研究：设计与方法》，周海涛主译，李永贤、张蘅参译，重庆大学出版社，2004。

[23] 〔美〕罗伯特·麦克洛斯基著、桑福德·列文森增订：《美国最高法院》，任东来、孙雯等译，任东来、陈伟校，中国政法大学出版社，2005。

[24] 〔美〕罗纳德·德沃金：《认真对待权利》，信春鹰、张志铭译，中国大百科全书出版社，1998。

[25] 〔美〕罗纳德·德沃金：《至上的美德：平等的理论与实践》，冯克利译，江苏人民出版社，2008。

[26] 〔美〕迈克尔·J. 桑德尔：《自由主义与正义的局限》，万俊人、唐文

明等译，译林出版社，2011。

[27] 〔美〕米基·英伯、泰尔·范·吉尔:《美国教育法》，李晓燕、申素平等译，申素平、王俊校，教育科学出版社，2011。

[28] 〔美〕莫顿·J. 霍维茨:《沃伦法院对正义的追求》，信春鹰、张志铭译，中国政法大学出版社，2003。

[29] 〔美〕 Philip G. Altbach，Robert O. Berdahl，and Patricia J. Gumport 等:《21 世纪美国高等教育——社会、政治、经济的挑战》，杨耕、周作宇主审，北京师范大学出版社，2005。

[30] 邱小平:《法律的平等保护——美国宪法第十四修正案第一款研究》，北京大学出版社，2005。

[31] 任东来等著《在宪政舞台上——美国最高法院的历史轨迹》，中国法制出版社，2007。

[32] 申素平:《教育法学:原理、规范与应用》，教育科学出版社，2009。

[33] 〔美〕特里·H. 安德森:《美国平权运动史》，启蒙编译所译，上海社会科学院出版社，2017。

[34] 王名扬:《美国行政法》，北京大学出版社，2016。

[35] 王希:《原则与妥协:美国宪法的精神与实践》，北京大学出版社，2014。

[36] 〔美〕小卢卡斯·A. 鲍威:《沃伦法院与美国政治》，欧树军译，中国政法大学出版社，2005。

[37] 〔美〕亚历山大·M. 比克尔:《最小危险部门——政治法庭上的最高法院》，姚中秋译，北京大学出版社，2007。

[38] 〔美〕亚瑟·M. 科恩、卡丽·B. 基斯克:《美国高等教育的历程》，梁燕玲译，教育科学出版社，2012。

[39] 〔美〕约翰·哈特·伊利:《民主与不信任:司法审查的一个理论》，张卓明译，法律出版社，2011。

[40] 〔美〕约翰·罗尔斯:《正义论》，何怀宏、何包钢等译，中国社会科学出版社，2009。

[41] 赵亮宏主编《普通高等学校招生制度概述》，航空工业出版社，1994。

中文论文

［1］安双宏：《印度高等教育优待弱势群体保留权政策研究》，《比较教育研究》2016 年第 4 期。

［2］鲍嵘、刘宁宁、张志霞：《合宪、合法与合规：高考加分的法律控制》，《清华大学教育研究》2015 年第 6 期。

［3］陈立鹏、郝晓明：《高等学校中少数民族学生教育公平问题研究》，《大学教育科学》2008 年第 4 期。

［4］陈文干：《二战后美国联邦政府干预高等教育的历史演变——政策法规的视角》，《高等工程教育研究》2007 年第 1 期。

［5］程雁雷：《论司法审查对大学自治的有限介入》，《行政法学研究》2000 年第 2 期。

［6］褚宏启、杨海燕：《教育公平的原则及其政策含义》，《教育研究》2008 年第 1 期。

［7］董波：《德性与平等——论亚里士多德最佳政体的性质》，《世界哲学》2017 年第 4 期。

［8］黄昆辉：《论教育机会均等》，载方炳林、贾馥茗主编《教育论丛》，文景书局，1972。

［9］姜添辉：《新自由主义对高等教育发展与治理模式之影响》，《清华大学教育研究》2012 年第 4 期。

［10］〔美〕金善雄：《美国公立大学共同治理制度的新挑战》，韩梦洁译，《中国高教研究》2016 年第 7 期。

［11］李春玲：《高等教育扩张与教育机会不平等——高校扩招的平等化效应考查》，《社会学研究》2010 年第 3 期。

［12］李学永：《大学行政行为的司法审查：从特别权力关系到大学自治》，《教育学报》2010 年第 3 期。

［13］刘金晶：《法庭上的"自主高校"——论美国司法中的"学术遵从"原则》，《环球法律评论》2011 年第 6 期。

［14］刘少雪：《美国顶尖大学招生中的公开与模糊》，《高等教育研究》

2015 年第 3 期。

[15] 罗立祝：《高校招生考试制度对城乡子女高等教育入学机会差异的影响》，《高等教育研究》2011 年第 1 期。

[16] 倪洪涛：《司法审查介入大学生学习权纠纷的强度》，《湘潭大学学报》（哲学社会科学版）2011 年第 4 期。

[17] 牛新春：《招生倾斜政策下重点大学农村学生的学业准备和初期学业表现——基于 X 大学的实证案例研究》，《复旦教育论坛》2017 年第 4 期。

[18] 覃红霞、刘海峰：《美国弱势群体入学政策的法律审视与启示》，《高等教育研究》2015 年第 3 期。

[19] 秦惠民：《平等的受教育机会——解读一个重要的教育法原则》，载劳凯声主编《中国教育法制评论》（第 3 辑），教育科学出版社，2004。

[20] 秦惠民：《入学机会的公平——中国高等教育最受关注的平等话题》，载劳凯声主编《中国教育法制评论》（第 8 辑），教育科学出版社，2010。

[21] 任东来：《试论美国最高法院与司法审查》，《美国研究》2007 年第 2 期。

[22] 申素平：《弱势群体平等受教育权的保障——国际人权法的视角》，载劳凯声主编《中国教育法制评论》（第 6 辑），教育科学出版社，2009。

[23] 申素平、王俊：《从补救到多元：美国高等教育促进入学机会平等的理念变迁》，《高等教育研究》2018 年第 11 期。

[24] 申素平、王俊：《美国公立高校积极差别待遇录取政策反思》，《教育研究》2017 年第 9 期。

[25] 申素平、王俊：《美国公立高校积极差别待遇录取政策司法审查的新动向——以"费希尔案"为基础的考察》，《高等教育研究》2017 年第 2 期。

[26] 申素平、王俊：《美国公立高校少数族裔学生录取政策的历史演进与思考——以德克萨斯大学为例》，《华中师范大学学报》（人文社会科学版）2018 年第 3 期。

［27］ 沈岿：《析论高校惩戒学生行为的司法审查》，《华东政法学院学报》2005 年第 6 期。

［28］ 沈宗灵：《当代中国的判例——一个比较法研究》，《中国法学》1992 年第 1 期。

［29］ 石中英：《教育机会均等的内涵及其政策意义》，《北京大学教育评论》2007 年第 4 期。

［30］ 宋华琳：《制度能力与司法节制——论对技术标准的司法审查》，《当代法学》2008 年第 1 期。

［31］ 孙霄兵、翟刚学：《中国教育法治的历史回顾与未来展望》，《课程·教材·教法》2017 年第 5 期。

［32］ 谭敏、谢作栩：《高校大规模扩招以来我国少数民族高等教育发展状况分析》，《高教探索》2009 年第 2 期。

［33］ 王俊：《美国一流大学积极差别待遇招生政策的"错配"之争及其反思》，《现代大学教育》2020 年第 5 期。

［34］ 王丽萍：《国家治理中的公共政策范式转型——从肯定性行动到多样性管理》，《北京大学学报》（哲学社会科学版）2017 年第 3 期。

［35］ 王鹏炜：《美国罗斯诉更好教育委员会案中教育公平司法化的启示》，载劳凯声主编《中国教育法制评论》（第 12 辑），教育科学出版社，2014。

［36］ 王小虎、潘昆峰、吴秋翔：《高水平大学农村和贫困地区专项计划学生的学业表现研究——以 A 大学为例》，《国家教育行政学院学报》2017 年第 5 期。

［37］ 王柱国：《高考招生：从无区别对待到参与平等——对录取分数地区（民族）差异的宪法考量》，《政法论坛》2006 年第 5 期。

［38］ 谢作栩、谭敏：《我国不同社会阶层少数民族的高等教育入学机会差异分析》，《高等教育研究》2009 年第 10 期。

［39］ 谢作栩、王伟宜：《高等教育大众化视野下我国社会各阶层子女高等教育入学机会差异的研究》，《教育学报》2006 年第 2 期。

［40］ 许庆豫、朱永新：《美国教育法规基本精神评介》，《教育研究》2006

年第 7 期。

[41] 薛二勇：《美国促进教育公平发展的政策体系——基于法律演化的视角》，《高等教育研究》2010 年第 4 期。

[42] 杨芳：《少数民族高考加分政策的公正性探究》，《民族研究》2010 年第 6 期。

[43] 余秀兰、白雪：《向农村倾斜的高校专项招生政策：争论、反思与改革》，《高等教育研究》2016 年第 1 期。

[44] 余雅风：《论公民受教育权平等保护的合理差别对待标准》，《北京师范大学学报》（社会科学版）2008 年第 4 期。

[45] 湛中乐：《论对公立大学招生争议的司法审查》，载劳凯声主编《中国教育法制评论》（第 8 辑），教育科学出版社，2010。

[46] 张斌贤：《关于大学史研究的基本构想》，《北京大学教育评论》2005 年第 3 期。

[47] 张惠、董泽芳：《法国高等教育分流模式发展的新趋向》，《现代大学教育》2013 年第 2 期。

[48] 张千帆：《大学招生考试多元化的宪法底线——兼论高考分省自主命题与大学自主招生制度的违宪性》，《法商研究》2010 年第 5 期。

[49] 张千帆：《司法审查的标准与方法——以美国行政法为视角》，《法学家》2006 年第 6 期。

[50] 张千帆：《中国大学招生指标制度的合宪性分析》，《中外法学》2011 年第 2 期。

[51] 张冉：《布朗案在执行中受到的抵制——以弗吉尼亚州为例》，《北京大学教育评论》2012 年第 1 期。

[52] 张冉：《布朗诉教育委员会案的微观分析》，《全球教育展望》2012 年第 3 期。

[53] 张应强、马廷奇：《高等教育公平与高等教育制度创新》，《教育研究》2002 年第 12 期。

[54] 钟秉林、王新凤：《我国高考改革的价值取向变迁与理性选择——基于 40 年高考招生政策文本分析的视角》，《教育研究》2017 年第

10 期。

[55] 周海涛:《美国公立大学录取政策变革：百分比计划》,《清华大学教育研究》2007 年第 6 期。

[56] 周详:《达特茅斯学院案与美国私立大学章程》,《湖南师范大学教育科学学报》2014 年第 2 期。

英文著作

[1] Anderson T. H. , *The Pursuit of Fairness*：*A History of Affirmative Action*（New York：Oxford University Press, 2004）.

[2] Anderson T. H. , *The Sixties*（New York：Routledge, 2017）.

[3] Bagilhole B. , *Understanding Equal Opportunities and Diversity*：*The Social Differentiations and Intersections of Inequality*（Bristol：Policy Press, 2009）.

[4] Benjamin L. , *The Black Elite*：*Still Facing the Color Line in the Twenty – First Century*（Lanham：Rowman & Littlefield, 2005）.

[5] Berrey E. , *The Enigma of Diversity*：*The Language of Race and the Limits of Racial Justice*（Chicago：University of Chicago Press, 2015）.

[6] Bessette J. M. , Pitney J. J. , *American Government and Politics*：*Deliberation, Democracy and Citizenship*（Boston：Cengage Learning, 2013）.

[7] Bickel A. M. , *The Supreme Court and the Idea of Progress*（New Haven：Yale University Press, 1978）.

[8] Blackwell J. E. , *Mainstreaming Outsiders*：*The Production of Black Professionals*（New York：General Hall, 1987）.

[9] Bok D. , *Higher Education in America*（Princeton：Princeton University Press, 2015）.

[10] Bowen W. G. , Bok D. , *The Shape of the River*：*Long – Term Consequences of Considering Race in College and University Admissions*（Princeton：Princeton University Press, 1998）.

[11] Bowen W. G. , Chingos M. M. , McPherson M. S. , *Crossing the Finish Line*：*Completing College at America's Public Universities*（Princeton：Prince-

ton University Press, 2009).

[12] Bowen W. G. , Kurzweil M. A. , Tobin E. M. , et al. , *Equity and Excellence in American Higher Education* (Charlottesville: University of Virginia Press, 2005).

[13] Campbell R. B. , *Gone to Texas: A History of the Lone Star State* (New York: Oxford University Press, 2003).

[14] Carnoy M. , *Faded Dreams: The Politics and Economics of Race in America* (Cambridge: Cambridge University Press, 1996).

[15] Chambers C. R. , *Law and Social Justice in Higher Education* (New York: Routledge, 2017).

[16] Chemerinsky E. , *Constitutional Law: Principles and Policies* (New York: Aspen Publishers, 2006).

[17] Chun E. , Evans A. , *Affirmative Action at a Crossroads: Fisher and Forward* (San Fransico: Jossey – Bass, 2015).

[18] Cohen C. , Sterba J. P. , *Affirmative Action and Racial Preference: A Debate* (New York: Oxford University Press, 2003).

[19] Demas L. , *Integrating the Gridiron: Black Civil Rights and American College Football* (New Brunswick: Rutgers University Press, 2011).

[20] Dettmer D. , *The Texas Book Two: More Profiles, History, and Reminiscences of the University* (Austin: University of Texas Press, 2012).

[21] Downs D. A. , *Cornell'69: Liberalism and the Crisis of the American University* (Ithaca: Cornell University Press, 2012).

[22] Dreyfuss J. , Lawrence C. , *The Bakke Case: The Politics of Inequality* (New York: Harcourt Brace Jovanovich, 1979).

[23] Duderstadt J. J. , *A University for the 21st Century* (Ann Arbor: University of Michigan Press, 2009).

[24] Duffy E. A. , Goldberg I. , *Crafting A Class: College Admissions and Financial Aid, 1955 – 1994* (Princeton: Princeton University Press, 1998).

[25] Duncan G. J. , Murnane R. , eds. , *Whither Opportunity? Rising Inequali-*

ty, *Schools, and Children's Life Chances* (New York: Russell Sage Foundation, 2011).

[26] Duren A. M. , *Overcoming: A History of Black Integration at the University of Texas at Austin* (Austin: University of Texas Press, 1979).

[27] Dworkin R. , *A Matter of Principle* (Cambridge: Harvard University Press, 1985).

[28] Dworkin R. , *Law's Empire* (Cambridge: Harvard University Press, 1986).

[29] Dworkin R. , *Sovereign Virtue: The Theory and Practice of Equality* (Cambridge: Harvard University Press, 2002).

[30] Edwards H. T. , Nordin V. D. , *Higher Education and the Law* (Cambridge: Harvard University Press, 1979).

[31] Ezorsky G. , *Racism and Justice: The Case for Affirmative Action* (Ithaca: Cornell University Press, 1991).

[32] Fiscus R. J. , *The Constitutional Logic of Affirmative Action* (Durham: Duke University Press, 1992).

[33] Gerapetritis G. , *Affirmative Action Policies and Judicial Review Worldwide* (New York: Springer, 2015).

[34] Gillette W. , *Retreat from Reconstruction, 1869 – 1879* (Baton Rouge: Louisiana State University Press, 1982).

[35] Goduti Jr. P. A. , *Robert F. Kennedy and the Shaping of Civil Rights, 1960 – 1964* (Jefferson: McFarland, 2012).

[36] Goldman A. H. , *Justice and Reverse Discrimination* (Princeton: Princeton University Press, 2015).

[37] Goldstone D. N. , *Integrating the 40 Acres: The Fifty – Year Struggle for Racial Equality at the University of Texas* (Athens: University of Georgia Press, 2006).

[38] Golland D. , *Constructing Affirmative Action: The Struggle for Equal Employment Opportunity* (Lexington: University Press of Kentucky, 2011).

[39] Greenawalt K. , *Discrimination and Reverse Discrimination* (New York: Knopf, 1982).

[40] Guinier L. , *The Tyranny of the Meritocracy*: *Democratizing Higher Education in America* (Boston: Beacon Press, 2016).

[41] Guthrie W. D. , *Lectures on the Fourteenth Article of Amendment to the Constitution of the United States* (Boston: Little, Brown and Company, 1898).

[42] Hepple B. A. , Szyszczak E. M. , *Discrimination*: *The Limits of Law* (London: Mansell Publishing, 1992).

[43] Hurtado S. , Milem J. , Clayton – Pedersen A. , et al. , *Enacting Diverse Learning Environments*: *Improving the Climate for Racial/Ethnic Diversity in Higher Education* (Washington, D. C. : ERIC, 1999).

[44] Jayakumar U. M. , Garces L. M. , Fernandez F. , *Affirmative Action and Racial Equity*: *Considering the Fisher Case to Forge the Path ahead* (New York: Routledge, 2015).

[45] Jencks C. , Phillips M. , eds. , *The Black – White Test Score Gap* (Washington, D. C. : Brookings Institution Press, 1998).

[46] Jenkins L. D. , Moses M. S. , *Affirmative Action Matters*: *Creating Opportunities for Students around the World* (New York: Routledge, 2014).

[47] Johnson L. B. , *Public Papers of the Presidents of the United States*: *Lyndon B. Johnson, 1965* (Washington, D. C. : Government Printing Office, 1966).

[48] Kahlenberg R. D. , eds. , *America's Untapped Resource*: *Low – Income Students in Higher Education* (Washington, D. C. : Century Foundation, 2004).

[49] Kaplin W. A. , Lee B. A. , *The Law of Higher Education* (San Francisco: John Wiley & Sons, 2014).

[50] Karabel J. , *The Chosen*: *The Hidden History of Admission and Exclusion at Harvard, Yale, and Princeton* (New York: Houghton Mifflin, 2005).

[51] Kommers D. P. , Finn J. E. , Jacobsohn G J. , *American Constitutional Law*: *Essays, Cases, and Comparative Notes* (Lanham: Rowman & Littlefield Publishers, 2009).

[52] Lavergne G. M. , *Before Brown*: *Heman Marion Sweatt, Thurgood Marshall,*

and the Long Road to Justice（Austin：University of Texas Press，2010）.

[53] Lawrence C. , *We Won't Go back*：*Making the Case for Affirmative Action* （Boston：Houghton Mifflin，1997）.

[54] Lawson S. F. , *Running for Freedom*：*Civil Rights and Black Politics in America since 1941*（Hoboken：John Wiley & Sons，2014）.

[55] Lee F. G. , *Equal Protection*：*Rights and Liberties under the Law*（Santa Barbara：ABC – CLIO，2003）.

[56] Lepore J. , *A is for American*：*Letters and Other Characters in the Newly United States*（New York：Vintage Books，2007）.

[57] Macedo S. , *Diversity and Distrust*：*Civic Education in a Multicultural Democracy*（Cambridge：Harvard University Press，2009）.

[58] Michaels W. B. , *The Trouble with Diversity*：*How We Learn to Love Identity and Ignore Inequality*（New York：Macmillan，2016）.

[59] Milem J. F. , Chang M. J. , Antonio A. L. , *Making Diversity Work on Campus*：*A Research – Based Perspective*（Washington，D. C. ：Association American Colleges and Universities，2005）.

[60] Myrdal G. , *An American Dilemma*：*The Negro Problem and Modern Democracy* （New York：Routledge，2017）.

[61] Nash G. , *The University and the City*：*Eight Cases of Involvement*（Hightstown：McGraw – Hill Book，1973）.

[62] Nichols D. A. , *A Matter of Justice*：*Eisenhower and the Beginning of the Civil Rights Revolution*（New York：Simon and Schuster，2007）.

[63] Nisbet R. A. , *Teachers and Scholars*：*A Memoir of Berkeley in Depression and War*（New Brunswick：Transaction Publishers，1992）.

[64] Ogletree C. J. , *All Deliberate Speed*：*Reflections on the First Half Century of Brown v. Board of Education*（New York：W. W. Norton & Company，2004）.

[65] Okechukwu A. , *To Fulfill These Rights*：*Political Struggle over Affirmative Action and Open Admissions*（New York：Columbia University Press，2019）.

[66] Olivas M. A. , *Suing Alma Mater*：*Higher Education and the Courts*（Balti-

more: Johns Hopkins University Press, 2013).

[67] Orfield G., eds., *Diversity Challenged: Evidence on the Impact of Affirmative Action* (Cambridge: Harvard Education Publishing Group, 2001).

[68] Parmet H. S., *Eisenhower and the American Crusades* (New Brunswick: Transaction Publishers, 1972).

[69] Patterson J. T., Freehling W. W., *Brown v. Board of Education: A Civil Rights Milestone and Its Troubled Legacy* (New York: Oxford University Press, 2001).

[70] Patterson O., *The Ordeal of Integration: Progress and Resentment in America's Racial Crisis* (Washington, D. C.: Civitas/Counterpoint, 1997).

[71] Peters B. G., Pierre J., *Handbook of Public Policy* (Thousand Oaks: Sage Publications, 2006).

[72] Post R., Rogin M. P., *Race and Representation: Affirmative Action* (New York: Zone Books, 1998).

[73] Roebuck J. B., Murty K S., *Historically Black Colleges and Universities: Their Place in American Higher Education* (Westport: Praeger Publishers, 1993).

[74] Rubio P. F., *A History of Affirmative Action, 1619 – 2000* (Jackson: University Press of Mississippi, 2009).

[75] Sander R., Taylor Jr. S., *Mismatch: How Affirmative Action Hurts Students it's Intended to Help, and Why Universities won't Admit it* (New York: Basic Books, 2012).

[76] Sarat A., eds., *Race, Law and Culture: Reflections on Brown v. Board of Education* (New York: Oxford University Press, 1997).

[77] Schelling T. C., *Micromotives and Macrobehavior* (New York: W. W. Norton & Company, 2006).

[78] Schuck P. H., *Diversity in America: Keeping Government at a Safe Distance* (Cambridge: Harvard University Press, 2003).

[79] Schultz D. A., *Encyclopedia of the United States Constitution* (New York: Infobase Publishing, 2010).

[80] Shabazz A. , *Advancing Democracy*: *African Americans and the Struggle for Access and Equity in Higher Education in Texas* (Chapel Hill: University of North Carolina Press, 2004).

[81] Shaw K. M. , Heller D. E. , *State Postsecondary Education Research*: *New Methods to Inform Policy and Practice* (Sterling: Stylus Publishing, 2007).

[82] Shulman L. S. , Sykes G. , eds. , *Handbook of Teaching and Policy* (New York: Longman, 1983).

[83] Skrentny J. D. , *The Ironies of Affirmative Action*: *Politics, Culture, and Justice in America* (Chicago: University of Chicago Press, 1996).

[84] Smith W. A. , Altbach P. G. , Lomotey K. , *The Racial Crisis in American Higher Education*: *Continuing Challenges for the Twenty – first Century* (Albany: State University of New York Press, 2002).

[85] Sowell T. , *Affirmative Action around the World*: *An Empirical Study* (New Haven: Yale University Press, 2004).

[86] Sowell T. , *Ethnic America*: *A History* (New York: Basic Books, 1981).

[87] Spann G. A. , *Race against the Court*: *The Supreme Court and Minorities in Contemporary America* (New York: New York University Press, 1994).

[88] Sterba J. P. , *Affirmative Action for the Future* (Ithaca: Cornell University Press, 2009).

[89] Sullivan M. M. , Olszowka J. , Sheridan B. R. , *America in the Thirties* (Syracuse: Syracuse University Press, 2014).

[90] Thernstrom S. , Thernstrom A. , *America in Black and White*: *One Nation, Indivisible* (New York: Touchstone, 1997).

[91] Van Geel T. , *Understanding Supreme Court Opinions* (New York: Routledge, 2016).

[92] Vile J. R. , *Great American Lawyers*: *An Encyclopedia* (Santa Barbara: ABC – CLIO, 2001).

[93] Wallace P. A. , LaMond A. M. , eds. , *Women, Minorities, and Employment Discrimination* (Lexington: Lexington Books, 1977).

［94］ Walzer M. , *Spheres of Justice*： *A Defense of Pluralism and Equality* （New York：Basic Books，1983）.

［95］ Watras J. , *Politics*，*Race*，*and Schools*： *Racial Integration*，*1954 – 1994* （New York：Garland Publishing，1997）.

［96］ Weiss N. J. , *Farewell to the Party of Lincoln*： *Black Politics in the Age of FDR* （Princeton：Princeton University Press，1983）.

［97］ Welch S. , Gruhl J. , *Affirmative Action and Minority Enrollments in Medical and Law Schools* （Ann Arbor：University of Michigan Press，1998）.

［98］ Wilson W. J. , *The Truly Disadvantaged*： *The Inner City*，*the Underclass*，*and Public Policy* （Chicago：University of Chicago Press，2012）.

［99］ Wu F. H. , *Yellow*： *Race in America beyond Black and White* （New York：Basic Books，2003）.

［100］ Wuthnow R. , *America and the Challenges of Religious Diversity* （Princeton：Princeton University Press，2011）.

英文论文

［1］ Ackerman B. A. , "Beyond Carolene Products," *Harvard Law Review* 98 （1985）：713.

［2］ Adams M. , "Searching for Strict Scrutiny in Grutter v. Bollinger," *Tulane Law Review* 78 （2003）：1941.

［3］ Addis A. , "The Concept of Critical Mass in Legal Discourse," *Cardozo Law Review* 29 （2007）：97.

［4］ Aldave B. B. , "Affirmative Action：Reminiscences, Reflections and Ruminations," *Southern University Law Review* 23 （1995）：121.

［5］ Alger J. R. , "A Supreme Challenge：Achieving the Educational and Societal Benefits of Diversity after the Supreme Court's Fisher Decision," *Journal of Diversity in Higher Education* 6 （2013）：147.

［6］ Allen W. R. , "Black Students in US Higher Education：Toward Improved Access, Adjustment, and Achievement," *The Urban Review* 20 （1988）：165.

[7] Altbach P. G. , "The Global Academic Revolution," *Journal of Educational Planning and Administration* 25 (2011): 302.

[8] Anderson E. S. , "Integration, Affirmative Action, and Strict Scrutiny," *New York University Law Review* 77 (2002): 1195.

[9] Anonymous, "The Mootness Doctrine in the Supreme Court," *Harvard Law Review* 88 (1974): 373.

[10] Arcidiacono P. , Espenshade T. , Hawkins S. , et al. , "A Conversation on the Nature, Effects, and Future of Affirmative Action in Higher Education Admissions," *Journal of Constitutional Law* 17 (2015): 683.

[11] Arcidiacono P. , Lovenheim M. , "Affirmative Action and the Quality – Fit Trade – off," *Journal of Economic Literature* 54 (2016): 3.

[12] Asbury B. D. , "The Fisher Oral Argument: Why Affirmative Action Might Endure," *Stanford Journal of Civil Rights & Civil Liberties* 9 (2013): 107.

[13] Astin A. W. , "Diversity and Multiculturalism on the Campus: How Are Students Affected?," *Change: The Magazine of Higher Learning* 25 (1993): 44.

[14] Augoustinos M. , Tuffin K. , Every D. , "New Racism, Meritocracy and Individualism: Constraining Affirmative Action in Education," *Discourse & Society* 16 (2005): 315.

[15] Ayres I. , Brooks R. , "Does Affirmative Action Reduce the Number of Black Lawyers," *Stanford Law Review* 57 (2005): 1807.

[16] Baker S. , "Desegregation, Minimum Competency Testing, and the Origins of Accountability: North Carolina and the Nation," *History of Education Quarterly* 55 (2015): 33.

[17] Barnes M. L. , Chemerinsky E. , Onwuachi – Willig A. , "Judging Opportunity Lost: Assessing the Viability of Race – Based Affirmative Action After Fisher v. University of Texas," *UCLA Law Review* 62 (2015): 272.

[18] Barrera L. L. , "Minorities and the University of Texas School of Law (1950 – 1980)," *Texas Hispanic Journal of Law and Policy* 4 (1998): 99.

[19] Berger J. B. , Milem J. F. , "The Role of Student Involvement and Perceptions of Integration in a Causal Model of Student Persistence," *Research in Higher Education* 40 (1999): 641.

[20] Blasi V. , "Bakke as Precedent: Does Mr. Justice Powell Have a Theory?," *California Law Review* 67 (1979): 21.

[21] Blumrosen A. W. , "The Duty of Fair Recruitment under the Civil Rights Act of 1964," *Rutgers Law Review* 22 (1968): 465.

[22] Blumrosen A. W. , "The Legacy of Griggs: Social Progress and Subjective Judgments," *Chicago Kent Law Review* 63 (1987): 1.

[23] Bowen W. G. , "Admissions and the Relevance of Race," *Educational Record* 58 (1977): 333.

[24] Brest P. , Oshige M. , "Affirmative Action for Whom?," *Stanford Law Review* 47 (1995): 855.

[25] Brown G. K. , Langer A. , "Does Affirmative Action Work: Lessons from around the World," *Foreign Affairs* 94 (2015): 49.

[26] Brown - Nagin T. , "Elites, Social Movements, and the Law: The Case of Affirmative Action," *Columbia Law Review* 105 (2005): 1436.

[27] Bullock H. A. , "Negro Higher and Professional Education in Texas," *The Journal of Negro Education* 17 (1948): 373.

[28] Buttny R. , "Discursive Constructions of Racial Boundaries and Self - Segregation on Campus," *Journal of Language and Social Psychology* 18 (1999): 247.

[29] Cantor N. , "From Grutter to Fisher and Beyond: The Compelling Interest of Diversity in Higher Education," *University of San Francisco Law Review* 48 (2013): 261.

[30] Carbado D. W. , "Intraracial Diversity," *UCLA Law Review* 60 (2013): 1130.

[31] Chambers D. L. , Clydesdale T. T. , Kidder W. C. , et al. , "The Real Impact of Eliminating Affirmative Action in American Law Schools: An Empirical Critique of Richard Sander's Study," *Stanford Law Review* 57

（2005）：1855.

[32] Chang M. J. , "Does Racial Diversity Matter?: The Educational Impact of a Racially Diverse Undergraduate Population," *Journal of College Student Development* 40 （1999）：377.

[33] Chang M. J. , "Racial Differences in Viewpoints about Contemporary Issues among Entering College Students: Fact or Fiction?," *Journal of Student Affairs Research and Practice* 40 （2003）：55.

[34] Chaudhury P. , "The 'Creamy Layer': Political Economy of Reservations," *Economic and Political Weekly* 39 （2004）：1989.

[35] Chin G. J. , "Bakke to the Wall: The Crisis of Bakkean Diversity," *William & Mary Bill of Rights Journal* 4 （1995）：881.

[36] Clinton H. R. , "Tribute to Ruth Bader Ginsburg: A Trailblazer for the Ages," *Columbia Law Review*, 121 （2021）：513.

[37] Conklin M. , "The Enigma of Clarence Thomas: A Critical Analysis," *Elon Law Review* 1 （2020）：383.

[38] Cunningham C. D. , Menon N. R. , "Race, Class, Caste: Rethinking Affirmative Action," *Michigan Law Review* 97 （1999）：1296.

[39] Daniel P. T. , Timken K. E. , "The Rumors of My Death Have Been Exaggerated: Hopwood's Error in Discarding Bakke," *Journal of Law & Education* 28 （1999）：391.

[40] Dauber M. L. , "The Big Muddy," *Stanford Law Review* 57 （2005）：1899.

[41] Delgado R. , "1998 Hugo L. Black Lecture: Ten Arguments against Affirmative Action – How Valid," *Alabama Law Review* 50 （1998）：135.

[42] Delgado R. , "Rodrigo's Riposte: The Mismatch Theory of Law School Admissions," *Syracuse Law Review* 57 （2007）：637.

[43] Delgado R. , Stefanic J. , "California's Racial History and Constitutional Rationales for Race – Conscious Decision Making in Higher Education," *UCLA Law Review* 47 （1999）：1521.

[44] Dixon R. G. , "Bakke: A Constitutional Analysis," *California Law Review*

67 （1979）：69.

[45] Edwards H. T. , "Affirmative Action or Reverse Discrimination: The Head and Tail of Weber," *Creighton Law Review* 13 （1979）：713.

[46] Eisenberg M. A. , "Corporate Law and Social Norms," *Columbia Law Review* 99 （1999）：1253.

[47] Ely J. H. , "Legislative and Administrative Motivation in Constitutional Law," *Yale Law Journal* 79 （1970）：1205.

[48] Ely J. H. , "The Constitutionality of Reverse Racial Discrimination," *The University of Chicago Law Review* 41 （1974）：723.

[49] Ely J. H. , "The Wages of Crying Wolf: A Comment on Roe v. Wade," *Yale Law Journal* 82 （1973）：920.

[50] Epps D. , Sitaraman G. , "How to Save the Supreme Court," *Yale Law Journal* 1 （2019）：129.

[51] Epp D. , Sitaraman G. , "The Future of Supreme Court Reform," *Harvard Law Review Forum* 7 （2021）：398.

[52] Espenshade T. J. , Chung C. Y. , "The Opportunity Cost of Admission Preferences at Elite Universities," *Social Science Quarterly* 86 （2005）：293.

[53] Espenshade T. J. , Chung C. Y. , Walling J. L. , "Admission Preferences for Minority Students, Athletes, and Legacies at Elite Universities," *Social Science Quarterly* 85 （2004）：1422.

[54] Fallon R. H. , "Affirmative Action Based on Economic Disadvantage," *UCLA Law Review* 43 （1996）：1913.

[55] Feingold J. P. , "SFFA v. Harvard: How Affirmative Action Myths Mask White Bonus," *California Law Review* 107 （2019）：707.

[56] Feldman S. M. , "Court – Packing Time? Supreme Court Legitimacy and Positivity Theory," *Buffalo Law Review* 5 （2020）：1519.

[57] Fetzer P. L. , "Reverse Discrimination: The Political Use of Language," *National Black Law Journal* 12 （1990）：212.

[58] Fitzpatrick B. T. , "Strict Scrutiny of Facially Race – Neutral State Action

and the Texas Ten Percent Plan," *Baylor Law Review* 53 (2001): 289.

[59] Foster S. , "Difference and Equality: A Critical Assessment of the Concept of Diversity," *Wisconsin Law Review* 1 (1993): 105.

[60] Francisco N. J. , "Justice Scalia: Constitutional Conservative," *University of Chicago Law Review* 4 (2017): 2169.

[61] Garces L. M. , Jayakumar U. M. , "Dynamic Diversity: Toward a Contextual Understanding of Critical Mass," *Educational Researcher* 43 (2014): 115.

[62] Gee H. , "Redux: Arguing about Asian Americans and Affirmative Action at Harvard after Fisher," *Asian American Law Journal* 26 (2019): 20.

[63] Gellhorn E. , Hornby D. B. , "Constitutional Limitations on Admissions Procedures and Standards – Beyond Affirmative Action," *Virginia Law Review* 60 (1974): 975.

[64] Gillespie A. , Brown M. , "The Effects of Contextual Priming on Attitudes toward College Admissions," *Journal of Race & Policy* 12 (2016): 99.

[65] Ginsburg R. B. , Breyer S. G. , McGregor R. V. , et al. , "A Tribute to Justice Sandra Day O'Connor," *Harvard Law Review*, 5 (2006): 1239.

[66] Ginwright S. A. , "Classed Out: The Challenges of Social Class in Black Community Change," *Social Problems* 49 (2002): 544.

[67] Glasrud B. A. , "Jim Crow's Emergence in Texas," *American Studies* 15 (1974): 47.

[68] Goldstein H. M. , Meisenbach R. J. , "Reproducing Whiteness through Diversity: A Critical Discourse Analysis of the Pro – Affirmative Action Amicus Briefs in the Fisher Case," *Journal of Diversity in Higher Education* 10 (2017): 162.

[69] Goldstone D. , "Heman Sweatt and the Racial Integration of the University of Texas School of Law," *The Journal of Blacks in Higher Education* 54 (2006): 88.

[70] Gotanda N. , "A Critique of 'Our Constitution is Color – Blind'," *Stanford Law Review* 44 (1991): 1.

[71] Graglia L. A. , "Hopwood v. Texas: Racial Preferences in Higher Educa-

tion Upheld and Endorsed," *Journal of Legal Education* 45 (1995): 79.

[72] Greenawalt K., "Judicial Scrutiny of Benign Racial Preference in Law School Admissions," *Columbia Law Review* 75 (1975): 559.

[73] Gunther G., "Foreword: In Search of Evolving Doctrine on a Changing Court: A Model for a Newer Equal Protection," *Harvard Law Review* 86 (1972): 1.

[74] Gurin P., Dey E., Hurtado S., et al., "Diversity and Higher Education: Theory and Impact on Educational Outcomes," *Harvard Educational Review* 72 (2002): 330.

[75] Hirschman D., Berrey E., Rose – Greenland F., "Dequantifying Diversity: Affirmative Action and Admissions at the University of Michigan," *Theory and Society* 3 (2016): 265.

[76] Hirschman D., Berrey E., "The Partial Deinstitutionalization of Affirmative Action in US Higher Education, 1988 to 2014," *Sociological Science* 4 (2017): 449.

[77] Ho D. E., "Why Affirmative Action does not Cause Black Students to Fail the Bar," *Yale Law Review* 114 (2005): 1997.

[78] Holley D., Spencer D., "The Texas Ten Percent Plan," *Harvard Civil Rights – Civil Liberties Law Review* 34 (1999): 245.

[79] Hook S., Todorovich M., "The Tyranny of Reverse Discrimination," *Change: The Magazine of Higher Learning* 7 (1975): 42.

[80] Hurtado S., Clayton – Pedersen A. R., Allen W. R., et al., "Enhancing Campus Climates for Racial/Ethnic Diversity: Educational Policy and Practice," *The Review of Higher Education* 21 (1998): 279.

[81] Hurwitz M., "The Impact of Legacy Status on Undergraduate Admission at Elite Colleges and Universities," *Economics of Education Review* 30 (2011): 480.

[82] Hutchinson D. L., "Unexplainable on Grounds Other than Race: The Inversion of Privilege and Subordination in Equal Protection Jurisprudence," *University of Illinois Law Review* 3 (2003): 615.

[83] Issacharoff S. , "Can Affirmative Action be Defended," *Ohio State Law Journal* 59 (1998): 669.

[84] Jones D. L. , "Sweatt Case and the Development of Legal Education for Negroes in Texas," *Texas Law Review* 47 (1968): 677.

[85] Jones Jr. J. E. , "The Origins of Affirmative Action," *UC Davis Law Review* 21 (1987): 383.

[86] Kahlenberg R. D. , "Class – Based Affirmative Action," *California Law Review* 84 (1996): 1037.

[87] Kalbfeld J. R. , "Critical Mass for Affirmative Action: Dispersing the Critical Cloud," *Law & Society Review* 53 (2019): 1266.

[88] Kane T. J. , "The Long Road to Race Blindness," *Science* 5645 (2003): 571.

[89] Kang J. , Banaji M. R. , "Fair Measures: A Behavioral Realist Revision of Affirmative Action," *California Law Review* 94 (2006): 1063.

[90] Kaplin W. A. , "Law on the Campus 1960 – 1985: Years of Growth and Challenge," *Journal of College and University Law* 12 (1985): 269.

[91] Karabel J. , "The Rise and Fall of Affirmative Action at the University of California," *The Journal of Blacks in Higher Education* 25 (1999): 109.

[92] Karen D. , "The Politics of Class, Race, and Gender: Access to Higher Education in the United States, 1960 – 1986," *American Journal of Education* 99 (1991): 208.

[93] Karst K. L. , Horowitz H. W. , "Affirmative Action and Equal Protection," *Virginia Law Review* 60 (1974): 955.

[94] Karst K. L. , "The Revival of Forward – Looking Affirmative Action," *Columbia Law Review* 104 (2004): 60.

[95] Keller G. , "The New Demographics of Higher Education," *The Review of Higher Education* 24 (2001): 219.

[96] Kendrick S. A. , "The Coming Segregation of Our Selective Colleges," *College Board Review* 66 (1967): 6.

[97] Kennedy R., "Persuasion and Distrust: A Comment on the Affirmative Action Debate," *Harvard Law Review* 99 (1986): 1327.

[98] Kidder W. C., "Does the LSAT Mirror or Magnify Racial and Ethnic Differences in Educational Attainment: A Study of Equally Achieving Elite College Students," *California Law Review* 89 (2001): 1055.

[99] Kidder W. C., Onwuachi – Willig A., "Still Hazy after All These Years: The Data and Theory behind Mismatch," *Texas Law Review* 92 (2014): 895.

[100] Kidder W. C., "Misshaping the River: Proposition 209 and Lessons for the Fisher Case," *Journal of College and University Law* 39 (2013): 53.

[101] Killenbeck A. M., "Bakke, with Teeth: The Implications of Grutter v. Bollinger in an Outcomes – Based World," *Journal of College and University Law* 36 (2009): 1.

[102] Killenbeck A. M., "Ferguson, Fisher, and the Future: Diversity and Inclusion as a Remedy for Implicit Racial Bias," *Journal of College and University Law* 42 (2016): 59.

[103] Klarman M. J., "The Puzzling Resistance to Political Process Theory," *Virginia Law Review* 77 (1991): 747.

[104] Kuhlman M., "Direct Action at the University of Texas during the Civil Rights Movement, 1960 – 1965," *The Southwestern Historical Quarterly* 98 (1995): 550.

[105] Kumm M., "Constitutional Rights as Principles: On the Structure and Domain of Constitutional Justice," *International Journal of Constitutional Law* 2 (2004): 574.

[106] La Noue G. R., Sullivan J. C., "Deconstructing the Affirmative Action Categories," *American Behavioral Scientist* 41 (1998): 913.

[107] Lauer R. A., "Hopwood v. Texas: A Victory for Equality that Denies Reality," *St. Mary's Law Journal* 28 (1991): 109.

[108] Lavinsky L. M., "DeFunis v. Odegaard: The 'Non – Decision' with a Message," *Columbia Law Review* 75 (1975): 520.

[109] Laycock D. , "The Broader Case for Affirmative Action: Desegregation, Academic Excellence, and Future Leadership," *Tulane Law Review* 78 (2003): 1767.

[110] Ledesma M. C. , "Revisiting Grutter and Gratz in the Wake of Fisher: Looking back to Move forward," *Equity & Excellence in Education* 46 (2013): 220.

[111] Lempert R. O. , Chambers D. L. , Adams T. K. , "Michigan's Minority Graduates in Practice: The River Runs through Law School," *Law & Social Inquiry*, 25 (2000): 395.

[112] Leonard J. , "Judicial Deference to Academic Standards under Section 504 of the Rehabilitation Act and Titles II and III of the Americans with Disabilities Act," *Nebraska Law Review* 75 (1996): 27.

[113] Lippert – Rasmussen K. , "Affirmative Action, Historical Injustice, and the Concept of Beneficiaries," *The Journal of Political Philosophy* 25 (2017): 72.

[114] Lipson D. N. , "The Resilience of Affirmative Action in the 1980s: Innovation, Isomorphism, and Institutionalization in University Admissions," *Political Research Quarterly* 64 (2009): 132.

[115] Liu G. , "The Causation Fallacy: Bakke and the Basic Arithmetic of Selective Admissions," *Michigan Law Review* 100 (2002): 1045.

[116] Long M. C. , "Affirmative Action and Its Alternatives in Public Universities: What Do We Know?," *Public Administration Review* 67 (2007): 315.

[117] Loo C. M. , Rolison G. , "Alienation of Ethnic Minority Students at a Predominantly White University," *The Journal of Higher Education* 57 (1986): 58.

[118] Loury G. C. , "The Hard Question: Double Talk," *New Republic* 217 (1997): 23.

[119] Malamud D. C. , "Class – Based Affirmative Action: Lessons and Caveats," *Texas Law Review* 74 (1995): 1847.

[120] Maltz E. M, "A Bakke Primer," *Oklahoma Law Review* 32 (1979): 119.

［121］ Massey D. S. , Mooney M. , "The Effects of America's Three Affirmative Action Programs on Academic Performance," *Social Problems* 54 （2007）: 99.

［122］ McCaslin R. B. , "Steadfast in His Intent: John W. Hargis and the Integration of the University of Texas at Austin," *The Southwestern Historical Quarterly* 95 （1991）: 20.

［123］ Morris A. A. , "Equal Protection, Affirmative Action and Racial Preferences in Law Admissions DeFunis v. Odegaard," *Washington Law Review* 49 （1973）: 1.

［124］ Morris A. A. , "The Bakke Decision: One Holding or Two," *Oregon Law Review* 58 （1979）: 311.

［125］ Morris A. , Allen W. , Maurrasse D, et al. , "White Supremacy and Higher Education: The Alabama Higher Education Desegregation Case," *National Black Law Journal* 14 （1994）: 59.

［126］ Moses M. S. , Chang M. J. , "Toward a Deeper Understanding of the Diversity Rationale," *Educational Researcher* 35 （2006）: 6.

［127］ Nathanson N. L. , Bartnik C. J. , "The Constitutionality of Preferential Treatment for Minority Applicants to Professional Schools," *Chicago Bar Record* 58 （1977）: 282.

［129］ Nelson B. W. , Bird R. A. , Rogers G. M. , "Expanding Educational Opportunities in Medicine for Blacks and other Minority Students," *Academic Medicine* 45 （1970）: 731.

［130］ Nettles M. T. , Thoeny A. R. , Gosman E. J. , "Comparative and Predictive Analyses of Black and White Students' College Achievement and Experiences," *The Journal of Higher Education* 57 （1986）: 289.

［131］ Nickel J. W. , "Preferential Policies in Hiring and Admissions: A Jurisprudential Approach," *Columbia Law Review* 73 （1975）: 534.

［132］ Nickens H. W. , Ready T. P. , Petersdorf R. G. , "Project 3000 by 2000—Racial and Ethnic Diversity in US Medical Schools," *The New*

England Journal of Medicine 331 （1994）: 472.

[133] Ngo B. , Lee S. J. , "Complicating the Image of Model Minority Success: A Review of Southeast Asian American Education," *Review of Educational Research* 4 （2007）: 415.

[134] Nowak J. E. , "Realigning the Standards of Review under the Equal Protection Guarantee – Prohibited, Neutral, and Permissive Classifications," *Georgia Law Journal* 62 （1974）: 1071.

[135] O'Connor S. D. , Fallon R. H. , Freeman G. C. , et al. , "A Tribute to Justice Lewis F. Powell, Jr," *Harvard Law Review*, 2 （1987）: 395.

[136] O'Neil R. M. , "Academic Freedom and the Constitution," *Journal of College and University Law* 11 （1984）: 275.

[137] O'Neil R. M. , "Preferential Admissions: Equalizing Access to Legal Education," *University of Toledo Law Review* 2 （1970）: 281.

[138] O'Neil R. M. , "Preferential Admissions: Equalizing the Access of Minority Groups to Higher Education," *Yale Law Journal* 80 （1971）: 699.

[139] Pager S. A. , "Antisubordination of Whom – What India's Answer Tells Us about the Meaning of Equality in Affirmative Action," *UC Davis Law Review* 41 （2007）: 289.

[140] Park J. J. , Denson N. , Bowman N. A. , "Does Socioeconomic Diversity Make a Difference? Examining the Effects of Racial and Socioeconomic Diversity on the Campus Climate for Diversity," *American Educational Research Journal* 50 （2013）: 466.

[141] Poon O. A. , Segoshi M. S. , "The Racial Mascot Speaks: A Critical Race Discourse Analysis of Asian Americans and Fisher vs. University of Texas," *The Review of Higher Education* 42 （2018）: 235.

[142] Posner R. A. , "The DeFunis Case and the Constitutionality of Preferential Treatment of Racial Minorities," *The Supreme Court Review* 1 （1974）: 1.

[143] Post R. C. , "Fashioning the Legal Constitution: Culture, Courts, and

Law ," *Harvard Law Review* 117 （2003）: 4.

[144] Powell L. F. , "Carolene Products Revisited," *Columbia Law Review* 82 （1982）: 1087.

[145] Ramaiah A. , "Identifying Other Backward Classes," *Economic and Political Weekly* 27 （1992）: 1203.

[146] Rhoads R. A. , Saenz V. , Carducci R. , "Higher Education Reform as a Social Movement: The Case of Affirmative Action," *The Review of Higher Education* 28 （2005）: 191.

[147] Robinson K. J. , "Fisher's Cautionary Tale and the Urgent Need for Equal Access to an Excellent Education," *Harvard Law Review* 130 （2016）: 185.

[148] Rosenfeld M. , "Affirmative Action, Justice, and Equalities: A Philosophical and Constitutional Appraisal," *Ohio State Law Journal* 46 （1985）: 845.

[149] Rothstein J. , Yoon A. H. , "Affirmative Action in Law School Admissions: What Do Racial Preferences Do?," *University of Chicago Law Review* 75 （2008）: 649.

[150] Rubenfeld J. , "Affirmative Action," *Yale Law Journal* 107 （1997）: 427.

[151] Rubin P. J. , "Reconnecting Doctrine and Purpose: A Comprehensive Approach to Strict Scrutiny after Adarand and Shaw," *University of Pennsylvania Law Review* 149 （2000）: 1.

[152] Ruud M. H. , White J. P. , "Legal Education and Profession Statistics 1973 – 74," *Journal of Legal Education* 26 （1974）: 342.

[153] Sander R. H. , "A Systemic Analysis of Affirmative Action in American Law Schools," *Stanford Law Review* 57 （2004）: 367.

[154] Sander R. H. , "Experimenting with Class – Based Affirmative Action," *Journal of Legal Education* 47 （1997）: 472.

[155] Saphire R. B. , "Equal Protection, Rational Basis Review, and the Impact of Cleburne Living Center, Inc," *Kentucky Law Journal* 88 （1999）: 591.

[156] Sauder M. , Espeland W. N. , "The Discipline of Rankings: Tight Coupling

and Organizational Change," *American Sociological Review* 74 (2009): 63.

[157] Scalia A. , "The Disease as Cure: In Order to Get Beyond Racism, We Must First Take Account of Race," *Washington University Law Quarterly* 1 (1979): 147.

[158] Scanlan L. C. , "Hopwood v. Texas: A Backward Look at Affirmative Action in Education," *New York University Law Review* 71 (1996): 1580.

[159] Schelling T. C. , "Hockey Helmets, Concealed Weapons, and Daylight Saving: A Study of Binary Choices with Externalities," *Journal of Conflict Resolution* 17 (1973): 381.

[160] Schuck P. H. , "Affirmative Action: Past, Present, and Future," *Yale Law & Policy Review* 20 (2002): 1.

[161] Schwartz D. S. , "The Case of the Vanishing Protected Class: Reflections on Reverse Discrimination, Affirmative Action, and Racial Balancing," *Wisconsin Law Review* 3 (2000): 657.

[162] Scott F. J. , Kibler W. L. , "A Case Study: The Effects of the Hopwood Decision on Student Affairs," *New Directions for Student Services* 83 (1998): 57.

[163] Scott W. B. , "Unpacking the Affirmative Action Rhetoric," *Wake Forest Law Review* 30 (1995): 801.

[164] Shaman J. M. , "Cracks in the Structure: The Coming Breakdown of the Levels of Scrutiny," *Ohio State Law Journal* 45 (1984): 161.

[165] Shaw B. , "Affirmative Action: An Ethical Evaluation," *Journal of Business Ethics*7 (1988): 763.

[166] Sherry S. , "Selective Judicial Activism in the Equal Protection Context: Democracy, Distrust, and Deconstruction," *Georgetown Law Journal* 73 (1984): 89.

[167] Siegel R. B. , "Equality Divided," *Harvard Law Review* 127 (2013): 1.

[168] Siegel R. B. , "Equality Talk: Antisubordination and Anticlassification Values in Constitutional Struggles over Brown," *Harvard Law Review* 117

（2004）：1470.

[169] Skrentny J. D. , "Inventing Race," *Public Interest* 146 （2002）：97.

[170] Sleeth B. C. , Mishell R. I. , "Black Under – representation in United States Medical Schools," *New England Journal of Medicine* 297 （1977）：1146.

[171] Smith D. G. , "Originalism and the Affirmative Action Decisions," *Case Western Reserve Law Review* 55 （2004）：1.

[172] Smith D. G. , Turner C. S. , Osei – Kofi N. , et al. , "Interrupting the Usual：Successful Strategies for Hiring Diverse Faculty," *The Journal of Higher Education* 75 （2004）：133.

[173] Smith P. S. , "The Demise of Three – Tier Review：Has the United States Supreme Court Adopted a Sliding Scale Approach toward Equal Protection Jurisprudence," *Journal of Contemporary Law* 23 （1997）：475.

[174] Sommer U. , Asal V. , "Political and Legal Antecedents of Affirmative Action：A Comparative Framework," *Journal of Public Policy* 39 （2019）：359.

[175] Sowell T. , "The Plight of Black Students in the United States," *Daedalus* 103 （1974）：179.

[176] Stefkovich J. A. , Leas T. , "A Legal History of Desegregation in Higher Education," *The Journal of Negro Education* 63 （1994）：406.

[177] Sterba J. P. , "Completing Thomas Sowell's Study of Affirmative Action and then Drawing Different Conclusions," *Stanford Law Review* 57 （2004）：657.

[178] Stoner E. N. , "Judicial Deference to Educational Judgment：Justice O'Connor's Opinion in Grutter Reapplies Longstanding Principles, as Show by Rulings Involving College Students in the Eighteen Months before Grutter," *Journal of College and University Law* 30 （2003）：583.

[179] Strauss M. , "Reevaluating Suspect Classifications," *Seattle University Law Review* 35 （2011）：135.

[180] Stulberg L. M. , Chen A. S. , "The Origins of Race – conscious Affirmative Action in Undergraduate Admissions：A Comparative Analysis of Institutional

Change in Higher Education," *Sociology of Education* 87 (2013): 36.

[181] Sullivan K. M. , "Sins of Discrimination: Last Term's Affirmative Action Cases," *Harvard Law Review* 100 (1986): 78.

[182] Summers C. W. , "Preferential Admissions: An Unreal Solution to a Real Problem," *University of Toledo Law Review* 2 (1970): 377.

[183] Tannenbaum F. , "An American Dilemma," *Political Science Quarterly* 59 (1944): 321.

[184] Thomas E. C. , "Racial Classification and the Flawed Pursuit of Diversity: How Phantom Minorities Threaten Critical Mass Justification in Higher Education," *Brigham Young University Law Review* 3 (2007): 813.

[185] Thomas R. R. , "From Affirmative Action to Affirming Diversity," *Harvard Business Review* 2 (1990): 107.

[186] Toles E. B. , "Black Population and Black Judges in 50 Largest Cities," *Student Lawyer Journal* 17 (1972): 20.

[187] Torres G. , "Grutter v. Bollinger/Gratz v. Bollinger: View from a Limestone Ledge," *Columbia Law Review* 103 (2003): 1596.

[188] Tucker B. P. , "Section 504 of the Rehabilitation Act after Ten Years of Enforcement: The Past and the Future," *University of Illinois Law Review* 4 (1989): 845.

[189] Tushnet M. , "United States: Supreme Court Rules on Affirmative Action," *International Journal of Constitutional Law* 2 (2004): 158.

[190] Van Alstyne W. W. , "Academic Freedom and the First Amendment in the Supreme Court of the United States: An Unhurried Historical Review," *Law and Contemporary Problems* 53 (1990): 79.

[191] Villalpando O. , "Self – segregation or Self – preservation? A Critical Race Theory and Latina/o Critical Theory Analysis of a Study of Chicana/o College Students," *Qualitative Studies in Education* 16 (2003): 619.

[192] Volokh E. , "Diversity, Race as Proxy, and Religion as Proxy," *UCLA Law Review* 43 (1995): 2059.

[193] Weisskopf T. E. , "Consequences of Affirmative Action in US Higher Education: A Review of Recent Empirical Studies," *Economic and Political Weekly* 36 (2001): 4719.

[194] Whitla D. K. , Orfield G. , Silen W. , et al. , "Educational Benefits of Diversity in Medical School: A Survey of Students," *Academic Medicine* 78 (2003): 460.

[195] Wilkins D. B. , "A Systematic Response to Systemic Disadvantage: A Response to Sander," *Stanford Law Review* 57 (2005): 1915.

[196] Wilkins R. , "Racism Has Its Privileges: The Case for Affirmative Action," *Nation* 260 (1995): 409.

[197] Wilkinson III J. H. , "The Supreme Court, the Equal Protection Clause, and the Three Faces of Constitutional Equality," *Virginia Law Review* 61 (1975): 945.

[198] Wormuth F. D. , Mirkin H. G. , "The Doctrine of the Reasonable Alternative," *Utah Law Review* 9 (1964): 254.

[199] Wright V. V. , "Hopwood v. Texas: The Fifth Circuit Engages in Suspect Compelling Interest Analysis in Striking Down an Affirmative Action Admissions Program," *Houston Law Review* 34 (1997): 871.

[200] Yang T. , "Choice and Fraud in Racial Identification: The Dilemma of Policing Race in Affirmative Action, the Census, and A Color – Blind Society," *Michigan Journal of Race & Law* 11 (2005): 367.

[201] Yoshino K. , "Assimilationist Bias in Equal Protection: The Visibility Presumption and the Case of 'Don't Ask, Don't Tell'," *Yale Law Journal* 108 (1998): 485.

[202] Ziegler M. , "What is Race: The New Constitutional Politics of Affirmative Action," *Connecticut Law Review* 50 (2018): 279.

后　记

　　积极差别待遇政策是贯穿了我硕士与博士读书生涯的研究主题。我在英文文献中认识这个概念的时候，美国学界正在热议"格鲁特案"判决对高等教育的影响。因为有一点语言基础，我决定从受教育权的保障的角度来对这个问题进行研究，并将其作为硕士学位论文的选题。由于当时我研究能力有限，那篇论文侧重讨论积极差别待遇政策在美国高等教育领域的适用，包括学生录取、经济资助和教师聘任三个方面的政策。论文经修改后有幸刊发在《中国教育法制评论》（第5辑）上，让我初次感受到研究工作带来的幸福感，也意识到我对积极差别待遇政策的研究还只是触及皮毛。借用组织文化理论大师沙因（E. H. Schein）的"荷花池比喻"，我观察到了池塘中作为"人工制品"的荷花与荷叶，也捕捉到了养荷者所"信奉的理念和价值观"，但无法在有限的研究中洞悉水面之下"潜在的基本假设"。我在进入博士研究生阶段时，恰逢美国联邦最高法院对"费希尔案"做出第一次判决，我再次选择将积极差别待遇录取政策作为研究重点。在学生时代发现一个有研究价值的问题，并且乐于花费大量时间和精力来深入研究，将其作为后续研究的前提和基础，这对每个从事学术工作的研究者而言是至关重要的。在这一点上，我是幸运的。

　　这本小书是我在博士学位论文的基础上修改而成的，在这里要衷心感谢我硕士阶段和博士阶段的导师申素平教授。初识申老师时，我还是北京师范大学本科三年级的学生，还在纠结该报考哪个专业的硕士研究生。在一位师姐的介绍下，我去中国人民大学旁听申老师的课，从此进入教育法学研究的殿堂。在与申老师相识的十八年时光中，我深切感受到申老师在学术研究中展现出的渊博的学识、敏锐的观察能力和缜密的逻辑思维能力。

在每一次讨论中，申老师都能带着我在凌乱的思维迷宫中找到那条最重要的逻辑主线，那种被"点亮"的感觉是我在枯燥研究中感到无比珍贵的片段。在申老师的言传身教之下，今天同样作为大学教师的我，也踏实从事学术、平和对待生活。

感谢北京外国语大学国际教育学院秦惠民教授、中国人民大学教育学院周光礼教授和程方平教授、北京大学法学院湛中乐教授、北京大学教育学院阎凤桥教授等五位评议专家在我博士学位论文答辩中提出的宝贵建议，他们在理论、方法和逻辑方面的指点使我受益匪浅。特别感谢秦老师的认可和鼓励，让我有机会在"兼容并蓄、博学笃行"的学术氛围中安心从事教学和科研工作。感谢北京外国语大学"双一流"建设科研项目提供全部出版资助，使得本书能够顺利出版。同时，向社会科学文献出版社强大的编辑团队致以最诚挚的谢意，编辑老师们字斟句酌，也促使我对书稿进行了全面修订，完善了体系、丰富了观点、拓展了内容。本研究在出版过程中还能再上台阶，是与编辑团队专业细致的工作密不可分的。

这是我学术生涯的第一本著作，最深挚的感谢要献给父母。感谢他们对我的包容与理解，让我能够自由追寻自己的生活。我年少时就离家异乡求学，如今未能在父母身边尽赡养义务，心有愧疚，养育之恩，无以回报！转眼已是不惑之年，我在跌跌撞撞中探寻生命的意义，也将怀揣感恩之心和执着之念继续前行。

王　俊

2022 年 6 月 6 日

于北京外国语大学国际大厦

图书在版编目（CIP）数据

美国公立大学积极差别待遇录取政策研究：司法审
查的视角／王俊著 . -- 北京：社会科学文献出版社，
2022.6

ISBN 978 - 7 - 5228 - 0183 - 4

Ⅰ.①美… Ⅱ.①王… Ⅲ.①公立学校 - 高等学校 -
教育政策 - 研究 - 美国 Ⅳ.①G649.712.0

中国版本图书馆 CIP 数据核字（2022）第 099313 号

美国公立大学积极差别待遇录取政策研究
—— 司法审查的视角

著　　者／王　俊

出 版 人／王利民
责任编辑／刘同辉
文稿编辑／田正帅
责任印制／王京美

出　　版／社会科学文献出版社 ·（010）59366556
　　　　　　地址：北京市北三环中路甲 29 号院华龙大厦　邮编：100029
　　　　　　网址：www. ssap. com. cn
发　　行／社会科学文献出版社（010）59367028
印　　装／三河市龙林印务有限公司

规　　格／开本：787mm × 1092mm　1/16
　　　　　　印张：18　字数：277 千字
版　　次／2022 年 6 月第 1 版　2022 年 6 月第 1 次印刷
书　　号／ISBN 978 - 7 - 5228 - 0183 - 4
定　　价／128.00 元

读者服务电话：4008918866